인간 관계와
처세술수

인간 관계와
현모술수

1쇄 인쇄 | 2015년 2월 10일
1쇄 발행 | 2015년 2월 15일

발행처 | 도서출판 **문장**
발행인 | 김택원

등록번호 | 제307-2007-47호
등록일 | 1977년 10월 24일

서울시 성북구 보문동4가 78-1 평화빌딩 201호
전화 02-929-9495 / 팩스 02-929-9496
E-mail munjangb@naver.com

ISBN 978-89-7507-065-5 03320

인간 관계와 권모술수

엮은이 유병선

도서
출판 문장

| 머리말 |

권모술수를 국어사전에서 찾아보면 '목적을 달성하기 위해서는 인정이나 도덕도 돌보지 않고 모략과 중상 등 온갖 수단과 방법을 쓰는 술책'이라고 나와 있다.

뜻 풀이로만 보면 결코 좋은 의미는 아니고 사용해서는 안 될 방법이다. 그러나 오늘날과 같은 치열한 경쟁사회에서 남보다 앞서 가고 피해를 당하지 않기 위해서는 내가 먼저 권모술수에 대해 알고 있어야 한다. 인간관계에 있어서도 적을 내 편으로 끌어들여 힘을 합쳐 성공하기 위해서도 권모술수는 나쁘게만 사용하지 않으면 절대로 필요한 것이다.

권모와 술수는 그것을 쓰는 방법과 목적에 따라 평가는 달라진다. 전한(前漢) 때의 유향(劉向)은 같은 권모술수라 해도 군자가 쓰면 옳고 범인이 쓰면 나쁘다고 하였다. 그것을 쓰는 사람 또는 그 결과에 따라서 세상에 유익하면 정당한 것이 되고 세상에 해악을 끼친다면 나쁜 것이 된다고 한 것이다.

동서고금을 막론하고 인간이 살아가는 사회에서는 어떠한 방식의 권모술수라도 존재하기 마련이다. 따라서 남보다 힘이 부족하고 약한 경우 정공법으로는 안 될 때, 내가 살아남고 성공하기 위해서는 선의의 권모술수는 사용해야 되고 알고 있어야 된다.

　중국 병서의 정수를 모은 삼국지연의(三國志演義)의 미인계(美人計), 고육계(苦肉計), 손자병법의 이일대로(以逸待勞), 전국책(戰國策)의 원교근공(遠交近攻) 등 36계도 하나하나 풀어 보면 권모술수와 인간관계의 합성으로 그 내용들을 현대에 적용시켜보아도 세상을 살아가는 지혜로서는 전혀 손색이 없다고 할 수 있다.

| 차 례 |

13. 적을 만들지 마라

16. 중국 병서의 정수 36계

1. 사람을 움직이는 기법

병법(兵法)은 고대 중국에서 발달한 '전쟁의 철학'이다.

전쟁의 요체는 적이든 자기 편이든 사람을 움직이는 방법, 즉 용인술(用人術)에 있다. 사람을 잘 움직여야 전쟁에서 이길 수 있기 때문이다.

상대를 스스로 움직이게 하라

'상대를 움직이려면 상대가 움직이도록 유도해야 한다. 그러한 상황을 만들어 주면 상대는 스스로 움직이게 된다. 상대에게 미끼를 던지고 그것을 물 때까지 이 쪽은 준비를 갖추어 놓고 기다리면 된다.'

'손자병법' 병세편(兵勢篇)에 있는 말이다. 이것이 이른바 '시형(示形)의 술(術)'로서, '형(形: 상황)'을 제시하고 사람을 움직이는 법인데, 이 원격조종이야말로 '병법의 핵심'이라고 하겠다.

기원전 5세기 중엽까지 오늘의 산서성(山西省) 일대를 지배하고 있던 진(晉)이라는 나라가 있었다. 2개의 큰 산맥이 가로지르고 있는 산악국가로서, 옛날부터 '산세가 기구(崎嶇)하다'고 형용되리만큼 교통이 불편한 지역이다.

그 서북쪽에는 지금으로 말하면 소수민족, 그 당시로는 이적(夷

狄)의 나라들이 많이 흩어져 있었는데, 그 중에서도 구유(仇由)라는 나라는 아주 강한 나라였다.

진나라의 지백(智伯)은 이 구유국을 치기로 작정했으나, 그 나라로 통하는 길은 사람이 겨우 걸어갈 수 있는 정도의 지독한 험로였다.

그 당시 중국의 선진 제후국에서는 말이 끄는 전거(戰車)가 전쟁의 주무기였다. 그런데 이렇게 협착한 산길로는 정예를 자랑하는 지백의 군사도 전거를 통과시킬 수가 없었다. 그렇다고 상대의 나라를 쳐들어가면서, 그 나라에 대해서 길을 넓혀 달라고 할 수도 없는 일이었다.

지백은 한 가지 묘안을 생각해 냈다. 즉, 거대한 종(鐘)을 만들어 구유국에게 선물하는 것이었다. 종은 당시의 중국에서는 일종의 악기로 사용되었다.

지백의 사자로부터 이 소식을 들은 구유왕은 크게 기뻐했으나, 국경에서 서울까지 그 종을 운반하는 것이 문제였다. 그리하여 구유왕은 서둘러 산길의 폭을 넓히는 공사를 시작했다. 구유국에서는 엄청난 물자와 부역을 동원하여 마침내 좁은 산길을 쉽게 수레가 지나갈 수 있도록 개수하였다.

그 준공을 기다리고 있던 지백은 때가 이르자 대군을 출동시켜 단번에 구유국을 멸망시키고 말았다.

이 고사는 단순히 트릭을 써서 적을 속였다는 정도로 해석할 것이 아니라, 사람을 움직이는 기본 원리에 초점을 맞추어야 한다. 즉, 상대를 꿰뚫어 보고 이 쪽의 의도하는 방향으로 나가도록 만드는 원리다.

지백은 구유국에 대해서 명령을 하거나 강요하지 않았다. 그럼에도 불구하고 상대방은 기꺼이 자발적으로 지백이 원하는 대로 움직여 준 것이다. 말하자면 동기를 유발시킨 것이다.

동기에 대한 연구가 발전할수록 여러 가지 다른 문제가 밝혀졌다. 가령 요즘 사람들이 행동의 최대 동기는 돈에 있다고 하지만, 반드시 그렇지만도 않다는 것이다.

하긴 10만원의 채권 채무 문제가 급기야는 몇 백만원의 소송 비용을 써 가면서 시비를 계속하는 일도 있으니 말이다.

미국의 심리학자 A. H. 매즈로는 '동기'의 연구로 유명한데, 그는 인간의 기본적인 욕구를 다음과 같이 다섯 가지로 나누고 있다.

우선 무엇보다도 가장 강한 욕구가 ① 생리적 욕구다. 이것이 어느 정도 충족되면 다음은 ② 안전과 안정을 바라는 욕구다. 그 다음 순서는, ③ 집단의 한 사람으로서 수용받고 싶은 욕구이고, ④ 주위에서 존경받고 싶은 욕구이며 끝으로, ⑤ 자기 표현의 욕구라는 것이다. 이런 것들이 얽히고 설켜서 동기가 되고 행동을 일으킨다.

한비자도 이미 2,300여 년 전에 동기 작동에 관한 그의 견해를 피력하고 있다. 그는 군주의 입장에서 백성의 동기 작동을 위해서 ① 이익, ② 권위, ③ 이상(理想)의 세 가지를 들었다. 백성은 이 세 가지의 욕구에 의하여 움직여진다고 믿었던 것이다.

즉, 이익으로 민심을 끌고, 권위로써 명령을 따르게 하고, 이상(대의명분)으로 이끌어 나간다. 이 세 가지가 기본이며 그 밖에는 모두가 부수적인 것이라고 그는 설파했던 것이다.

'자연의 이치에 따라서 하면 노력을 덜 들이고 사람을 움직일 수 있다.' - 한비자

예와 법을 구별해서 사용하라

전진(前秦) 때의 일이다.

대신 왕맹(王猛)은 지금까지의 왕좌의 주변에서 많은 정적들을 요리하며 유능한 책사로 일하다가, 시평(始平)이라는 지방의 일선 행정을 맡게 되었다.

그는 젊을 때 가난 속에서 시국과 민심의 대세를 보던 안목으로 시평에 부임하자 곧 법령을 분명히 하고 형벌을 엄중히 다스려 호족들의 횡포와 난동을 막았다. 그리고 악질적인 하급 관리 한 사람을 매로 쳐죽여 기강을 바로잡는 본보기로 삼기도 했다.

왕맹이 이 관리를 죽인 일은 곧 다른 사람들에 의하여 전진왕 부견에게 상소하는 바가 되었다. 부견은 상소를 받아들여 왕맹을 잡아오도록 명하고, 스스로 왕맹을 국문했다.

"정치라는 것은 덕화(德化)를 우선시켜야 하는 법이거늘, 그대는 어찌하여 임지에 가자마자 함부로 사람을 죽이기를 일삼는단 말이냐. 치자로서 지나치게 잔학한 일이 아닌가?"

그러자 왕맹이 대답했다.

"안정된 나라를 다스릴 때는 예(禮)로 행하고, 혼란한 나라를 다스릴 때는 법으로 행한다고 들었습니다. 대왕께서 신을 몹시 어지

러운 지방의 방백으로 임명하였으므로 신은 흉악한 자를 제거하기 위해 우선 한 사람을 그 본보기로 죽였을 따름이오나 어찌 흉악범이 그 한둘에 그치겠습니까? 만일에 신이 난폭한 자를 근절하지 못하고 법령을 명확히 하지 못했다고 하신다면, 기꺼이 형을 받아 명을 어긴 죄를 사죄하겠습니다."

부견은 그 말을 듣고 크게 고개를 끄덕이며 오히려 왕맹의 벼슬을 높여 주었다.

상대의 마음을 감동시켜라

제나라의 제상 맹상군(孟嘗君)은 자기를 찾아온 사람과 얘기를 나누면 슬쩍 상대의 부모 형제에 관한 메모를 해 두었다가 당사자에게는 말도 없이 그 부모 형제에게 선물을 보냈다고 한다. 나중에 그 사실을 알게 된 당사자는 감격하여 모두 맹상군을 따르게 된 것은 말할 나위도 없다.

또 위(魏)나라의 장군 오기(吳起)는 부하들을 아끼고 사랑하기로 유명했는데, 진중에서 종기를 앓고 있는 병사의 고름을 직접 자기의 입으로 빨아 주었다. 동료 병사들이 그 소식을 집에 있는 노모에게 전해 주자 노모는 도리어 눈물을 흘리며 탄식했다.

"그 아이가 죽을 날이 머지 않았구나."

"…?"

이 말을 들은 동료 병사들이 영문을 몰라 어리둥절하자 노모는 깊은 한숨을 쉬며 말했다.

"그 아이의 아버지도 오장군의 은혜를 입고 싸움터에 나가 목숨을 돌보지 않고 싸우다가 죽었는데, 이제 그 아이도 그렇듯 오장군의 은혜를 입었으니 어찌 살아서 돌아오기를 바라겠소."

과연 그 병사는 싸움터에서 용감하게 싸우다 장렬하게 전사했다.

궁지에 몰리면 활로가 열린다

"오나라와 월나라는 비록 서로 원수간이지만 두 나라 사람이 같은 배에 타고 폭풍을 만나서 배가 위태롭게 되면, 좌우의 손과 같이 서로 돕게 될 것이다."

병법의 대가 손자가 한 말이다.

오나라는 지금 소주(蘇州) 부근에 있었고, 월나라는 그 남쪽 항주만에 연한 소흥(紹興) 부근에 있던 나라다. 기원전 6, 7세기의 이른바 춘추시대에 이들 두 나라는 서로 사투를 거듭한 관계로 '오월(吳越)'이란 말은 상극과 대립의 대명사가 되었다.

이렇게 서로 원수간이라도 공동의 위기에 처하게 되면 협력한다는 고사에서 더 나아가, 일부러 그러한 위기적인 상황에 몰아넣어서 협력관계를 조성하는 전술을 '오월동주(吳越同舟)의 계략'이라고 일컫는다.

이 '오월동주의 계략'과 비슷한 난세의 돌파술에 '배수의 진[背水之陣]'이라는 것이 있는데, 병법에서는 극히 기피하는 진법이다. 그것은 뒤로 물을 등지고 있어서 후퇴의 여지가 없기 때문이다.

그런데 한(漢)나라의 명장 한신(韓信)은 초나라의 대군과 싸울 때 이 배수진으로 대승을 거두었다. 그것도 1만 명의 적은 군사로 20만 명의 적을 섬멸한 미증유의 대승이었다.

초나라 군사는 처음에 한신의 무모한 포진을 보고 비웃기도 했으나, 스스로 탈출로가 차단된 한군의 결사적인 분전으로 초나라 군사는 마침내 대패를 당하고 말았던 것이다.

싸움이 끝난 후 궁금하게 생각한 부하 장수들이 한신에게 물었다.

"병법에 이런 것도 있습니까?"

한신이 웃으며 대답했다.

"그건 병법에 엄연히 있는 것이지만 그대들이 찾지 못했을 뿐이오. '손자'에 보면 '궁지에 몰려야만 비로소 활로가 열린다'라고 하지 않았소. 이번 싸움에 참가한 우리 군사는 갑자기 편성되었기 때문에 제대로 훈련도 안 된 오합지졸에 불과했소. 그러니 쉬운 곳에서 싸움을 벌이면 아마도 모두 도망치고 말았을 것이오. 하지만 궁지에 몰렸기 때문에 스스로 사력을 다하여 싸울 수밖에 없었고, 그래서 승리를 거둔 것이오."

'죽음을 각오하면 살고, 살려고 하면 죽는다. - 오자병법 치병편

막다른 골목에 적을 몰지 말라

오기(吳起)가 초나라에 발탁되기 전, 위나라의 무후(武侯)를 섬기고 있을 때의 일이다.

이웃 나라인 진(秦)나라가 50만 대군을 이끌고 쳐들어온다는 급보가 들어왔다. 위나라와 진나라는 항상 충돌을 거듭해 왔으나 이번 사태는 심상치 않았다. 위왕은 당황하여 오기를 임지인 서하(西河)에서 급히 불러들이고 말했다.

"장군, 지금 우리나라에는 50만의 대군과 싸울 군사가 없으니 큰일이오."

오기가 침착하게 대답했다.

"50만쯤은 놀라실 것 없습니다. 우리 군사 5만 명만 있으면 족합니다. 다만 지금까지 별로 공적이 없던 군사로 모아 주십시오."

'공이 있는 자'가 아니라 '공이 없는 자'가 좋다고 한다. 위나라에서는 평소부터 오기의 건의에 따라 공적 평가를 엄격하게 실시하고 있었던 터이다.

가령 싸움이 끝난 후에 연회석을 베풀면 사대부들을 세 줄로 나누어, 신분에 관계 없이 맨 앞줄에는 최고의 공적자를, 다음은 중간치를 앉히고, 공적이 없는 자는 맨 뒷줄에 앉혀서 술상과 음식 그릇까지도 차별을 두었던 것이다.

그런데 이러한 오기의 말은 너무도 뜻밖이어서 위왕은 자신의 귀를 의심했다. 도대체 그 따위 공적도 없는 자들을 모아서 어찌하겠다는 것인가?

그러나 오기가 노리는 것은 지금까지 아무에게도 평가를 받지 못한 사람의 굴욕감을 역이용하자는 것이었다.

　"필경 그들은 사력을 다할 것입니다. 불명예와 수치를 설욕하겠다는 5만의 군사는 능히 50만의 적군을 물리칠 수 있을 것입니다."

　위왕은 고개를 끄덕이며 5만 군사를 내주며 출진케 했다. 과연 오기는 50만의 진군(秦軍)을 크게 격파하였다. 사실 오기 자신도 그 무렵 다소 불우한 처지에 밀려 있어서 그 자신의 심정과 행동이 바로 이러한 심리를 이용한 것이 아닌가 하는 분석도 있다.

　어쨌든 '배수진'은 사람의 능력을 최고도로 발휘할 수 있게 하는 책술이지만, 역학적으로 볼 때에는 압축된 에너지의 폭발력을 이용하는 것이라고 할 수 있다.

　'쥐도 달아날 구멍을 보고 쫓아라'는 말이 있듯이, 막다른 골목에 몰리면 사람이나 짐승은 폭발적인 힘을 갖게 된다. 이를 거꾸로 말하면 '막다른 골목에 적을 몰지 말라'는 역설이 성립되는 것이다.

대세의 흐름을 이용하라

　'명장은 개개인의 능력보다는 세력의 힘을 중시하고, 그 세력에 의하여 전체를 움직인다.' - 손자병법 병세편

　어떤 조직이나 집단에도 소수의 이질분자와 반대파가 있게 마련이다. 그런데 그러한 이질분자의 존재에 대해서 지나치게 집착하여 그 처리에만 골몰하다 보면, 전체의 움직임이 정지되거나 흔들리고

만다. 그보다는 아예 이질분자의 존재는 무시해 버리고, 전체의 대세를 유리하게 조성해 나가는 것이 중요하다. 어떤 집단에 기세가 오르고, 한 가지 방향으로 격하게 움직이게 되면 소수는 다수에 휩쓸려 힘을 쓰지 못하게 되는 법이다.

전투의 경우에 있어서도 누구나 죽음을 두려워하지만, 일단 부대의 행동에 기세가 오르게 되면 죽음에 대한 공포심은 멀어지고 비겁자도 용사가 된다.

중국의 삼국시대 때 일이다. 적벽대전의 전초전이라 할 수 있는 당양 장판파 싸움에서 조조는 80만 대군을 휘몰아 열세에 몰린 유비군을 맹렬하게 추격하고 있었다.

그때 장비(張飛)가 불과 5백 군을 거느리고 장판파를 지키고 있었다. 정신없이 유비군을 추격하고 있던 조조의 80만 대군이 흠칫 그 자리에 멈추어 섰다. 상대는 다른 사람 아닌 바로 천하의 맹장 장비가 아닌가. 장비는 장팔사모 꼬나 잡고 적진을 향해 대갈일성했다.

"장비가 예 있다! 죽고 싶은 자는 썩 앞으로 나오라!"

장비의 우레 같은 호통 소리에 혼비백산한 조조 진영의 하후혜라는 장수가 그만 말에서 뚝 떨어지며 그대로 죽어 버렸다. 이를 본 조조는 모골이 송연하여 자기도 모르게 휙 말머리를 돌렸다. 그러자 조조의 80만 대군은 일제히 썰물이 빠지듯 달아나고 말았다.

이것은 장비의 5백 군사가 능히 조조의 80만 대군을 쫓았다기보다는 대세의 힘에 의하여 조조 군이 그렇듯 도망을 친 것뿐이었다. 이와 같이 '흐름'이라는 것은 무서운 힘을 가지는 것이다. 손자도 말했듯이 '격류가 암석도 뜨게 하는 것'은 바로 흐름인 것이다.

기회는 순간의 선택이다

'불을 댕기려면 가장 적합한 시간을 택해야 한다. 말하자면 공기가 건조할 때가 바로 그 때이다.'

이 말은 '손자병법'에 있는 화공술(火攻術)의 한 대목이다. 사람의 마음에 불을 지르는 경우도 이와 마찬가지다. 즉, 일을 시작하는 동기와 시기에 따라서 상대의 반응은 전혀 달라지게 된다.

상대의 마음이 발화되기 쉬운 상태에 있을 때는 조그만 자극으로도 불타오를 수가 있다. 반대로 발화하기 어려운 상태에 있을 때는 아무리 불을 댕기려고 해도 불은 타오르지 않는다.

초왕의 총신으로 단(亶)이라는 자가 있었다. 그는 별다른 공로도 없고 특별히 용모가 뛰어난 것도 아닌데, 그에게는 사람을 끄는 힘이 있어 높은 지위에 올라 있었다.

어느날 그에게 강을(江乙)이라는 책사가 찾아와 이런 충고를 했다.

"물질을 매개로 한 교제는 그 물질이 없어지면 끝장이 나고, 색향으로 맺어진 사이는 꽃이 시들면 인연도 끊어집니다. 애첩이든 총신이든 인간관계란 참으로 허무한 것이 아닐 수 없습니다. 대감께서는 지금 비록 권세를 누리고 있습니다만, 한번 왕의 마음이 변하고 보면 모든 것이 끝장나고 말 것입니다. 그러니 왕과의 결합을 더욱 돈독히 해 두십시오."

"으흠, 그럼 어떻게 하면 좋겠소?"

단이 묻자 강을이 대답했다.

"만약에 왕이 승하한다면 대감께서도 같이 순사(殉死)하겠다고 미리 왕에게 말하십시오. 그렇게 한다면 절대 염려가 없을 것입니다."

"옳은 말씀이오, 내 그 말을 명심하겠소."

단은 이렇게 대답은 했으나 3년이 지나도록 왕에게 그 말을 한 눈치가 보이지 않았다. 참다 못해 강을이 하루는 단에게 말했다.

"대감을 위해서 말씀드렸는데 별로 도움이 되지 못한 것 같군요, 나 같은 사람이 말하니, 아마도 소용이 없나 봅니다."

이렇게 노골적으로 불평을 털어놓자 단이 웃으면서 말했다.

"결코 그대의 가르침을 소홀히 한 것이 아니오, 아직 마땅한 기회를 얻지 못했을 뿐이오."

그런 일이 있은 지 얼마 후 초왕이 운몽(雲夢)으로 사냥을 나가게 되었다. 지금의 무한(武漢) 근교 지역으로, 양자강과 한수(漢水)가 합치는 곳이라 크고 작은 호수가 많은 절경지였다.

네 필 말이 이끄는 마차를 타고 운몽에 도착한 왕은 눈썹이 흰 백마를 높이 타고 사냥을 시작했다. 왕은 마침 큰 들소를 쏘아 맞추자 한껏 기분이 좋아서 말했다.

"정말 아름다운 경치에 유쾌한 사냥이로군. 그러나 저승에 가서도 이러한 즐거움이 있을까?"

바로 그때 측근에 있던 단이 짐짓 눈물을 흘리면서 말했다.

"소신은 오늘날까지 대왕을 곁에서 받들어 모셨습니다. 비록 저승이라도 반드시 함께 가서 대왕의 사냥 시중을 들겠습니다."

초왕은 그 말을 듣고 크게 기뻐하며, 즉시 그에게 영지를 나누어 주고 안릉군으로 봉하였다. 이것은 모사를 잘 꾸미는 강을과 그 시기를 잘 아는 단의 합작품이라고 할 수 있겠다.

경고는 가혹하게 하라

유방(劉邦)이 토벌작전에서 얻은 상처로 죽고 태자 효혜(孝惠)가 제위에 오르게 되자 왕비 여후(呂后)는 마침내 유방의 총비 척부인(戚夫人)에 대한 질투의 보복을 시작했다.

그녀는 먼저 척부인을 옥에 가둔 다음, 그녀의 어린 아들 조왕(趙王)을 술에 독약을 타 죽여 버렸다.

이어서 여후는 유방이 살아 있을 때, 척부인이 태자를 폐위시키고 조왕을 태자의 자리에 앉히게 하려 한 음모를 생각해 내고, 척부인을 옥에서 끌어내어 손과 발을 잘랐다. 다음에는 코를 도려내고 눈알과 혀를 뽑은 다음, 돼지우리에 집어넣어 죽게 했다.

옛날의 궁중 사회나 나라의 법 중에는 반역자나 범법자에 대해서 가혹한 형벌도 많았지만, 여후의 이 같은 보복은 그 심리를 분석하면 일종의 새디즘과 같은 변태성도 없지 않다.

그러나 여후가 이와 같이 무자비한 수단을 행사한 것은 화근이 될 만한 것을 사전에 뿌리뽑고, 혹시 일어날지도 모르는 여러 제후들의 반란에 대한 경고의 의미도 있었던 것이다.

강경과 유화의 균형을 이루어라

정나라의 재상 자산(子産)이 병으로 몸져누워 죽음을 눈앞에 두고 있었다.

그 무렵 자기의 후임 재상으로 많은 사람들이 조정에 드나들고 있었는데, 어느날 자신은 많은 문병객들 중에서 유길(游吉)이라는 자를 불러 유언을 했다.

"내가 죽으면 그대가 재상의 지위에 오를 것이오. 그렇게 되거든 백성들에게 엄격한 치정(治政)을 펴기 바라오. 대체로 불(火)이라는 것은 격렬하기 때문에 사람들은 감히 접근하기를 두려워하오. 그래서 오히려 불에 타거나 상하는 사람이 적은 것이오. 그러나 물(水)은 부드럽고 온화한 것 같기 때문에 사람들이 겁 없이 접근하다가 빠져죽거나 해를 입는 자가 많은 것이오. 바라건대 귀공의 그 온건 유화 정책에 백성들이 빠지지 않도록 해 주기 바라오."

자산이 죽고 나자 과연 유길이 재상이 되었다. 그러나 그는 자산의 유언과는 정반대로 백성들을 연민의 정으로 대하고, 중벌을 가하는 것을 피하며, 온정을 베푸는 유화정책을 폈다.

그러나 그의 이러한 치정이 계속되자 정나라의 젊은이들은 무리를 지어 도적질을 하기 시작했다. 좀도둑, 들치기, 강도질, 심지어는 죄없는 사람을 죽이고, 볼모잡이에다 나중에는 국가의 곡물 창고를 터는 등 그야말로 무법천지가 되었다. 그 세력은 날로 커져서, 마침내 나라의 존립마저 위협하게 되었다.

유길은 하는 수 없이 몸소 군사를 이끌고 그들의 근거지를 습격하여 하루 밤 하루 낮의 혈투를 벌인 끝에 겨우 도적떼 소굴을 진압했다.

그러나 이 싸움으로 볼모가 된 피납자마저 함께 죽이게 되고, 자기 휘하의 군사들도 많은 피해를 보았다. 비록 도적떼를 진압은 했으나 유길은 자기의 불명(不明)을 크게 뉘우치고 깊이 탄식했다.

"아, 내가 좀 더 일찍 그분의 유언을 실행했더라면 이런 일이 일어나지 않았을 텐데…."

이 말을 전해 들은 공자는 다음과 같이 말했다고 한다.

"바로 그것이다. 정치가 관대하면 국민은 느슨해지고, 심하면 이를 교정해야 된다. 그러나 지나치게 강경하면 국민은 잔혹해지고, 그렇게 되면 관대한 정치를 하지 않으면 안 된다. 그러므로 양쪽을 서로 보충하는 정치의 조화가 중요하다. 자산이야말로 옛 성현의 참다운 사랑을 아는 사람이라고 하겠다."

자기 희생으로 함정을 파라

소진(蘇秦)이 천하의 제후국들을 찾아다니며 강국 진(秦)나라에 대항하기 위한 합종 동맹을 추진하고 있을 때였다. 그가 마지막으로 다다른 곳은 제나라였다.

제나라는 오늘의 산동성 일대에 해당하는 곳으로, 해산물 등 온갖 물산이 많은 풍족한 대국이었다.

여기서 소진은 '객경(客卿)'이라는 귀빈 대우를 받고 있었는데, 그 당시는 오늘날보다도 인재 교류가 자유로워서 타국인이라도 높은 지위에 앉을 수 있었고, 또 다른 나라의 재상을 겸할 수도 있던 때였다. 여러 나라의 내정에 밝을 뿐만 아니라 외교술에 정통한 소진은 쉽게 제왕의 마음을 사로잡아 매사에 상담을 맡게 되었다. 그러자 제나라의 고관들은 이를 못마땅하게 여기고 소진을 미워하게 되었다.

어느날 소진은 괴한의 습격을 받고 치명적인 중상을 입게 되었다. 그를 시기한 누군가의 소행이라는 추측은 했으나 범인은 오리무중이었다.

소진의 상처는 점점 악화되어 운명의 시간이 다가오고 있었다. 병 위문을 온 제왕에게 임종을 눈앞에 둔 소진이 말했다.

"저에게 범인을 찾아낼 방법이 있습니다. 대왕께서 죄인을 잡아 저의 한을 풀어 주시겠습니까?"

"물론이오, 그 방법을 말해 보시오."

"그럼 제가 죽거든 '소진은 연나라의 첩자였다는 것이 판명되었다'고 포고하여 주십시오. 그와 동시에 저의 머리를 베어 저자거리에 효수하시고 시체는 찢어서 강에다 버리십시오. 그렇게 하면 반드시 범인을 잡을 수가 있을 것입니다."

얼마 후에 소진이 죽고, 제왕이 그의 유언대로 행하자 과연 범인이 자진해서 나타났다. 범인은 연나라의 첩자를 해친 자기에게 큰 상이 내릴 것을 기대했던 것이다. 제왕이 즉각 그를 잡아서 처형했음은 물론이다. 이것은 소진이 죽은 후에도 남을 움직여 범인을 잡은 술수의 한 방법이다.

소진이 살았을 때 고관들의 시기를 미리 방지할 수 없었다는 것은 천려일실(千廬一失)이라 아니할 수 없다. 소진 같은 권모술수의 대가도 암살을 면치 못하고 비명횡사한 것을 보면, 사람은 모름지기 덕을 쌓아야 할 것이다.

물론 역사의 후일담에는 소진이 정말 연나라의 첩자였다는 일설도 있지만, 어쨌든 자기의 원수를 잡아서 보복한 것만은 사실이다.

현자의 권위를 빌려라

진(秦)나라 말기에 세상이 어지러울 때 장안성 남쪽의 상산(商山)에 은거한 당선명(唐宣明), 최광(崔廣), 주술(周術), 기리계(綺里季)를 가리켜 '사호(四皓)'라 했다.

이들 상산 사호가 한나라 황실의 초청을 받고 출사를 할지 말지 망설이고 있었는데, 그때는 한나라 황실이 후계자 문제를 놓고 매우 미묘한 기류에 빠져 있을 때였다.

한 고조 유방의 왕비 여후(呂后)는 1남 1녀를 낳았는데, 아들은 유영이라 했고 딸은 노원공주(魯元公主)라 했다. 이 외에도 여덟 명의 자식이 따로 있었는데, 그 중 유여의(劉如意)는 척(戚)부인의 소생이었다.

산동성은 음양오행으로 따져 수토(水土)가 뛰어나 성인군자뿐만 아니라 가인이 많기로 유명한 고장인데, 유방이 항우와 싸울 때 정도현에서 척부인을 만나 유여의를 얻은 것이었다. 그러다 나중에 유영이 황태자가 되고 황후 자리는 여후에게 빼앗겼지만, 척부인은 조금도 포기하지 않고 기회가 있을 때마다 늙은 남편 유방에게 하소연했다.

"폐하께서 연로하시어 갑자기 쓰러져 일어나지 못한다면, 우리 모자는 장차 누구를 의지하고 삽니까? 여후와 그의 아들은 틀림없이 우리 모자를 죽이고 말 것입니다."

유방이 곰곰이 생각해 보니 참으로 일리 있는 말이었다. 표독스런 여후가 자신이 죽은 후 어떻게 나올지는 뻔한 노릇이었다. 유방은 마침내 유여의를 조왕에 봉한 다음, 그를 태자로 세우고 싶다는 말을 했다. 문무 백관들이 대경실색하여 갈피를 잡지 못하고 있을 때 주창(周昌)이 부복하며 아뢰었다.

"폐하! 그렇게 하시면 안 됩니다."

살기등등한 긴장감이 감도는 어전에 불쑥 튀어나와 더듬더듬 불가함을 상주하는 주창의 말에 유방을 비롯한 대소 신료들은 웃음을 터뜨렸다.

그러는 사이에 태자 유영의 폐위 문제는 뒷전으로 미루어졌지만, 언젠가는 터질 시한 폭탄이나 다름없었다. 위기에 몰린 여후는 동생 여석지(呂釋之)를 책사 장량(張良)에게 보내 묘책을 듣도록 했다.

"황제가 처음 곤경에 처했을 때에는 내 말을 들었지만, 지금 천하는 통일이 되고 태자 문제는 황제 폐하의 개인적인 문제인 것이니, 이는 내가 나설 바가 아니오, 다만⋯."

여석지는 마른 침을 꿀꺽 삼키며 장량의 다음 말을 기다렸다.

"모든 사람이 아첨하기에 여념이 없을 때 네 명의 사호만이 황제 폐하에게 순종하지 않고 아직 상산에 숨어 있소. 언젠가 그들 네 노 인을 황제께서 찾으신 적이 있었지만, 그들은 아직 산에서 내려오 지 않고 있소. 이제 많은 금백(金帛)과 황태자의 친필로 정중한 편 지를 쓰게 하여 보낸다면, 그들 네 노인들이 오게 될 것이오. 이것 을 황제께서 아신다면 폐위 문제는 자연 거론치 않게 될 것이오."

장량이 예상했던 대로 황태자의 친필과 많은 금백을 받은 상산 사호는 마침내 하산하여 태자 유영의 처소에 머물러 있었다. 그때 안휘성 수현에 주둔하고 있던 회남왕 영포(英布)가 반란을 일으 켰다.

그 무렵 마침 유방이 와병중이었으므로 태자인 유영이 반란군 의 진압에 나서게 되었다. 그러자 상산 사호가 여석지를 찾아가 말했다.

"지금 대세를 살펴보건대 태자께서 출병하셔서는 아니 됩니다."

"그것은 무슨 까닭입니까?"

"이번 싸움에 태자께서 대승을 거둔다 한들 무슨 큰 이득이 있겠 소. 그러나 만약에 태자께서 싸움에 지는 날에는 그것을 빌미삼아 태자는 보위에서 쫓겨날지도 모를 일이오. 그때 가서 후회하지 말 고 미리 대비책을 세워야 할 것이오."

여석지는 서둘러 여후를 찾아가 상산 사호의 말을 전했고, 여후는 곧장 유방을 찾아가 한숨 섞인 목소리로 말했다.

"반란을 일으킨 영포는 천하의 맹장이며 용병술에 뛰어난 사람입 니다. 그런데 이곳에 있는 장군들은 모두 당신과 고락을 함께 한 사람들입니다. 비록 유영에게 통솔권이 있다 한들 그들이 어찌 기꺼이 따르려 하겠습니까? 그러니 병중이라 불편하시더라도 연차(輦車)에 누워 명령만 내리시면 장군들이 전력을 다해 싸울 것이니, 당신이 좀 다녀오십시오."

유방은 혀를 끌끌 차며 연차를 타고 친히 출정하여 영포의 반란군을 소탕하고 개선했다. 그런데 장안으로 돌아온 날부터 다시 병세가 악화되자, 유방이 황태자 폐위 문제를 확정 짓기 위해 어전에 나갔다. 그때 유영의 등 뒤에 서 있는 네 명의 백발 노인을 보고 이상히 여겨 물었다.

"저기 수염이 허연 자들이 누구냐?"

"상산 사호입니다."

유방이 깜짝 놀라 반문했다.

"아니, 내가 부를 때는 한사코 거절하더니 내 아들에게는 고분고분하는 이유가 무엇이더냐?"

그러자 상산 사호가 이구동성으로 말했다.

"폐하께서는 저희 같은 사람들의 지혜는 필요치 않은 것 같아 뵙기를 거절했으나, 태자께서는 효성심과 충성심이 강하여 저희들은 목숨을 바쳐서라도 태자를 도울까 합니다."

유방은 태자와 사호가 물러갈 때까지 멍하니 그들의 뒷모습을 바라보고 있다가 척부인의 처소로 돌아와 힘없이 말했다.

"본시 나는 태자의 무능함을 알고 이를 폐위시키려 했으나 상산 사호가 그를 날개처럼 돕고 있으니 어떻게 할 수가 없구려. 이 모두가 하늘이 정한 운명이니 이제 여후는 당신의 주인이 될 것이오."

유방의 말에 척부인은 눈물을 흘렸으나 이미 기울어져 버린 대세를 어찌 할 수는 없었다. 그후 유방이 죽자 척부인이 여후로부터 무자비한 보복을 당하고 참혹하게 죽었음은 이미 앞에서 말한 바와 같다.

적재적소에 사람을 쓰는 용인술

전국시대 노나라의 대신 맹손(孟孫)이 사냥을 나가서 새끼노루를 생포했다. 그는 그것을 수하의 진서파(秦西巴)에게 맡기면서, 수레에 실어서 객관으로 가지고 가게 했다.

그런데 도중에 언제 따라왔는지 어미 노루가 수레의 뒤를 따라오며 듣기에도 처량한 목소리로 울부짖었다. 원래 노루란 놈은 어미가 새끼를 잃으면 한사코 따라잡는 모정이 강한 동물이다.

진서파는 하도 보기에 딱하여 새끼노루를 놓아주며 그 어미노루와 함께 가도록 해주었다.

이윽고 객관으로 돌아온 맹손이 진서파를 불러, 자기가 잡은 새끼노루를 가지고 오라곤 했다. 진서파는 부득이 사실대로 고했다.

"어미노루가 따라오며 하도 슬프게 울길래 그만 놓아주었습니다."

맹손은 그의 말을 듣고,

"설사 아무리 그렇다손 치더라도 상관의 말을 어긴 죄를 용서할 수 없다."

하고 그를 내쫓고 말았다.

그러나 그후 진서파는 다시 부름을 받고 이번에는 맹손의 자식을 돌보는 일을 맡게 되었다. 맹손의 측근이 이를 보고 궁금해서 물었다.

"앞서는 명령을 어기고 제멋대로 새끼노루를 놓아주었다고 해서 내쫓으시더니, 이번에는 다시 그를 불러서 어린아이들을 맡기게 하신 것은 무슨 까닭입니까?"

맹손이 웃으면서 측근에게 대답했다.

"새끼노루를 불쌍히 여길 정도라면 나의 어린아이들도 잘 돌봐줄 것이 틀림없지 않은가."

사람을 쓰는 데 그 묘리를 아는 맹손의 용인술(用人術)은 매우 교훈적이다.

2. 인간관계와 욕망

인간과 인간의 관계는 욕망 대 욕망의 관계라고 할 수 있다. 그것이 서로 복잡하게 얽히고 설키면서 우군이 되기도 하고 적군이 되기도 하며 좋아하기도 하고 미워하기도 한다.

여기서 리더십이 등장한다. 작은 욕망들을 모아서 큰 뜻을 세우기도 하고, 욕망들을 조정하여 큰 힘을 만들어 내기도 한다.

신뢰는 보배다

진나라 문공(文公)이 원(原)이라는 곳을 칠 때, 군사들에게 7일 안에 성을 함락시키겠다고 약속했다. 그러나 7일이 지나도 성이 떨어지지 않자 군사들에게 철수 명령을 내렸다.

그때 적정(敵情)을 탐지하러 갔던 첩자가 돌아와서 문공에게 보고했다.

"원은 지금 곧 항복하려 하고 있습니다."

그러자 막료 장수들은 모두 원이 항복할 때까지 기다리자고 했다.

그러자 문공은,

"신의야말로 나라의 보배다. 원을 얻자고 나라의 보배를 잃어서는 안 된다."

라고 하며 끝내 군사를 거두었다.

다음 해에 문공은 다시 군사를 일으키며 이번에는 반드시 원을 쳐서 깨뜨리겠다고 맹세했다. 원의 군사들은 그 말을 듣고,

"문공은 약속을 지키는 사람이다. 그가 반드시 우리 원을 쳐서 깨뜨리겠다고 맹세했다면 꼭 그렇게 하고야 말 것이다."

하고 모두 항복하고 말았다.

또 위나라도 그 소식을 전해듣고 문공은 반드시 신의를 지키는 사람이라 하여 위나라도 마침내 귀속했다. 흔히 '원을 공격하여 위를 얻었다'는 말은 이를 두고 하는 말이다.

인재를 구하는 비법

제나라의 침공으로 영토의 절반을 잃은 연나라의 소왕(昭王)은 절치부심, 스스로 머리를 굽혀 널리 인재를 구하여 원수 갚을 때를 노렸다. 어느날 소왕이 곽외에게 어떻게 하면 인재를 구할 수 있는가 하고 물었다. 곽외가 대답했다.

"이런 얘기가 있습니다. 옛날 어떤 왕이 천금을 가지고 하루에 능히 천리를 달릴 수 있는 천리마를 구하려고 했으나, 3년이 지나도 구할 수가 없었습니다. 그러자 하루는 한 신하가 말하기를,

'그 일은 제게 맡겨 주십시오.'

라고 자청을 했습니다.

왕은 기뻐하며 그에게 천금을 내려서 천리마를 찾으러 보냈습니

다. 그는 마침내 천리마가 있는 곳을 알았으나, 그가 당도하기 직전에 그 말은 죽고 말았습니다. 그러자 그는 죽은 말의 뼈를 5백금을 주고 사들였다고 합니다.

이 말을 들은 왕은 크게 노하여 말했습니다.

'내가 원하는 것은 살아 있는 말이다. 누가 죽은 말을 5백금이나 주고 사라고 했더냐?'

그러자 그는 왕에게 이렇게 대답했다고 합니다.

'잠깐만 제 말씀을 들어 주십시오. 천리마라면 죽은 말이라도 5백금으로 사는데, 살아있는 말이라면 얼마나 더 비싸게 살 것인가 하고 사람들은 생각할 것입니다. 앞으로 머지않아 천리마가 반드시 찾아올 것입니다.'

과연 얼마 후 천리마를 끌고 온 사람이 세 사람이나 있었다고 합니다.

지금 진실로 대왕께서 현사(賢士)를 구하고 싶다면 우선 저에게 사표(師表)의 예우를 해 주십시오. 저 같은 사람에 대해서 그렇게 예우를 해 주신다면 저보다 뛰어난 사람에게는 훨씬 더한 예우를 해 주실 것으로 알고 인재들이 구름같이 모여들 것입니다."

소왕은 이 말을 듣고 크게 감탄하여 곽외를 위하여 황금대(黃金臺)라는 궁전을 세워서 그에게 사표의 예우를 했다. 이 소문이 여러 나라로 전해지자 천하의 인재들이 모여 연나라로 모여들었다.

먼저 조나라의 명장 악의(樂毅)가 찾아왔고, 다음은 음양가로 이름 높은 추연(鄒衍)이 제나라에서 왔다. 또 명재상인 극신(劇辛)도 조나라에서 찾아왔다.

이리하여 소왕은 이들 인재들을 적재적소에 써서 마침내 진·
초·한·위·조 등 5개국과 동맹하여 제나라를 쳐서 크게 이기고
잃었던 영토를 다시 되찾았다.

상대가 믿을 수 있도록 행하라

진(晉)나라 문공(文公)은 여생(呂省)과 극예의 반란을 평정하고
그들을 주륙했으나, 그들의 잔당들이 워낙 많아서 어떻게 하면 민
심을 수습할까 고심하고 있었다.

이때 두수(頭須)가 문공을 찾아왔다. 두수는 문공의 망명시절에
행리(行李)를 몽땅 가지고 도망치는 바람에 노자가 떨어져 문공 일
행이 걸식을 하게 했던 죄인이었다.

문공이 노기 띤 어조로 말했다.

"네놈이 무슨 면목으로 과인을 찾아왔단 말이냐?"

두수가 머리를 조아리고 대답했다.

"민심을 수습할 수 있는 계책을 아뢰기 위해 목숨을 걸고 찾아왔
나이다."

문공이 정색하고 물었다.

"계책을 말해 보라."

두수가 아뢰었다.

"여생과 극예의 잔당들은 자기들의 죄가 크고 무겁다는 것을 잘
알고 있습니다. 그들은 비록 주공의 대사령으로 용서를 받았지만,

마음속으로는 여러가지로 의심하고 있습니다. 주공께서는 마땅히 그들을 안심시킬 수 있는 방법을 생각하시옵소서."

"어떻게 해야만 그들을 안심시킬 수 있겠느냐?"

"지난날 신이 주공의 행리를 훔쳐 가지고 달아났기 때문에 주공께선 갖은 고생을 다 하셨습니다. 이 나라 백성으로서 신이 저지른 죄를 모르는 사람은 없습니다.

그러니 만일에 주공께서 궁 밖으로 외출하실 때 신으로 하여금 수레를 몰게 하시면, 여생과 극예의 잔당들도 이를 보게 될 것입니다. 그들은 주공이 지난날의 과오를 너그러이 용서해 주시는 군주라는 걸 알게 될 것입니다. 그러면 모든 사람들이 누구나 다 의심을 풀어 버리지 않겠습니까."

"네 말이 옳다!"

문공은 그날로 두수에게 수레를 몰게 하고 성을 한 바퀴 돌았다. 그 후부터 과연 민심은 점차 수습되고 나라는 크게 안정되었다.

대어를 낚으려면 신뢰를 미끼로 써라

병법가로 유명한 오기(吳起)가 위나라 하서 자사로 임명되었을 때의 일이다.

하서는 진(秦)나라와 국경을 접하고 있는 지방인데, 그 국경에 진나라의 한 작은 성이 있었다. 그곳에 착임한 오기에게는 그 성이 몹시 눈에 거슬렸을 뿐만 아니라 또한 위험한 존재이기도 했다. 오기는 북문 밖에 수레를 세워놓고 다음과 같은 포고를 붙였다.

"이 수레를 남문 밖으로 옮기는 자에게는 좋은 밭과 집을 주리라."

수레를 옮기는 것쯤은 아주 쉬운 일임에도 구태여 큰 상을 주겠다는 것은 그 이면에 수상한 계략이 숨어 있으리라 생각했는지, 사람들은 아무도 그것을 옮기려 하지 않았다. 그런데 한 사람이 그 수레를 남문 밖으로 옮겨 놓았다. 그러자 오기는 즉시 그 사람을 불러 포고한대로 상을 주었다. 이를 보고 사람들은 공연히 의심했던 것을 후회했다.

이어서 오기는 옥수수 한 섬을 동문 밖에 놓고 또 포고를 내렸다.

"이것을 서문 밖으로 옮기는 자는 지난번과 같은 상을 주리라."

사람들은 다투어 옥수수를 서문 밖으로 옮겼다. 이것을 본 오기는 일일이 상을 준 다음, 모든 주에 걸쳐 다음과 같은 포고를 내려 군사를 모집했다.

'내일 진나라의 성을 공격한다. 선두를 달리는 자는 현령에 임명하고 최상의 밭과 집을 하사한다.'

사람들을 다투어 모병에 응했다.

마침내 오기는 새로 모집한 군사들과 함께 눈엣가시 같은 국경에 있는 성을 쳐서 삽시간에 이를 빼앗았다. 이와 같이 오기는 신뢰를 미끼로 팔아서 목적을 이루었는데, 그 전에는 신뢰를 내걸고 스스로 미끼가 되어 팔린 적도 있었다. 그것은 오기가 노나라의 왕을 섬기고 있을 때의 일이다.

제나라가 노나라를 치려고 하자, 노나라에서는 오기를 장군으로 삼아 제나라 군사를 막으려고 했다. 그러나 오기의 아내가 제나라의 여자였기 때문에 제나라와 내통하지 않을까 하고 의심하는 자가 많았다. 오기는 신뢰를 보이기 위해 아내를 죽여 제나라와는 아무런 상관도 없음을 분명히 했다.

노나라의 왕은 오기를 믿고 기용하여 제나라 군사를 크게 격파했다. 신뢰를 얻기 위하여 아내를 죽일 만큼 그는 공명심이 대단한 사람이었다. 그러나 이것은 나중에 그로 하여금 천하에 발붙일 곳이 없게 만들었다.

상대가 원하는 것을 미끼로 걸어라

전국시대 말기의 일이다. 연나라 태자 단(丹)은 일찍이 조나라에 볼모로 가 있었는데, 그때 조나라에서 태어난 진왕의 아들 정(政)은 어렸을 때 단과 소꿉놀이 친구였다.

정이 진왕으로 즉위하자 단은 다시 진나라에 볼모로 갔다. 진왕 정은 어릴 적 친구인데도 태자 단을 푸대접했다. 단은 한을 품고 도망쳐와 보복할 날만 기다리고 있었다.

그때 진나라 장군 번어기가 죄를 짓고 연나라에 도망쳐 왔다. 진나라에서는 그를 잡는 자에게 황금 천냥에 1만호를 주겠다는 방을 내붙였다. 그러나 태자 단은 그를 받아들여 집에 숨겨 주었다.

한편 단은 위(衛)나라 사람 형가(荊軻)를 진나라에 자객으로 보내 진왕을 죽이려고 했다. 그러나 의심 많은 진왕에게 접근하는 것이 문제였다. 그의 의심을 풀고 신뢰를 받으려면 그가 탐내는 번어기의 목과 독항(督亢)의 지도가 필요했다.

단이 주저하자 형가가 번어기를 찾아가 말했다.

"진왕을 죽여 원수를 갚고 천하를 편안케 하려 하는데 그의 의심을 풀 방법이 없습니다. 이를 어찌하면 좋겠습니까?"

번어기는 형가의 말뜻을 얼른 알아들었다. 더욱이 그 또한 이를 갈며 진왕을 원망하고 있던 터였다.

"좋소, 내 목을 가져가시오."

번어기는 말을 마치자 스스로 목을 찔러 죽었다.

이리하여 번어기의 목과 독항의 지도를 지니고 진나라를 향해 떠나는 형가는 역수(易水) 강가에서 태자 단과 이별하며 매우 감동적인 유명한 시 한 수를 남겼다.

바람은 쓸쓸히 불고 역수는 차갑구나
대장부 한번 떠나면 다시 오지 못하리

한 자루 비수를 가슴에 품고 자객이 되어 진왕을 죽이러 떠난 형가는 간발의 차이로 진왕의 암살은 실패로 돌아가고 오히려 참혹한 죽임을 당했다.

진왕은 크게 노하여 대군을 일으켜 연나라를 치게 하니, 영왕 희는 부득이 사랑하는 태자 단의 목을 베어 진왕에게 바치고 사과했다. 이로써 양국은 얼마 동안 평화를 되찾게 되었으나, 그후 3년이 지나자 진왕은 다시 연나라를 쳐서 이를 멸망시켜 버리고 말았다.

일의 성패 여부는 논외로 하고, 진왕이 이를 갈며 찾고 있는 번어기의 목을 바쳐 진왕의 신임을 얻으려고 한 것이나, 연왕이 사랑하는 태자의 목을 바쳐 나라를 지키려고 한 것도 모두 원수를 미끼로 한 것이다.

원수를 덕으로 보답하라

한나라 고조 유방(劉邦)이 초나라 항우(項羽)를 멸하고 천하를 통일한 뒤, 나라의 공신에 대한 논공행상이 있었다.

그런데 유방이 평소에 좋아하는 사람에게는 후한 상을 주고, 미워하는 사람에게는 상을 내리지 않았다. 그러자 군신들 사이에 불안과 불만이 고조되고, 더러는 모반을 꾀하는 등 불온한 분위기가 감돌았다. 고조는 이를 우려한 끝에 장량에게 대책을 물었다. 장량이 말했다.

"폐하께서 평소에 미워하고 군신들도 모두 그것을 알고 있는 인물로서 옹치(雍齒)가 있습니다. 그를 만일 제후에 봉한다면 군신들도 조용해질 것입니다."

그리하여 고조가 군신들을 모아 놓고 주연을 벌인 자리에서 옹치를 십방후(什方侯)로 봉하자 군신들은 비로소 잠잠해졌다.

고조는 옹치를 미끼로 하여 '원수에 보답하기를 덕으로 한다(怨報以德-원보이덕)'는 것을 효과적으로 연출함으로써 군신들의 불만을 쉽게 가라앉혔다.

영리한 토끼에게는 굴이 세 개 있다

맹상군(孟嘗君)이 제나라의 재상으로 있을 때의 일이다.

어느날 맹상군이 식객들에게 서찰을 돌려서 그의 영지인 설(薛)이라는 곳에 가서 빌려준 돈을 거두어 올 사람을 구했다. 그러자 풍환(馮驩)이라는 자가 나서서 자기가 그 일을 해 보겠다고 자청했다. 맹상군은 기꺼이 그를 설로 보냈다.

그런데 풍환이 설에 가서는 받을 만한 것만 받은 후에 마을 사람들을 모아놓고 상환 능력이 없는 사람들의 차용증서를 모두 모아 그들이 보는 앞에서 불태워 없애버렸다.

기뻐하는 마을 사람들의 환호성을 뒤로 들으며 풍환은 맹상군에게로 돌아왔다. 이 말을 들은 맹상군이 크게 꾸짖자 풍환은,

"받을 수도 없는 차용증서만 가지고 있으면 무얼 합니까. 그 대신 저는 은의(恩義)를 받아 온 것입니다."

하고 태연히 대답했다.

은의를 받아 왔다는 것은 차용증서를 태워 버림으로써 그곳 사람들에게 은혜를 베풀어, 후일에 그 은혜를 보답 받게 된다는 뜻이었다. 맹상군은 마음속으로는 마땅치 않았으나 그 이상 풍환을 힐책하지는 않았다.

그 얼마 후에 과연 맹상군이 실각해서 자기의 영지인 설 땅으로 돌아가자, 늙은이와 어린아이 할 것 없이 모두 마중나와 그를 반겼다.

맹상군이 풍환에게 말했다.

"선생이 나를 위하여 은의를 받아 온 까닭을 오늘에야 알겠소."

풍환이 대답했다.

"영리한 토끼가 죽음을 면하고 살아가기 위해서는 세 개의 구멍이 있어야 합니다. 그런데 귀공에게는 구멍이 아직 하나밖에 없습니다. 베개를 높이 하고 주무실 수는 없는 형편이니 나머지 두 구멍을 파 드리겠습니다."

이리하여 풍환은 위(衛)나라 혜왕(惠王)을 설득하여 맹상군을 위나라의 재상으로 초청하게끔 일을 꾸몄다. 이를 눈치챈 제나라 왕은 예를 갖추어 사과하고 맹상군을 다시 기용했다. 이것이 제2의 구멍이었다.

풍환은 다시 또 맹상군을 설득하여 그의 영지인 설에 조상을 위한 종묘를 세우게 했다. 그 때문에 동족인 제나라 왕은 설을 넘볼 수 없게 되었다.

이것이 유명한 '교토삼굴(狡兔三窟)'이라고 하는 고사다. 즉 영리한 토끼에게는 굴이 세 개 있다는 비유다.

큰인물을 보는 눈을 가져라

한 고조 유방이 아직 진나라의 시골 폐현에서 사상(四上)의 정장(亭長)이라는 말단 관리였을 때의 일이다.

이때 여공(呂公)이라는 대신이 잠시 폐현으로 피접(避接)을 온 일이 있었다. 이 대신을 접대하기 위해 폐현 현감은 부하 관리들에게

금 1천냥씩의 헌금을 가지고 연석에 참여토록 했다.

말단 관리 유방에게 그런 큰 돈이 있을 턱이 없었다. 그러나 그는 배짱 좋게도 헌금 1만냥을 헌납하겠다는 어음을 내고 참석했다.

이같은 유방의 두둑한 배짱에 감동된 여공은 유방을 가까이 불러들였다. 아무 거리낌 없이 호탕하게 술을 마시고 그의 인품에 반한 여공은 돈은 고사하고 자기의 딸을 받아 달라고 간청했다.

"저에게는 이미 조강지처가 있습니다."

유방은 이렇게 숨김없이 말했다.

"상관없소. 당신의 인품을 보니 내 딸이 당신의 뒷바라지만이라도 할 수 있다면 다행이오."

여공은 떠맡기다시피 자기의 딸을 맡겼다. 이렇게 해서 유방의 아내가 된 것이 여태후였다.

그후 여씨(呂氏)부인은 유방이 시골 정장으로 있는 3년 동안 후첩으로 농촌에서 논밭 일을 돌보는 일개 아녀자에게 불과했다. 그후 유방이 거사를 일으켜 3년 만에 한나라의 왕좌에 오르고, 4년 후에는 항우를 물리치고 한(漢)의 황제가 된다.

불과 수년 전의 여씨 부인은 마침내 제1 부인 조씨(曹氏)를 몰아내고 황후가 되었다. 실로 그 아버지에 그 딸이다.

전쟁은 대의명분이 필수다

주나라 무왕(武王)이 상(商)나라 주왕(紂王)을 쳐부수고 왕국이

인간관계와 권모술수

교체된 것은 노예제 사회가 종말을 고하고 새로운 봉건 군주 사회로 바뀌었다는 역사적인 큰 의미가 있다.

주왕이 학정을 자행하고 음탕한 짓을 했기 때문에 천명(天命)에 의해 무왕이 역성 혁명(易姓革命)을 했다는 것은 주나라를 찬미하기 위한 공자 일파의 도의론에 불과한 것이다.

황하의 서쪽 오지에 있던 주나라에 별다른 문화가 있었던 것도 아니고, 더구나 예절 같은 것이 있을 리 만무했다. 그 당시에 가장 필요했던 것은 승리고, 실리가 가장 중요한 것이었다.

마침내 상나라를 치려는 단계에 이르자, 무왕은 다시 태공망(太公望) 여상(呂尙)에게 최후의 다짐을 하며 물었다.

"첫째는 확실하게 이긴다는 보장이 있어야 하고, 둘째는 출진의 점을 치지 않아도 길(吉)하다는 보장이 있어야 하며, 셋째는 우리 군사 이외에도 백성들과 다른 제후들이 우리를 협력해 준다는 보장이 있어야 하오."

그야말로 유치하리만큼 우유부단한 무왕이었다. 그러나 그 당시의 무왕은 일개 제후로서 이를테면 왕권에 도전하는 것이니, 만약에 실패하는 날에는 역적으로 몰려 삼족이 멸하는 판이다.

태공망이 서슴지 않고 대답했다.

"그러니까 대왕께서는 의로운 군사를 일으켜 무도한 왕을 친다는 대의명분을 내세우셔야 합니다. 누가 보아도 뚜렷한 명분이 있으니 싸움은 이긴 것이나 다름없고, 현자가 우자를 응징하는 싸움이니 점을 칠 필요도 없으며, 필승에 대길(大吉)이니 백성들과 다른 제후들도 틀림없이 대왕을 도울 것입니다."

이리하여 무왕은 상나라를 멸하고 주 왕조를 세우게 되었다.

리더는 읍참마속(泣斬馬謖)을 기억하라

사마양저가 제나라 경공(景公)에게 초빙되어 장군으로 임명되었을 때의 일이다. 그는 경공에게 한 가지 부탁을 했다.

"저는 본시 한갓 미천한 평민 출신으로, 이제 비록 장군이 되었으나 사졸들이 심복하지 않을까 두렵습니다. 이래서는 기강을 세우고 군기를 바로잡을 수 없으니, 주군의 총신 가운데 누구나 존경하는 인물을 골라 그로 하여금 군사를 감독하게 해 주십시오."

경공은 이 말을 듣고 곧 장가(莊賈)를 파견했다.

경공에게 작별을 고한 사마양저는 장가에게 '내일 정오에 영문(營門) 앞에서 만납시다' 라고 약속했다.

그런데 이튿날 장가가 찾아온 것은 그보다 훨씬 늦은 저녁 무렵이었다. 사마양저가 늦은 이유를 묻자, 장가는 이렇게 변명했다.

"대부와 친척들이 송별연을 베풀어 늦었소이다."

이 말을 들은 사마양저는 대로하여 말했다.

"장수된 자는 마땅히 임명을 받은 날로부터 가사(家事)를 잊어야 하고, 전장에서 진고(晉鼓)를 두들길 때는 자신의 일신을 잊어야 한다. 지금 적이 영내에 깊이 들어와 나라는 소란스럽고 대왕께서는 식음이 편치 않을 터에 한가하게 송별연이나 받으며 군율을 어기다니, 이는 용서할 수 없다."

그리고 즉시 군법에 따라 장가의 목을 베어 전군에 본보기로 삼았다.

사졸들은 간담이 서늘졌다. 그후로는 군의 기강이 서고 위세가 떨쳐진 진·위 두 나라의 군사를 쳐서 크게 이겼다. 이 이야기는 '사마병법(司馬兵法)'의 저자이기도 한 제나라의 명장 사마양저의 젊은 날의 한 일화다.

한나라 초기의 명장 한신이 장군에 임명되었을 때도 사마양저와 거의 같은 방법으로 은개(慇蓋)를 참하여 '신상필벌(信賞必罰)'의 기강을 세웠다.

손자도 오왕으로부터 궁전 안의 궁녀에 대한 군사훈련을 위촉받았을 때 오왕의 두 총비를 참함으로써 180명의 '미녀 부대(美女部隊)'를 성공적으로 조직하여 용병술을 인정받았다. 이런 예는 모두 '미끼'를 이용한 좋은 예다.

중국 후한 멸망 후 삼국시대 위·오·촉 세 나라가 다투던 때의 '읍참마속(泣斬馬謖)'의 고사도 널리 알려진 이야기다. 제갈공명이 눈물을 머금고 군령을 위반하여 가정(街亭)의 전투에서 대패한 애장(愛將) 마속을 참한 것도 신상필벌의 군율을 위한 것이었다.

중국에서는 정리(情理)라는 말이 있다. 제갈공명은 군법, 즉 리(理)에 의하여 사랑하는 장군을 참했으나, 그때 눈물을 흘린 것은 '정'이었다. 그것이 진정이냐 아니냐의 여부는 고사하고 정을 보이지 않으면 또한 부하를 신복시킬 수 없는 것도 사실이다.

큰 것을 얻으려면 작은 것을 버려라

조조(曹操)가 원소(袁召)와 싸워 전승을 거두고 빼앗은 금보(金寶)와 비단을 모두 내어 장수와 군사들에게 상으로 준 다음, 서류함 가운데서 서신 한 묶음을 찾아내었다.

그런데 뜻밖에도 그것은 자기의 군 중에 있는 여러 사람이 몰래 원소와 더불어 왕래한 글이었다.

이를 보고 좌우는 말했다.

"일일이 성명을 밝혀서 잡아 죽이도록 하십시오."

그러나 조조는,

"원소의 세력이 원체 커서 나도 이길 것을 기약하지 못했는데, 하물며 다른 사람들이야 일러 무엇하랴."

하며, 더 살펴보려고 하지 않고 그대로 불에 태워 일체 불문(不問)에 붙여 버리고 말았다. 이를 본 사람들은 모두 조조의 대범함에 감탄하여 심복하는 자가 많았다.

인정을 베풀면 누구나 따른다

조조가 원담의 군사를 치기 위해 남피(南皮)에 이르렀을 때였다. 날은 혹독하게 춥고 물길은 모두 얼어서 군량을 실은 배가 전혀 움직이지 못했다.

조조는 곧 그곳 백성들에게 영을 내려, 얼음을 깨뜨리고 배를 끌게 했다. 그러나 백성들이 영을 듣자 모두 달아났다. 조조는 크게 노하여 모조리 잡아다 목을 베려고 했다.

백성들이 그 소문을 전해 듣고 모두 두려워서 대부분 찾아와 자수하고 조조에게 용서를 빌었다.

조조가 말했다.

"내가 너희들을 죽이지 않으면 내 명령이 서지 않을 것이요, 그렇다고 내가 너희들을 죽인다면 이 또한 너무도 잔혹한 일이니, 너희들은 이 길로 빨리 산속으로 깊이 들어가 숨어서 내 군사들에게 붙잡히지 않도록 하라."

이 말을 듣고 백성들이 감격하여 모두 눈물을 줄줄 흘리며 도망쳤다.

3. 상대방의 마음을 읽는 기술

병법에도 '나를 알고 적을 알면(知彼知己—지피지기) 백 번 싸워 백 번 이긴다(百戰百勝—백전백승)'는 말이 있듯이, 상대편의 정체와 속셈을 안다는 것은 나를 지키고 상대를 이기는 요체가 되는 것이다.

그러나 이 세상에서 인간만큼 알기 어려운 존재도 없다. 논리나 경험만으로는 설명할 수 없는 것이 바로 인간이다.

상대방의 본심을 알아내는 방법

"음, 도무지 알 수가 없는 걸!"

제나라의 재상 설공(薛公)은 근래 며칠 동안 계속 팔짱을 낀 채 무엇인가 골똘하게 생각하고 있었다.

실은 얼마 전에 이 나라의 왕비가 죽었다. 그래서 새로운 왕비를 세워야만 하는데, 설공은 왕이 마음속으로 좋아하는 여자가 누구일까하고 고심하고 있었던 것이다.

왕의 마음에 드는 여자를 빨리 알아내어 왕이 말을 꺼내기 전에 먼저 추천을 해야만 자기의 체면이 설 것이었다.

만약 자기가 천거한 여자가 왕의 뜻과 일치한다면 그 후부터는 자기의 의견은 더욱 더 중하게 여겨질 것이며 새 왕비로부터도 호감을 얻게 될 것이다.

　그러나 자칫 잘못하다가는 그 화가 적지 않을 것이다. 앞으로 자기의 의견은 받아들여지지 않을 뿐만 아니라, 새로 왕비가 된 여자는 그를 미워하게 될 것이 틀림없었다.

　도대체 왕은 누구를 가장 좋아하고 있을까? 지금 후궁에는 열 명의 애첩이 있다. 그 가운데서 누군가 한 사람은 왕비가 될 것이 틀림없다. 그러나 도무지 그것을 알 길이 없었다.

　그런데 현명한 왕은 신하들 앞에서 자기의 내심을 나타내 보이지 않았다. 그것을 드러내면 신하들은 그 눈치를 채고 다투어 아첨을 할 것이기 때문이었다.

　그래서 왕은 사람들 앞에서는 열 사람의 애첩을 조금도 편애하지 않고 똑같이 대해 주었다.

　"옳지!"

　하고 마침내 설공은 무릎을 쳤다. 그리고는 시종을 불러 다음과 같이 지시하였다.

　"지금 서둘러 열 짝의 옥이(玉珥)를 준비하라. 단 그 중의 한 짝은 특히 아름답게 만들어야 하느니라!"

　옥이라는 것은 보석으로 만든 귀걸이다. 열 짝의 귀걸이는 곧 준비가 되고 그것은 즉시 왕에게 진상되었다.

　다음날 내전으로 든 설공은 그 중 가장 아름다운 귀걸이가 어느 여자의 귀에 달려 있는가를 알아냈다. 설공은 그 여자를 천거했고 그녀가 왕비가 된 것은 두말할 나위도 없었다.

　상대의 속마음을 알아낸다는 것은 극히 중요하다. 그러나 겉으로 보아서는 남의 마음은 알 수 없다. 이럴 때는 상대방에게 어떤 마음의 동요를 일으켜서 행동을 취하게 하고, 그 반응에 따라서 진심을 파악하는 것이다.

알고도 모르는 체하는 전략

한(韓)나라의 소후(昭候)는 뛰어난 군주였다. 어느날 그는 잘라낸 손톱의 한 톨을 일부러 감추어 두고는 자못 엄숙하게 분부를 내렸다.

"잘라낸 손톱을 잃어버린다는 것은 아주 불길한 일이다. 어떻게 해서든 꼭 찾아내도록 하라."

근시들은 온 방안을 다 뒤져 보았으나 손톱은 아무 곳에도 없었다.

"무엇들 하는가? 없을 까닭이 없지 않느냐. 더 찾아보라!"

소후는 불호령을 내렸다.

그러자 근신 중의 한 사람이 몰래 자기의 손톱을 잘라서 내놓았다. 잘라낸 손톱의 모양은 대개 비슷하기 때문에 구별이 어려운 것이다.

"예, 여기에 있습니다."

이리하여 소후는 누가 거짓말을 하는가를 알 수 있었다.

소후는 또 한 가지 일화를 남겼다. 모가 한창 자랄 때에는 우마(牛馬)를 논에 들어가게 하는 것이 법으로 금지되어 있었는데도 그것을 위반하는 자가 많았다.

소후는 그 현장의 한 곳을 알고 있으면서도 짐짓 관아에 위반자를 찾아내도록 명령하였다. 이윽고 보고가 올라왔으나 그 속에는 소후가 알고 있는 현장이 들어있지 않았다.

"이것이 전부는 아닐 터이다. 틀림없이 또 있을 것이니 잘 조사해 보라."

재조사를 시켜 보니 과연 그 밖에도 조사에 누락된 것이 많음을 알 수가 있었다.

한비자(韓非子)는 이를 '협지법(挾知法)'이라 했는데, 알고 있으면서도 모르는 체하는 것을 말한다.

한 가지를 깊이 알고 모르는 체하고 물으면 지금까지 몰랐던 것까지도 알게 된다. 이쪽이 알고 있는 것을 알면 상대방은 미리 대응책을 쓴다. 하물며 모르면서도 아는 체를 하다가는 큰코 다치는 것은 말할 나위도 없다.

분노를 유발하면 본심이 나온다

위(衛)나라의 재상 산양군(山陽君)은 불안해서 견딜 수가 없었다. 아무래도 왕이 자기를 의심하고 있는 것 같았다. 그렇다고 왕에게 그것을 직접 물어볼 수도 없었다. 자칫하면 공연히 긁어 부스럼 만드는 격이 될지도 모르기 때문이다.

그 무렵 왕의 총신으로 규수라는 자가 있었다. 그 사람 같으면 왕에게 들어서 알고 있는 일이 있을 것임에 틀림없지만, 그렇다고 곧바로 묻는다고 대답해 주지는 않을 것 같았다.

궁리 끝에 산양군은 한 가지 묘안을 생각해 내고, 그를 만나자 대뜸 힐난을 퍼부었다.

"너는 배운 것도 없고 신분마저 천한 주제에 감히 대왕의 총애를 믿고 재상인 나를 우습게 알다니, 중벌을 받아 마땅하리라!"

규수는 분노를 참지 못하고 마주 대꾸를 했다.

"뭐라고 욕지거리를 해도 좋습니다. 아무튼 당신 같은 사람은 이제 대왕께서도 믿고 있지 않습니다."

산양군은 일부러 분노를 유발시켜 그가 왕으로부터 들은 말을 자기도 모르게 털어놓게 한 것이다. 산양군은 이로써 왕의 내심을 알아낼 수 있었다.

이익을 얻는 자가 범인이다

한비자의 말에 다음과 같은 것이 있다.

"어떤 사건이 일어나면 그 사건으로 해서 이익을 얻는 자가 반드시 있다."

이와 같은 관점에서 사건의 동기를 파악하고, 그 동기에 의하여 사건의 전모를 파악하는 것을 반찰법(反察法)이라 한다. 이러한 수법은 살인 사건이나 화재 발생시의 방화범 수사에 많이 적용되기도 한다.

한(韓)나라의 희후(僖候)가 목욕을 하려고 욕탕에 들어갔더니, 욕조에 잔돌이 어지러이 뒹굴고 있었다. 이를 본 희후는 근시를 불러서 물어 보았다.

"욕탕의 책임자가 면직되었을 경우 그 후임자가 될 사람이 정해져 있는가?"

"예, 정해져 있습니다."

"그자를 이리로 불러오라."

이윽고 근시가 그 사람을 데리고 오자 희후는 대뜸 호통을 쳤다.

"어째서 내 욕탕에 돌을 집어넣었느냐?"

그자는 감히 숨기지 못하고 이실직고했다.

"책임자가 파직을 당해야만 제가 승진을 할 수 있기 때문에, 그만 죽을죄를 지었습니다. 한 번만 용서해 주십시오."

공격과 방어는 종이 한 장 차이

상대를 간파한다는 것은 이 쪽도 간파 당할 가능성이 얼마든지 있다는 얘기가 된다. 이 점을 간과하고 자기만이 특수 무기를 가지고 있다고 생각한다면 큰 오산이다.

공격과 방어는 종이 한 장 차이고 동전의 양면과도 같다. 그러므로 간파한 사실을 어떻게 활용하느냐가 문제다.

위군(魏軍)이 중산(中山)이라는 나라를 치기 위해서는 조나라의 땅을 통과하지 않으면 안 되었다. 그래서 위왕(魏王)은 조왕(趙王)

에게 사람을 보내 청하였다.

"우리 군사가 귀국을 통과하는 것을 허락해 주시기 바라오. 우리의 목적은 단지 중산을 치는 것이지, 결코 귀국의 영토에 야심이 있는 것은 아니오."

조왕이 듣고 이를 거부하려 하자 신하인 조각(趙刻)이 나서서 진언했다.

"그것은 안 될 말입니다. 위군을 통과시키는 것이 좋을 줄 압니다. 위나라가 중산을 치다가 만약 이기지 못한다면 국력만 소모하게 될 것이니, 우리 조나라로서는 그만큼 유리하게 될 것입니다. 또 설령 위군이 중산을 쳐서 이기더라도 그들은 우리 조나라를 통하지 않고는 본국과 왕래할 수가 없으니, 피를 흘린 것은 위나라의 군사이지만 수확을 거두는 것은 우리 조나라가 될 것입니다. 그러나 그렇다고 결코 반가운 표정으로 통과시켜 준다는 말을 해서는 안 됩니다. 사자를 환영하는 분위기를 보면서 상대방은 우리의 속셈을 꿰뚫어 보고 중산 공격을 중지할 수도 있습니다. 마지못해 통과를 시켜 주는 것처럼 보이는 것이 상책입니다."

시험에 들수록 정도로 가라

유비가 단복(單福)이라는 현사를 맞아 그를 극진히 대접했다. 어느날 단복이 물었다.

"아까 주군께서 타고 오신 말을 다시 한번 보여주십시오."

유비가 안장을 내리고 당 아래로 말을 끌어오게 하니, 단복은 한 번 보고 나서 말했다.

"이게 적로마(的盧馬)가 아닙니까. 비록 천리마이기는 하지만 끝내는 주인을 해치고 말 것이니 주공께서는 부디 타지 마십시오."

그러자 유비는 그 말이 언젠가 자기의 생명을 구해 준 얘기를 해 주었다.

"그거야 주인을 구한 것이지 주인을 해친 것이 아니지요, 그러나 끝내는 한 주인을 해치고야 말 것입니다. 저에게 양법(禳法)이 하나 있으니 그대로 한번 해보시지요."

유비가 궁금하여 물었다.

"그 양법을 듣고 싶소이다."

단복이 말했다.

"주공의 의중에 원수 지은 사람이 있거든 이 말을 보내서 한번 그 사람을 해치게 한 다음에 다시 타시면 자연 무사하실 것입니다."

유비는 그 말을 듣자 얼굴빛이 홱 변하였다.

"그대가 처음 내게로 와서, 나를 정도(正道)로 가르치려 않고 내가 이롭고자 남을 해롭게 하는 일을 일러주니, 나는 결단코 그런 말은 듣지 않겠소이다."

그러자 단복이 빙그레 웃으며 죄를 사례했다.

"일찍이 주공의 인덕에 대해 많은 소문을 들었기 때문에 짐짓 한 말씀 시험삼아 올렸던 것입니다. 주공께서는 과히 허물치 마십시오."

유비 또한 낯빛을 고치고 사례했다.

"내가 무슨 인덕이 있겠소이까. 다만 선생은 나를 잘 가르쳐 주십시오."

너무 앞서 가면 다친다

조조가 한중(漢中)에서 유비와 싸울 때의 일이다. 그 동안 연전연승을 자랑하던 조조가 이번만은 연전연패를 거듭했다.

조조는 불면 속에 오랜 날을 보냈다. 당장에 나가서 싸우고 싶으나 자신이 서지 않고, 그렇다고 회군을 하자니 사람들이 비웃을 것 같아 실로 진퇴양난이었다.

그러던 어느날이었다. 포관이 계탕(鷄湯)을 바친다. 뚜껑을 열고 보니 그릇 속에 계륵(鷄肋)이 담겨 있었다. 먹자 하니 먹을 것이 없고, 또한 버리자니 아까운 닭과 갈빗대 - 조조는 지금의 자기 신세가 생각나서 감회가 자못 깊을 때였다.

그때 하후돈이란 장수가 입장(入帳)하여 야간 암호를 말해 달라고 했다. 조조는 무심코 입에서 나오는 대로,

"계륵, 계륵!"

하고 말았다. 영을 받고 나온 하후돈이 중장들을 모아 놓고 말했다.

"오늘밤 암호는 계륵이오."

이 암호를 들은 행군 주부(主簿) 양수(楊修)는 곧 수행 군사를 시켜, 각기 행장을 수습하고 돌아갈 준비를 갖추게 했다. 하후돈은 이

말을 전해 듣고 크게 놀라 양수를 불러들여 물었다.

"공은 어이하여 행장을 수습하오?"

양수가 태연하게 대답했다.

"오늘밤 암호로 위왕이 머지 않아 회군하실 뜻을 짐작했기 때문입니다. 닭의 갈빗대란 먹자니 고기가 없고 버리자니 아까운 것처럼, 지금의 형세가 나간댔자 이기지 못하겠고, 물러서면 천하에 웃음거리가 될 것입니다. 그러므로 여기 있어 봤자 이익이 없을 바엔 한시라도 빨리 돌아가는 것이 옳습니다. 두고 보십시오. 내일은 필시 위왕께서 회군령을 내리실 것입니다. 그래서 미리 행장이나 수습해 두자는 것입니다."

하후돈은 크게 탄복하며 말했다.

"과연 공(公)은 위왕의 폐부를 환히 들여다보십니다그려."

장막으로 돌아오자 하후돈도 행장을 수습케 하였다.

어느덧 이 말이 돌고 돌아, 영중의 모든 군사들이 돌아갈 차비를 하지 않는 이가 없었다. 뒤늦게 이를 알게 된 조조는 양수를 소리쳐 불렀다. 불려온 양수는 야간 암호 계륵으로 자기가 짐작한 바를 그대로 말했다.

듣고 나자 조조는 크게 노하였다.

"네 감히 유언비어를 퍼뜨려 우리 군심(軍心)을 어지럽게 하는구나!"

곧 도부수를 불러 양수의 머리를 베게 하고, 그 목을 원문(轅門) 밖에 달도록 호령했다. 아무리 조조의 마음이 그렇더라도 양수가 너무 앞질러 간 것이 그의 죽음의 원인이 되었다.

큰소리 치는 사람의 이면을 읽어라

전진(前秦)의 왕맹(王猛)은 경조윤을 거쳐 이부상서, 곧 내무장관이 되었다가 관부의 고위 참모직인 좌복야를 거쳐 사예교위에 오르고 기도위를 겸임했다.

이때 왕맹은 그의 나이가 겨우 36세였다. 한 해 동안에 몇 차례나 승진을 거듭한 그의 권력은 국내외를 뒤흔들었다.

그러자 왕족과 옛 중신들은 모두 그에 대한 왕의 총애를 시기하고 미워했다. 특히 번세(樊世)는 본래 호족 출신으로, 왕을 도와 관중을 평정한 개국공신이었는데, 여러 사람이 보는 앞에서 왕맹에게 모욕을 주었다.

"그대는 전장에서 공을 세우지도 못한 주제에 감히 권세를 함부로 부리고 있군그래, 우리에겐 밭을 갈도록 일을 시키고, 그대는 편안히 앉아서 그 소득만 먹으려 하다니 염치없는 짓이 아닌가?"

왕맹이 태연하게 말했다.

"그대에게 밭을 갈게 할 뿐이겠소. 장차는 그대에게 요리하는 일도 맡길 것이오."

번세는 화가 머리끝까지 치밀어 올라 호통을 쳤다.

"그대의 목을 장안문에 효수하고 말 테니, 어디 두고 보라!"

이같이 큰소리를 치는 번세를 왕맹은 무심히 보아 넘기지 않았다. 그에게 믿는 곳이 없으면 그렇게까지 함부로 말할 수는 없는 일이었다. 그러나 왕맹은 짐짓 모른 척하고 있었다.

그후 북방의 흉노족이 전진의 국경을 어지럽히자 왕이 흉노 토벌에 직접 출진했다. 이 기회를 노리고 있던 전왕(前王) 부생의 동생 오형제는 번세와 함께 제후 여러 나라와 동맹하여 반란을 일으켜 장안으로 쳐들어왔다.

왕맹은 왕이 없는 수도를 혼자 지키며 이 반란의 역도들을 모조리 물리치고 왕권을 더욱 공고히 했다. 그는 번세가 큰소리치는 것을 보자 이미 이러한 반란의 기미를 눈치채고 만반의 준비를 했던 것이다.

팔징법(八徵法) 테스트

먼저 어떤 공작을 해 놓고 그 반응에 의하여 상대의 정체와 속셈을 아는 방법이 있다. '육도삼략'이라는 병서(兵書)에 서술되어 있는 기법이다.

그에 의하면 인간의 본심은 깊이 은폐되어 있어서 외관만으로는 그것을 알 수가 없다는 것이다. 그것을 알기 위해서는 행동을 시켜 보아야 한다. 바로 그 테스트 방법을 여덟 가지로 나누고 있는데, 이를 팔징법이라고 부른다.

① 질문을 해 보고 그 이해의 정도를 관찰한다.

② 추궁을 해서 그 당장의 반응을 관찰한다.

③ 함정을 미리 만들어 놓고 그 성실성 여하를 관찰한다.

④ 비밀을 털어놓고 그의 덕망을 관찰한다.

⑤ 돈을 맡게 하여 그 정직함의 여하를 관찰한다.

⑥ 여자를 접근시켜 인물의 견실함을 관찰한다.

⑦ 어려운 일을 시켜 용기의 유무를 관찰한다.

⑧ 술에 취하게 하여 그 태도를 관찰한다.

다만 이 팔징법의 테스트는 자칫 실패하면 돌이킬 수 없는 후환을 자초하게 된다. 그러니까 여간 조심하지 않으면 안 된다.

옛날에 어떤 여자가 자신에 대한 남자의 애정을 시험해 보기 위해 남자가 지극히 귀여워하는 개를 죽여 버렸다. 그러나 남자는 여자를 극진하게 사랑하고 있었기 때문에 개를 죽인 것에 대해서 별로 나무라지 않았다.

"뭐 그까짓 개쯤이야 아무려면 어때, 당신이 원한다면 그보다 더한걸 죽여도 상관없어."

그러나 그 말을 들은 여자는 크게 실망했다. 그토록 귀여워하던 개를 죽였는데 아무렇지 않다니, 나중에 자기가 죽어도 마찬가지가 아니겠는가.

한편 남자도 여자가 자기의 마음을 일부러 시험한 것을 내심 괘씸하게 생각하고 분을 참지 못하다가, 마침내 그 여자를 쫓아내고 말았다. 빤히 들여다보이는 것을 테스트한다는 것은 오히려 자기를 망치는 일이 되고 만다.

4. 싸우지 않고 이기는 지혜

동서고금을 막론하고 '싸우지 않고 이기는' 것을 승부의 가장 이상적인 것으로 여겨왔다. 병법의 대가인 손자는 이렇게 말했다.

"백전백승은 최선의 방법이 아니다. 싸우지 않고 적을 굴복시키는 것이야말로 최선의 방법이다. 최선의 방법은 적을 책략으로 이기는 것(伐謨—벌모), 그 다음은 교섭을 통해 이기는 것(伐交—벌교), 그 다음은 실전을 전개하여 이기는 것(伐兵—벌병)이다."

또 한 사람의 병법의 대가인 오자(吳子)도 이와 비슷한 말을 했다.

"여러 번 이겨서 천하를 얻는 자는 드물고 오히려 멸망하는 자가 많다."

또 태공망(太公望)이 편찬한 것으로 알려진 옛 병서 '육도삼략(六韜三略)'에서 '싸우면 상처가 나게 마련이다'는 구절이 나온다. 차이는 다소 있지만 모두 싸우지 않고 이기는 것을 최선의 방법으로 삼고 있다.

히틀러도 그의 저서〈나의 투쟁〉에서 '군사적 수단으로 적을 제압하지 않더라도 달리 더 교묘하고 비용이 덜 드는 방법이 있다면 왜 군사력에 호소할 필요가 있겠는가'라고 말하고 있다.

이처럼 싸우지 않고 이기는 것이 이상적이라는 것은, 설령 적이 백번을 져서 재기 불능이 되었다 하더라도 이 쪽도 그에 상당하는 손상을 입기 때문이다.

약자는 실리를 구하고 강자는 명분을 찾는다

제나라의 환공(桓公)이 노나라를 공격하자, 노나라의 장군 조말(曹沫)은 세 번 싸워서 세 번 모두 패했다. 노나라의 장공(莊公)은 싸움을 두려워하여 제나라에 수읍이라는 땅을 헌납하는 조건으로 휴전하기를 청했다.

환공은 이를 받아들이고 노나라와 가(柯: 지금의 산동성)라는 곳에서 회합을 가졌다. 노나라의 장공이 환공에게 막 서약을 하려는 순간, 조말이 단검을 뽑아 들고 단상으로 올라가서 환공을 위협했다.

"비록 제나라는 강하고 노나라는 약하지만 귀국이 노나라를 치는 것은 무례한 짓이오. 지금 귀공과 나 사이는 불과 석 자 거리밖에 되지 않습니다. 만일 노나라의 성벽이 무너지면 그 돌기와는 제나라의 국경으로 떨어질 것이며, 내가 죽으면 내 피는 귀공의 옷자락을 물들일 것입니다. 그래서는 귀국에게도 하등 이로울 게 없을 것이니 그 점을 깊이 생각하시길 바랍니다."

환공은 칼을 뽑아 든 조말을 보자 간담이 서늘하여 말했다.

"노나라로부터 빼앗은 땅을 모두 돌려주겠다."

그러자 조말은 단검을 버리고 아무 일도 없다는 듯이 태연하게 자기 자리로 되돌아갔다.

일단 위기를 모면하기 위해서 약속은 했으나 환공은 조말의 오만 불손함에 노하여 조말을 죽이려고 했다. 그러자 재상 관중(管仲)이 만류했다.

"그래서는 안 됩니다. 작은 일에 구애되어 소리(小利)에 눈이 어두워지면 장차 무엇으로 일어서겠습니까? 지금 조말을 죽이고 약속을 어긴다면 제후들의 신뢰를 잃고 천하의 사람들로부터 비웃음을 살 것입니다. 약속을 지켜야 합니다."

마침내 환공은 빼앗은 땅을 노나라로 돌려주었다.

제후들은 이 소식을 듣자 환공을 믿고 제나라와 화의하기를 청하여 환공은 제후와 견(甄)이라는 곳에서 회맹을 가졌다. 이리하여 환공은 춘추시대 최초의 패자(覇者)로 우뚝 서게 되었다.

말하자면 조말은 전장에서 잃은 것을 회의 장소에서 되찾았고, 환공은 노나라에 빼앗은 영토를 돌려줌으로써 천하의 신뢰를 얻어 패권을 장악했다. 쌍방이 모두 싸우지 않고 목표를 달성한 셈이다. 대개 약자는 실리를 구하고 강자는 명분을 찾는다. 그런데 강자는 그 명분으로 하여 보다 더 많은 실리를 얻게 된다.

배신자를 제거하는 방법

서주(西周)와 동주(東周)는 서로가 견원지간(犬猿之間)이었다. 서주의 신하인 창타(昌他)가 동주로 도망쳐 가서 서주의 내정을 있는 대로 다 고해바쳤다. 이를 알게 된 서주의 왕은 크게 노했다.

그때 서주의 책사인 풍단(馮旦)이 나서서 말했다.

"그놈을 꼭 죽여 없애겠으니, 대왕께서는 금 30근만 내려주십시오."

풍단은 한 부하를 시켜 왕이 내려준 금 30근과 편지를 몰래 창타에게 전하도록 일러주고, 편지에는 다음과 같이 썼다.

'성공의 기미가 뵈거든 힘써 노력하라. 그러면 우리도 마땅히 외응하마. 하지만 가망이 없으면 속히 도망쳐오라. 일을 오래 끌면 오히려 누명을 쓰고 망신을 당하게 될지도 모른다.'

풍단은 그러고 나서 다시 사람을 시켜 동주의 관아에 다음과 같이 밀고를 하게 했다.

"오늘밤 서주의 첩자가 잠입할 것이오."

동주의 군사들은 기다렸다가, 금 30근과 편지를 창타에게 전달하러 온 사람을 잡아서 왕에게 끌고 갔다. 동주의 왕은 창타를 첩자로 오해하고 즉시 잡아서 목을 베어 버렸다.

이처럼 교묘하게 적을 함정에 빠뜨려서 제거하는 것은 오늘날에도 흔히 보는 수법이다.

실력자의 명성을 빌려라

소대(蘇代)가 연나라를 위하여 제왕을 설득하려고 했다. 그는 제왕을 알현하기에 앞서 우선 제나라의 유명한 실력자 순우곤을 찾아가서 말했다.

"준마를 파는 자가 있었습니다. 3일 동안 아침마다 저자에 세워 놓았으나 누구 한 사람 거들떠보지도 않았습니다. 그는 하는 수 없이 백락(伯樂: 말 감정의 명인)에게 가서 말했습니다.

'저는 준마를 팔려고 내놓으나 사흘이 지나도록 아무도 물어 보

는 사람조차 없습니다. 원컨대 선생께서 제 말 주위를 한 바퀴 돌아
보고 돌아가면서 다시 한 번만 더 돌아봐 주십시오. 다행히 말이 팔
리면 크게 사례를 하겠습니다.' 하고 청했습니다. 백락이 그의 청대
로 말 주위를 한 바퀴 돈 다음, 돌아가면서 다시 한번 더 돌아봤습니
다. 그러자 당장에 사람들이 모여들어 말값은 열 배로 뛰었다고 합
니다. 저는 지금 준마로서 제왕을 배알하고 싶습니다만 이끌어 주
는 사람도 밀어 주는 사람도 없습니다. 하오니 선생께서 저의 백락
이 되어 주시지 않겠습니까? 백옥 한 쌍과 황금 천 냥을 사례로 드
리겠습니다."

순우곤은 이를 응낙하고 어전으로 나가 제왕에게 소대를 소개했
다. 소대가 제왕의 마음에 들어 뜻을 이루었음은 물론이다.

아무리 능력 위주의 시대라 하더라도 권위와 명성은 무시할 수 없
는 위력을 가지고 있다. 권위나 명성을 내세워 이를 이용하는 것도
직접 싸우지 않고 이기는 방법 중의 하나다.

싸우지 않고 이기는 설득의 기술

연나라의 문후(文侯)가 죽자, 태자가 군위를 물려받고 역왕(易王)
이 되었을 때였다. 연나라가 국상 중임을 틈타 제나라의 선왕(宣王)
이 대군을 이끌고 연나라를 침공하여 열 곳의 성을 빼앗았다.

연왕은 곧 책사 소진(蘇秦)을 불러 노한 얼굴로 따졌다.

"지난 해에 선생이 우리 연나라로 왔을 때 선왕(先王)께서는 거마

를 갖추어 선생을 조나라로 보냈소. 그 덕분에 6국 합종의 맹약이 이루어진 것인데, 제나라가 이제 그 맹약을 깨뜨리고 전에는 조나라를 공격하더니 이번에는 또 우리 연나라를 침입했소. 이대로 가만 있으면 우리 연나라는 천하의 웃음거리가 되고 말 것이요. 그 사단을 만든 사람은 바로 선생이니, 지금 곧 제나라로 가서 빼앗은 땅을 돌려주도록 해 주시오."

"대왕께서 말씀하시니 그렇게 해 드리겠습니다."

소진이 제나라로 가서 선왕에게 먼저 두 번 절하고 축하를 드린 다음, 곧 이어서 머리를 들고 조의를 표했다.

"축하를 말하다가 갑자기 조의를 표하다니, 이게 무슨 영문이오?"

선왕이 깜짝 놀라며 묻자 소진은 정색을 하고 대답했다.

"이런 얘기를 들은 적이 있습니다. 아무리 아사 직전이라 하더라도 독초인 오훼(烏喙)만은 먹지 않는다고 합니다. 그것은 먹을수록 죽음을 더 재촉하기 때문입니다. 지금 대왕께서 연나라의 10성을 빼앗았으니 필경 연나라는 강대국 진나라에 항복하고 말 것입니다.

그렇게 되면 약소국 연나라를 침공한 것이 원인이 되어 진나라가 천하의 강병을 몰아 제나라를 친다면 제나라의 운명은 어떻게 되겠습니까? 그야말로 오훼를 먹는 것과 다름이 없을 것입니다."

"그럼 어떻게 하면 좋겠소?"

선왕은 안색이 달라지며 물었다. 소진은 기회를 놓치지 않고 대답했다.

"예로부터 성공하는 자는 화를 복으로 바꾸고, 실패를 거울삼아 성공을 이룩한다고 했습니다. 빼앗은 10개 성을 즉시 연나라로 돌려주십시오. 그렇게만 하신다면 연나라도 기뻐할 것은 말할 것도 없고, 연나라와 친선 관계를 맺고 있는 진나라도 역시 기뻐할 것입니다. 구원(舊怨)을 씻고 새로이 친교를 맺는다는 것은 바로 이 경우를 두고 말하는 것이 아니겠습니까? 이번 기회에 대왕께서 연·진 양국과 친교를 맺는다면 다른 제후들도 감히 제나라를 가볍게 보지 못할 것입니다. 10개 성을 미끼로 하여 천하를 편하게 할 것이니 이야말로 상지상책(上之上策)이 아니고 무엇이겠습니까?"

선왕은 크게 고개를 끄덕이고 연나라에 10개 성을 되돌려 주었다. 이와 같이 싸우지 않고 이기는 것이 설득의 기술이다.

원한을 사면 모함에 걸려든다

제나라의 중대부(中大夫: 궁내 대신)로 이사(夷射)라는 사람이 있었다. 한번은 그가 왕의 주연에 시종으로 일하고 있다가 몹시 취해서 궁전의 낭문(廊門)에 의지하여 잠깐 쉬고 있었다.

그때 문지기를 하고 있는 다리목이 잘린 전과자가 와서 중대부에게 청을 했다.

"어르신께서 잡수시다 남은 술이 있으면 적선을 베풀어 주십쇼."

그 말을 들은 이사는 크게 화를 내며 꾸짖었다.

"뭐라고 이놈! 죄인이 밥을 빌어먹는 것만도 다행스럽게 여기지 않고 술까지 청하다니, 그 무슨 말버릇이냐, 썩 물러가라!"

문지기는 얼굴을 싸매고 허둥지둥 그 자리를 피했다. 그런데 이사가 남문을 떠나자마자 무슨 까닭인지 다시 문지기가 나타나서 그가 떠난 자리에 물을 뿌렸다.

다음날 아침 왕은 물이 마르다 만 흔적을 보고 크게 노했다.

"누가 이곳에 감히 오줌을 누었느냐?"

문지기는 겁에 질린 얼굴로 대답했다.

"누가 그랬는지는 알 수 없습니다. 다만 어제 저녁 중대부께서 이곳에 서 있는 것을 보았습니다."

그 말을 듣자 왕은 궁전을 더럽히는 불경죄를 범했다고 해서 이사를 극형에 처해 버렸다.

약자는 강자의 권위를 이용하라

어느날 초나라의 선왕(宣王)이 신하들에게 물었다.

"북방의 여러 나라에서는 우리 초나라의 재상인 소해휼을 몹시 두려워하고 있다는데, 그게 사실인가?"

아무도 대답하는 사람이 없었다. 그러자 강을(江乙)이 나서서 천천히 말했다.

"호랑이는 백수(百獸)를 다 잡아먹는데, 어느날 여우를 잡았습니다. 여우는 이렇게 말했습니다.

'당신은 나를 잡아먹어서는 안 됩니다. 천제(天帝)께서는 나를 백수의 왕으로 삼고 있으니, 당신이 나를 잡아먹으면 천제의 뜻을 거스르는 것이 됩니다. 만약 믿지 못하겠으면 내가 당신의 앞장을 서서 걸어보겠습니다. 당신은 나의 뒤를 따라오면서 모든 짐승들이 다 나를 보고 도망을 치는지 않는지를 보십시오.'

　호랑이는 이 말을 듣고 그렇게 했더니 과연 짐승들이 모두 도망을 쳤습니다. 호랑이는 짐승들이 자기가 두려워서 도망치는 것을 모르고 여우가 무서워 도망치는 줄 알았던 것입니다. 지금 대왕의 땅은 사방 5천리고 군사는 백만이 넘는 데도 그것을 모두 소해휼에게 맡기고 있습니다. 북방의 여러 제후들이 소해휼을 두려워하고 있음은 마치 모든 짐승들이 호랑이를 두려워하고 있는 것과 같은 것입니다. 대왕께서는 소해휼 재상을 의심하지 마십시오."

5. 중상 모략을 이겨내는 지혜

사람이 모여 사는 곳에는 중상과 모략이 항상 있게 마련이다. 이 중상과 모략이라고 할 수 있는 병균이 우리 몸에 한번 침투하면 비록 건강한 사람이라도 상처를 입고 만다. 역설적인 말이지만 어쩌면 이 병균은 우리 인간 사회의 필요악인지도 모른다. 미리 그 실상을 알아두고 면역성을 길러 두는 것이 필요하다.

소문의 공명(共鳴) 효과를 조심하라

'공명'이란 외부로부터 음파의 자극을 받고 그 진폭이 증대되어 울리는 현상이다. 이 효과를 이용하면 약한 힘이라도 되풀이 거듭함으로써 보다 큰 힘을 얻을 수 있다.

중상(中傷)을 더욱 강력한 것으로 만들기 위해서 이 '공명 작용'을 일으킨다. 중상은 그것에 의하여 확대되는 동시에 진실성을 띠게 된다. 그 단적인 것이 이른바 '소문'이다.

소문의 증폭 작용에 관해서 효자로 이름난 증삼(曾參)에 대한 일화가 '사기(史記)'에 나온다. 증삼은 증자(曾子)라는 존칭을 얻어 공자의 제자로서 '효경(孝經)'이라는 책을 저술한 사람으로도 유명하다.

인간관계와 권모술수

어느날 이 증삼과 동성 동명의 사나이가 사람을 죽였다. 이를 전해 들은 이웃 사람이 증삼의 어머니에게로 달려가서 일러주었다.

"댁의 아드님이 사람을 죽였대요."

그러나 어머니는 조금도 동요하지 않고, 베를 짜던 손을 멈추지도 않은 채 말했다.

"내 아들은 그런 일을 저지를 리가 없소."

한참 후에 다시 다른 사람이 찾아가서 또 말했다.

"아드님이 사람을 죽였답니다."

어머니는 역시 믿으려 하지 않고 계속 베를 짰다. 얼마 후에 이번에는 세 번째 사람이 달려갔다.

"아드님이 사람을 죽였어요."

그때는 어머니도 깜짝 놀라며 베틀에서 내리더니 담을 넘어 그대로 도망을 쳤다. '사기'에서는 이 대목에 대해 '실로 증삼의 현명과 그 어머니의 믿음도 세 사람이 의혹을 품게 하면 그 어머니도 두려워한다'고 적고 있다.

그 마력의 열쇠는 바로 '반복'이다. 한 가지 일을 거듭하여 계속 들으면 곧 그것을 진실로 생각하게 마련이다. 이것은 현대 심리학에서도 인정하고 있는 것이다. 그러니 누가 어떤 말을 하더라도 정신 차리고 스스로 판단하라는 이야기다.

동조자를 만들어라

　앞에서 언급한 이야기는 불특정 다수의 사람들에 의하여 공명 작용을 일으키는 방법이었다. 이번에는 그와는 달리 특정의 사람들에 의하여 공명 작용을 일으키게 하는 기법을 알아보자.

　사람을 중상할 경우, 자기 혼자만이 자기의 의견을 말해서는 좀처럼 신뢰를 얻기 어렵다. 그래서 자기의 의견으로서가 아니고 '누구 누구가 이렇게 말하더라'는 식으로 중상하는 수법이 자주 쓰인다.

　강윤과 소해휼은 다같이 초왕을 섬기는 중신이었으나, 둘 사이는 견원지간과도 같은 정적 사이였다. 특히 강윤은 사사건건 소해휼을 비난하고 그를 규탄하였다.

　'전국책(戰國策)'에 강윤의 정적에 대한 끈질긴 공격 자료가 기록으로 남아 있는데, 특히 주목을 끄는 것은 그가 소해휼을 반대하는 파벌을 만든 경위다.

　그는 산양군(山陽君)이라고 하는 인물을 자기 편으로 끌어들이려고 마음먹었다. 이 산양군은 소해휼과는 늘 반목하고 있는 사이였다.

　강윤은 소해휼이 반대하리라는 것을 예상하고 산양군의 승진을 왕에게 진언했다. 현명한 왕 같으면 그 내막을 알고 무마책을 썼겠지만, 어리석은 왕은 그것을 알지 못하고,

　"뭐, 그리하시오."

　하고 말했다. 그러자 예상대로 소해휼이 반대를 했다.

"별다른 공로도 없는 산양군을 그렇게 중요한 자리에 앉혀서는
안 됩니다."

이 말을 들은 산양군은 자기를 천거해 준 강윤에게 감사하고, 그
것을 반대한 소해휼을 원망하게 된 것은 두말할 나위도 없다.

그후 산양군은 강윤과 서로 결탁하여 소해휼에게 중상의 화살을
쏘아대기 시작했다. 모든 일은 강윤의 계책대로 되어 갔다. 결국 소
해휼은 안팎으로부터 미움을 받아 재상 자리에서 물러나고 말았다.

거짓말을 하려면 참말부터 하라

남과의 대화에서 상대가 첫말부터 거짓말을 하면 다음 말도 모두
거짓으로 생각하게 된다. 이것이 인간의 심리다. 따라서 이것을 거
꾸로 이용한 '초두 효과(初頭效果)'를 노려야 한다.

즉, 처음에는 정직한 말을 해서 인정을 받아 놓은 다음에 거짓 정
보를 제공하는 것이다. 이 허(虛)와 실(實)을 잘 구사하면 상대는 거
짓말도 진실로 생각하게 된다.

진(秦)나라의 재상 감무(甘茂)는 최근에 와서 공손연(公孫衍)이
왕과 자주 만난다는 것을 알았다. 재상인 자기를 빼놓고 왕이 공손
연을 지나치게 총애하는 것 같아 심히 못마땅했다.

그는 가만 있어서는 안 되겠다 생각하고 있는 참인데, 마침 깜짝
놀랄 정보가 들어왔다. 왕이 자기를 재상 자리에서 밀어내고 공손
연을 기용한다는 것이었다.

왕이 공손연에게 "당신을 곧 재상으로 임명할 것이오." 라고 말한 것을 감무의 심복 부하가 엿들은 것이니까 틀림없는 정보였다.

감무는 지체하지 않고 왕에게 축하의 말을 올렸다.

"대왕께서 새로운 재상을 얻었다고 하니 감축드립니다."

왕은 속으로 움찔했다. 아니, 어떻게 그런 비밀을 알았다는 말인가. 그러나 왕은 시치미를 떼고,

"그게 무슨 말이오? 나는 이 나라를 경에게 맡기고 있지 않소. 그런데 다른 재상이 왜 필요하단 말이오?"

하고 말했다. 감무는 능청스럽게 말했다.

"하오나 대왕께서는 공손연 장군을 재상으로 임명하신다고 들었습니다."

왕은 생각했다. 그 사실을 아는 사람은 자신을 빼놓고는 공손연밖에 없지 않은가. 왕이 다시 물었다.

"경은 그것을 누구에게 들었소?"

감무는 그 말이 떨어지기를 기다리고 있었다. 여기서는 단 한마디의 말이면 족한 것이다.

"네, 공손연 장군이 말해 주었습니다만….."

왕이 비밀을 누설한 공손연에게 노여움을 품게 된 것은 말할 것도 없다. 이미 어떤 변명도 통할 수가 없었다. 공손연은 즉각 추방되고 말았다. 첫 마디에서 사실을 들었으니 다음은 거짓말을 꾸며대도 사실로 믿어 버린 것이다.

상대의 불안 심리를 이용하라

저리자(樗里子)는 진왕(秦王)의 이복동생으로서, 장군이 되었다가 다시 재상이 되어 진나라의 시황제가 천하를 통일하기 50년 전에 죽었지만, 당시의 소문으로 '힘이라면 임비(任鄙), 지혜라면 저리자'라고 불릴 정도의 인물이었다.

장의(張儀)는 원래 위(魏)나라 출신으로 여러 나라를 유세하다가 진왕의 신임을 얻어 재상이 되었는데, 왕의 동생이자 지혜가 있는 저리자를 항상 경계했다. 그렇다고 함부로 그에게 도전했다가는 오히려 자기가 위태롭기 때문에 그럴 수도 없었다.

그래서 장의는 우선 저리자를 초나라에 특사로 파견했다. 당시 진·초 양국은 서로 국경을 맞대고 있어서 자주 싸우기도 하고 혹은 동맹도 하는 등 변전을 거듭하고 있었다.

그 무렵 장의의 책략으로 초나라의 두 성을 진나라가 빼앗은 사건이 있어서 양국간의 관계가 험악했다. 그래서 저리자는 그것을 타개하기 위하여 파견된 것이었다.

저리자가 진왕의 특사로서 초나라에 도착했을 때 초왕의 특사도 진나라를 방문하고 있었다. 초왕의 특사가 진왕에게 말했다.

"우리 초왕께서는 저리자 대감의 인품에 감탄하셔서 초나라의 재상으로 취임해 줄 것을 원하고 계십니다. 굽어 허락해 주시기를 바랍니다."

그 당시는 인물의 교환이 자유롭게 행해지고 있을 때였다. 그래서 한 인물이 몇 나라의 재상을 겸하고 있는 예도 있었다. 따라서 진왕에 대한 초왕의 이러한 요청은 하등 이상할 것이 없었으나, 그것은 장의가 꾸민 계책이었다.

즉 장의는 저리자를 초나라로 파견하는 한편, 비밀리에 초왕에게 공작하여 저리자를 달라는 요청을 하도록 한 것이었다.

장의는 초나라 특사의 말이 떨어지자 진왕에게 은근히 속삭였다. 장의가 노리고 있던 중상의 기회가 온 것이다.

"저리자는 사자로서 초나라에 파견되었으면서도 그 임무는 제쳐 놓고 초왕에게 재상 자리를 달라고 간청했다는 소문이 있습니다. 초왕이 그를 달라고 하는 것이 그 증거입니다. 방심했다가는 그가 우리나라를 초나라에 팔아 넘길지도 모를 일입니다."

진왕은 대로하여 펄펄 뛰었다.

"저런 죽일 놈이 있나!"

이리하여 저리자는 감히 진나라로 돌아오지 못하고 부득이 초나라에 망명하고 말았다.

장의는 내심 진왕의 저리자에 대한 경계심을 계산에 넣고 있었다. 자신의 이복동생인 저리자가 국내외에서 평판이 좋으니, 진왕은 그렇지 않아도 불안을 느끼고 있던 참이었다. 전국시대의 일인 즉 언제 자신의 왕위가 달아날지 모르는 일이었다. 이와 같은 불안은 항상 권력자에게 있기 마련이다.

교활한 대의명분

초나라의 강윤(江尹)이라는 자는 음모와 술수에 능한 사람이었
다. 그는 동료 중신이나 장군들을 모략 중상하기 이전에 왕에게 미
리 이런 얘기를 했다.

"만약 누가 남의 일을 좋게 말하는 사람이 있다면, 대왕께서는 어
떻게 하시겠습니까?"

"남을 칭찬하는 사람은 군자이니 물론 가까이 할 것이오."

"그럼 남의 일을 나쁘게 말하는 인물이 있다면 대왕께서는 어떻
게 하시겠습니까?"

"남의 험구를 하는 자는 소인이니 물론 멀리 할 것이오."

그러면서 이때부터 강윤은 자기의 독특한 논리를 전개한다.

"그렇다고 한다면, 가령 대왕에 대해서 역모를 꾸미고 있는 신하
가 있다 하더라도 대왕께서는 알지 못하게 될 것입니다. 왜냐하면
대왕께서는 남의 일을 나쁘게 얘기하는 인물을 피하신다고 하니,
그렇다면 역신의 모의를 들은 자가 있어도 아무도 그것을 대왕에게
아뢰려고 하지 않을 것입니다."

"음, 듣고 보니 과연 그렇군. 과인도 이후로는 남의 험구를 하는
사람의 말도 듣기로 하겠소."

강윤은 그때부터 좌우의 동료나 평소에 밉게 보던 사람들을 마구
중상 모략하기 시작했던 것이다.

남의 험구를 들으면 그것이 사실이라 해도 유쾌한 일은 아니다.
듣는 쪽에서는 중상 험담을 하는 자를 경원하게 되는 경우가 많다.

따라서 중상을 하는 사람의 입장에서는 여간 교묘하게 하지 않으면 안 된다. 강윤은 대의명분을 먼저 세워놓고 당당하게 중상하는 방법을 썼던 것이다.

상대방의 뒤통수를 치는 것은 하수

비난이나 험담을 하지 않고 상대를 중상하는 것이 상책이다. 이 방법을 쓰면 중상을 당한 사람으로부터 원망을 사지 않아도 될 뿐만 아니라 거꾸로 감사하다는 말까지 듣게 된다.

어떤 신하가 왕자들 중의 한 사람과 사이가 나빠졌다. 이 왕자는 생모가 천민 출신이기 때문에 지위도 낮고 수레를 끄는 말도 여위어 있었다. 신하가 왕에게 청원을 했다.

"그 왕자님은 가난하고 말도 여위어 있습니다. 말 양식이라도 좀 늘여주소서."

물론 왕은 허락하지 않았다.

신하는 밤이 되자 마구간에다 불을 질렀다. 왕은 이를 그 왕자의 소행이라고 단정하고 그를 엄하게 벌했다. 그 신하는 상대의 험담을 하기는커녕 오히려 그 대우의 개선을 진정했다. 그리고는 그를 궁지에 빠뜨린 것이다.

이 경우에는 두 가지의 위험이 있다. 한 가지는 미워하고 있는 상대를 위하여 유리한 말을 한다는 것이 부자연스러운 인상을 주게 되면 이 술책은 실패하고 만다는 점이다. 또 한 가지는 방화다. 이

것은 발각되기 쉽다는 점에서도 하수다.

역효과를 노려라

기원전 156년, 한(漢)나라 경제(景帝) 때의 일이다. 황후가 아들이 없었기 때문에 황후의 지위에서 폐위케 되었다. 황후의 후임을 둘러싸고 후궁들 사이에는 화제가 끊이지 않았다.

그 중에 맨 먼저 율희(栗姬)가 아들을 낳았다. 순서에 따라 그 아이가 태자가 되었다. 따라서 생모인 율희가 승격하여 황후가 되어야 했다. 그러나 율희는 질투가 심한 여자로, 후궁들 사이에서도 평판이 나빴다. 그것은 왕도 잘 알고 있어서 율희를 경원하고 있었다.

그런 내막도 눈치채지 못한 율희는 아들을 낳은 것을 기화로 점점 더 성미가 간악해졌다. 그때 마침 다른 후궁이 낳은 아들의 장래 문제에 대해 왕이 율희에게 묻자 그녀는 마구 화를 냈다.

왕은 매우 불쾌했으나 그렇다고 내쫓을 수도 없었다. 이러한 사정을 눈치챈 다른 후궁이 몰래 시종을 불러서 이렇게 말했다.

"황후 자리가 오래 비어 있는 것은 온당치 못합니다. 차제에 태자의 생모인 율희를 황후의 자리에 앉히도록 왕에게 진언해 주십시오."

그 후궁은 경쟁자인 율희를 험담하기는커녕 그녀의 승격을 권한 것이었다.

시종은 그 후궁의 말에 솔깃했다. 시종은 황후의 천거자로서 자기도 공을 세워 보겠다는 속셈도 함께 작용하여 왕에게 곧 율희의 황후 책봉을 진언했다.

"태자의 생모를 다른 후궁과 동격으로 두는 것은 아무래도 부자연스럽습니다. 황후로 승격시킴이 좋을 줄로 압니다."

그 말을 듣자 왕은 버럭 화를 냈다.

"그대가 관여할 일이 아닐세."

싫어하기는 하지만 내쫓지는 못하고 있던 여자를 승격시키라는 바람에 노여움이 폭발한 왕은 당장에 그 시종을 하옥시키고 율희가 낳은 태자를 폐하고 말았다. 율희는 왕 앞에 감히 나가지도 못하고 있다가 고민 끝에 죽고 말았다.

한참 후에 그 후궁이 승격하여 황후가 되고, 그녀가 낳은 아들이 저 유명한 무제(武帝)가 되었다. 그녀는 율희를 황후로 승격하도록 진언하면 왕의 노여움이 폭발하리라는 것을 미리 계산에 넣고 '역효과의 전법'을 썼던 것이다. 이 경우 만약 그녀가 율희의 험담을 했다면 사태는 달라졌을지도 모를 일이다.

중상모략을 역이용하라

중상에 대한 최고의 방비는 '무방비의 방비책'곧 무책(無策)이 최선의 방법인 경우도 있다. 이에 대한 실례가 있다. 개성이 극히 강한 인물로서 한나라의 대신이었던 직불의(直不疑)라는 사람이 있었다. 그가 승진을 하자 그를 시기하여 중상을 한 사람이 있었다.

"저 사람은 자기 형수와 밀통하고 있다는 소문이 있습니다."

이 말은 나중에 진짜 소문으로 번져 당사자인 직불의의 귀에도 들어갔다.

실은 직불의에게는 형이 없었다. 있지도 않은 형수와의 밀회라니, 터무니없는 중상 모략이었다. 이런 경우 증거를 들어 부인하기는 용이한 일이다. 그러나 그는 다만 한 마디만 중얼거렸을 뿐이었다.

"나는 형님이 없는데…."

소문이라는 것은 부정하면 할수록 번져 가는 법이다. 그는 중상을 묵살함으로써 그것을 효과적으로 억제할 수 있었던 것이다.

사실 묵살이라는 것은 그에게 맞지 않을지도 모른다. '묵살'은 상대를 강하게 의식하면서도 무리하게 이것을 무시하는 것이다. 그러나 직불의에게는 그러한 의식조차 없었던 것이다.

또 한 가지, 그가 근시로서 문제(文帝)를 받들고 있을 때의 일이다. 같은 숙사의 한 동료가 고향으로 휴가를 갈 때 잘못하여 다른 동료의 금덩어리를 가지고 가 버렸다.

그 금의 주인은 직불의가 그것을 훔쳐간 것으로 의심했다. 직불의는 자기가 한 짓이 아닌데도 사죄를 하고 금을 사서 변상까지 했다.

그후 얼마 있지 않아서 고향으로 휴가를 갔던 동료가 돌아와서 금을 돌려주었다. 직불의를 의심했던 동료는 자기의 경솔함을 깊이 뉘우쳤다. 그후 직불의의 명성은 천하에 알려지게 되었다.

무방비의 방비, 무책(無策)의 대책, 어쩌면 이처럼 효과적인 대응책도 없을 것이다. 직불의는 당시 부침(浮沈)이 심한 경쟁 사회를 일관되게 이러한 태도로 살아서 어사대부라는, 관리로서는 최고의 직위까지 올랐다.

미래의 중상모략을 예고하라

앞에서 든 직불의 식의 태도는 현실과 다소 동떨어진 것이고, 대개는 역시 중상을 미리 예상하고 사전에 그 대응책을 강구하게 된다.

'식양(息壤)의 맹세'라는 고사가 있다. 진(秦)나라의 재상 감무(甘茂)는 소진이나 장의 등과 같은 시대에 산 전국시대의 사람이다. 그는 타인을 중상하는 데에도 능수능란했지만, 자기의 중상에 대해서도 대비를 철저히 한 사람이었다.

때는 중원 진출의 야망에 불타는 진왕이 한(韓)나라의 요충인 선양(宣陽)을 손에 넣으려 했을 때의 일이다. 왕은 이 임무를 감무에게 맡겼다.

감무는 위군(魏軍)과 동맹을 맺고 한나라를 칠 작전을 세웠으나 그 당시의 상황은 각국의 세력 관계가 복잡할 뿐 아니라, 진나라 내부의 권력 집단과 각국과의 연결이 얽혀 있어서 언제 어떤 중상모략을 당할지 알 수 없는 상태에 있었다. 그래서 감무는 출전 직전에 식양(息壤)이라는 곳에서 왕을 만나 신임을 재확인했다.

"이번 일은 결코 쉽지 않습니다. 아마도 유력한 중신들로부터 중도에 작전을 중지하라는 말이 나올지도 모르며, 필경은 저에 대한 중상모략도 있을 것입니다. 저는 대왕의 신하입니다. 그 경우에 대왕의 신뢰가 흔들리지 않을까 두렵습니다."

그 말을 들은 왕은 굳게 약속을 했다.

"나는 그대를 믿으니 타인의 중상 따위는 듣지 않을 것이오."

이것이 이른바 '식양의 맹세'이다.

과연 5개월 후 적의 성이 함락 직전에 놓였을 때인데, 다른 중신이 왕에게 횡설(橫設)을 하자 왕은 감무에게 작전을 중지할 것을 종용했다. 그러자 감무가 말했다.

"대왕께서는 '식양의 맹세'를 잊으셨습니까?"

왕은 깜박 생각을 돌이키고 공격을 속행시켰다. 그리하여 얼마 후에 선양을 함락시킬 수 있었다.

난세에는 예측하지 못할 중상이나 엉뚱한 비방에 대해서 사전에 손을 써두는 용의주도한 대비가 필요하다. 평소에 요소 요소에 자기편을 만들어 두었다가 불리한 상황이 발생했을 경우에 대처하는 유비무환의 자세가 필요한 것이다.

유혹에 넘어가지 않는 여자를 택하라

모략이나 중상을 당했을 경우에 단순히 수동적으로 이에 대처하는 것이 아니라, 한 걸음 더 나아가서 이를 역이용하는 모사(謀士)가 있었다. 전국시대 중기에 여러 나라를 유세하던 책사 진진(陳軫)

이라는 자가 바로 그 사람인데, 그는 당대의 유명한 책사인 장의와
는 항상 경쟁관계였다.

한번은 진왕(秦王)에게 장의가 진진에 대해서 이렇게 중상을
했다.

"진진은 초나라와 내통하고 있습니다. 그런 자를 어찌 그대로 두
고 볼 수가 있습니까?"

"뭐라고? 무슨 증거라도 있소?"

왕이 깜짝 놀라 물었다.

"그는 초나라로 망명하려 하고 있습니다. 그것이 무엇보다도 큰
증거입니다. 조사해 보시면 알겠지만, 만약 초나라로 망명할 기미
가 보이면 즉시 처형토록 하소서."

왕은 즉시 진진을 불러 힐문했다.

"그대는 어디 가고 싶은 곳이 따로 있지 않은가, 숨기지 말고 말해
보라!"

물론 진진은 장의의 중상 모략임을 짐작하고 있었다. 바로 이 점
이 재미있는 승부의 갈림길이다.

"예, 저는 초나라로 가고 싶습니다."

진진의 대답에 왕은 한편 노하고 한편 당황해서 물었다.

"아니, 뭐라고? 역시 장의가 한 말이 옳았구나. 그대가 초나라에
서 평판이 좋은 것은 우리 나라의 내정을 초나라에 팔았기 때문이
구나."

그러자 진진이 태연스럽게 말했다.

"초왕이 저를 좋게 말하는 것은 사실입니다. 그러나 그것은 제가

우리 진나라에 충실하기 때문입니다. 자기가 속해 있는 나라의 비밀을 팔아먹는 인간을 누가 좋아하겠습니까. 대왕께서는 이런 이야기를 알고 계십니까?

- 어떤 사내가 나이 많은 여자를 유혹하자 그녀는 불문곡직 거절했습니다. 그래서 이번에는 젊은 여자를 유혹했더니, 그 여자는 쉽게 응하겠다고 했습니다. 그후 얼마 지나지 않아서 그 두 여자의 남편이 모두 죽었습니다.

그러자 그 사내의 친구가 물었습니다.

'어때, 두 여자 중에 어느 쪽을 아내로 얻으려는가?'

'그야 물론 나이가 많은 여자를 택하지.'

하고 그 사내는 대답했습니다.

'그게 무슨 말인가. 나이 많은 여자는 자네를 거절했고, 응해준 것은 젊은 여자가 아니던가?'

하고 친구가 이상하게 여기자,

'그러니까 아내로 삼으려면 나를 거절한 여자를 택해야지, 남의 남자에게 쉽게 넘어가는 그런 여자를 아내로 삼을 수야 없지 않은가.'

만약 제가 진나라의 비밀을 파는 그런 사람이라면 과연 초왕이 저를 받아주시겠습니까?"

이 말에 진왕은 깨달은 바가 있어 그 후부터 진진을 믿게 되었다.

중상과 고발

중상은 고발보다도 쉽다. 고발을 하는 경우에는 증인과 증거가 필요하지만 중상을 하는 데는 그런 것이 필요없다. 중상은 어디에서나 사람이 모이는 곳이면 언제나 할 수 있지만, 고발은 일정한 공공 기관에 해야 한다.

고발은 국가를 이롭게 하지만 중상은 국가에 해독을 준다. 고발이 없거나 고발을 받아들이는 체제가 제대로 정비되어 있지 않으면 중상이 판을 치게 된다. 따라서 나라를 다스리는 자는 시민이 가볍게 고발권을 행사할 수 있게 해 줘야 한다. 그런 다음에 중상을 하는 자는 엄벌해야 한다.

로마의 폴리우스 카미루스는 갈리아인의 지배로부터 로마를 구한 공로로 로마인은 그에게 명예와 높은 지위를 주었다. 그런데 그 무렵 '갈리아인에게 주기 위해 모금한 돈을 카미루스가 횡령했다'는 소문이 퍼졌다.

집정관은 소문을 추적하여 만리우스 카피톨루스를 소환, 조사한 결과 사실무근임이 밝혀졌다. 로마는 이 사건 이후 '중상하는 자는 처벌한다'는 법을 제정했다.

6. 선견지명의 지혜

앞날을 미리 예측한다는 것은 결코 쉬운 일이 아니다. 그러나 지혜 있는 사람들은 매우 독특한 방법으로 먼저 앞날을 내다보고 선수를 쳐서 기선을 잡는다.

권모술수란 이처럼 남보다 먼저 앞을 내다보고 판단하는 일로부터 시작된다고 해도 과언이 아니다. 그렇다면 권모술수의 명수들은 과연 어떻게 미리 앞날을 예측하고 선수를 쳤을까?

간신이 득세하게 하라

상(商)나라의 주왕(紂王)은 역사상 악녀로 유명한 미녀 달기를 사랑하여 주지육림 속에서 밤낮을 술과 노래에 파묻혀 지냈다. 그는 죄인을 잔인하게 불태워 죽이는 포락형을 고안해 내기도 했는데, 이의 폐지를 권고한 충신을 '건육(乾肉)'으로 만들어 죽이기도 한 폭군이었다.

이 상나라를 굴복시킨 나라가 서쪽의 호족으로 일어난 주(周)나라이다. 그러나 주나라는 어느날 갑자기 상나라로 쳐들어간 것은 아니었다.

주(周)의 문왕(文王)은 상나라의 주왕에게 땅을 헌납하고 그 대신 포락형을 폐하도록 청하여 천하의 민심을 모으는 한편, 자신도 그

영내에서 선정을 베풀면서 조용히 때를 기다리고 있었다.

결국 주가 상을 치는 것은 문왕의 아들인 무왕(武王) 대에 와서 비로소 이루어졌는데, 문왕의 재위 50년은 말하자면 때를 기다리고 준비를 하는 기간이었다. 다음은 그 시기의 이야기다.

주나라가 비장하고 있는 보물에 '옥판(玉版)'이라는 진귀한 보배가 있었다. 그런데 어느날 주의 문왕에게 상나라의 주왕이 교격이라는 대신을 사자로 보내 그 옥판을 달라고 했다.

문왕은 평소에 교격의 고결한 인품을 존경해 왔던 터라 그에게 후한 대접을 하였으나, 문제의 옥판만은 내주려고 하지 않았다.

"이것은 전래의 보물이므로 드릴 수가 없습니다."

교격은 하는 수 없이 빈손으로 돌아갔다.

그러나 주왕은 끝내 그것을 단념하지 않고 이번에는 비중(費仲)이라는 사람을 시켜서 재차 옥판을 얻어 오라고 보냈다. 이 비중이라는 자는 사악한 신하로서, 주왕의 악행을 부추겨 사욕을 채우는 간신이었다.

주나라 사람들은 이번에도 문왕은 당연히 거절할 것이라고 생각했다. 그런데 문왕은 뜻밖에도 이 비중이 찾아오자 두말 없이 옥판을 내주고 말았다.

그 이유는 간단하다. 교격은 고결한 현신이고 비중은 사악한 간신이기 때문이다. 문왕은 교격과 같은 현신이 상왕조에서 출세하는 것을 원치 않았다. 그래서 비중에게 준 것이다.

만일 교격에게 주면 그는 왕명을 완수한 공으로 상나라에서 높은 지위를 얻게 될 것이다. 그렇게 되면 상나라는 발전할 것이 틀림없고, 결과적으로 주나라에는 이롭지 못하게 된다.

한편 비중은 사악한 간신이기 때문에 그에게 보물을 내주어서 이러한 인물이 득세하게 되면 머지 않아 상나라는 멸망할 것임에 틀림없다. 이 경우에 보물 따위는 문제가 되지 않는다. 상나라가 망하면 그 보물은 자연히 되찾게 될 것이기 때문이다.

그후의 사태는 과연 문왕이 예견한 대로 진행되었다. 상나라에는 간신들이 득세를 하고 정치는 혼란을 거듭하여, 주나라 군사가 한번 밀어닥치자 허무하게 무너지고 말았다.

상대가 의심하지 않도록 하라

진(秦)나라의 노장(老將) 왕전이 60만 대군을 거느리고 초나라를 치러 갈 때였다. 왕전이 진왕 정(政: 나중에 진시황제가 된다)에게 말했다.

"신이 대왕께 청할 일이 있습니다."

진왕 정이 물었다.

"무엇인지 말해 보오."

노장 왕전은 소매 속에서 무슨 목록 같은 것을 내놓았다. 그 목록에는 함양 땅 중에서도 가장 좋은 밭과 훌륭한 저택들이 적혀 있었다.

진왕 정이 말했다.

"장군이 초나라를 무찌르고 개선하면 과인은 장군과 함께 부귀를 누릴 것인데, 장군은 장차 가난할까봐 걱정이오?"

왕전이 다시 청한다.

"신은 이제 늙었습니다. 늙으면 죽게 마련입니다. 하오니 신이 죽을지라도 좋은 밭과 저택들을 자손에게 물려주고 싶습니다."

진왕 정이 크게 웃고 대답했다.

"알겠소, 장군의 청대로 해 주겠소."

마침내 왕전은 대군을 거느리고 함양을 떠나 함곡관으로 나갔다. 왕전은 함곡관을 지나면서 수하 아장(牙將)을 불러,

"그대는 곧 함양으로 돌아가서 대왕께 나의 말을 전하여라. '좋은 밭과 저택은 받았지만, 기왕이면 아름다운 동산과 못(池)이 있는 훌륭한 저택을 좀더 많이 주셨으면 합니다.'하고 나의 뜻을 아뢰어라." 하고 보냈다.

부장(部將) 몽무(夢武)가 왕전에게 말했다.

"노장군께서는 대왕에게 너무도 많은 것을 청하시는 것 아닙니까?"

노장 왕전이 빙그레 웃으며 대답했다.

"진왕은 성미가 사납고 의심이 많은 사람이오. 이번에 왕은 나에게 60만 대군을 맡겼소. 지금 국내에 남아 있는 군사라곤 몇 백 명밖에 안 되오. 만일 내가 반역이라도 하면 어쩌나 하고 왕은 속으로 의심을 할 것이오. 내가 나의 자손을 위해서 많은 청을 한 것은 왕을 안심시키기 위해서였소. 왕의 의심을 받는 신하는 죽임을 당하기 때문이오."

앞날을 정확하게 예측하라

변화무쌍한 난세를 살아가려면 다른 사람보다도 빨리 앞을 내다
보고 적절하게 손을 쓰지 않으면 안 된다.

7강국이 생존을 위한 격심한 경쟁을 계속하던 전국시대의 일이
다. 진(秦) · 한(韓) · 위(魏) · 조(趙) · 연(燕)의 5개국이 동맹을 맺
고 동쪽의 제(齊)나라를 쳤다.

이것을 보고 기뻐한 것은 초(楚)나라였다. 싸움의 권외에 있는 초
나라로서는 강 건너 불구경이요 타국끼리의 싸움이니 크게 환영할
만한 일이었다.

초왕을 비롯해서 중신들은 잇달아 들려오는 첩보에 모두 손뼉을
치고 있었다. 그런데 오직 한 신하만이 오히려 그것을 염려하고 있
었다. 바로 소양(昭陽)이라는 사람이었다. 그는 생각했다.

'5개국의 동맹군이 제나라를 친 다음에는 반드시 우리 초나라로
쳐들어올 것이다.'

5개국의 중심 세력은 진나라이며, 그 진나라가 진정으로 노리고
있는 것은 인접하고 있는 초나라 땅이었다. 초나라를 노리지 않을
까닭이 없는 일이었다.

그의 의견은 초왕에게 상주되었고, 이를 받아들인 초왕은 그 대책
을 강구했다. 그 결과 5개국 동맹을 분열시키는 것이 가장 효과적이
라는 결론을 내렸다. 그리하여 5개국 중에 제일 먼저 위나라에 초점
을 두고 초나라의 밀사가 파견되었다.

"5개국 동맹을 해소시켜 준다면 우리 초나라는 귀국에 대해서 다

섯 성(城)을 할양해 드리겠습니다."

위왕은 이 말을 믿고 당장에 동맹을 깨뜨리고 말았다.

이렇게 해서 5개국의 위협이 사라지자 초나라는 위나라와의 약속
을 이행하지 않고 어물어물 미루기만 했다. 이리하여 소양의 예견
은 초나라의 위기를 사전에 막을 수 있었다. 이에 비해 위왕은 앞을
내다보지 못하고 동맹을 깨뜨려 신의만 잃고 말았다.

투자할 때는 애첩도 내주어라

조나라의 거상(巨商) 여불위(呂不韋)는 원래 하남(河南)사람으로
국경을 넘나들며 장사를 하는 대부호(大富豪)였다. 어느날 조나라
의 수도 한단에 갔다가 우연히 진(秦)나라의 왕손 서공자(庶公子)
자초(子楚)를 만났다 자초는 그때 조나라에 볼모로 잡혀와 있었는
데, 조나라로부터 천대를 받고 있었다.

여불위가 자초를 본즉 참으로 귀인의 상이었다. 얼굴은 백옥같
고 입술은 주홍빛이었다. 여불위는 속으로 은근히 탄복하며 중얼
거렸다.

"잘만 하면 참으로 좋은 밑천이 되겠구나."

여불위는 그날 집으로 돌아가 아버지에게 물었다.

"농사를 지으면 몇 배나 이익을 볼 수 있습니까?"

아버지가 대답했다.

"10배의 이익을 보게 되겠지."

"구슬이나 옥 같은 보물장사를 하면 몇 배나 이익을 봅니까?"

"줄잡아 백 배의 이익을 보겠지."

여불위가 계속 물었다.

"만일 한 사람을 도와서 그 사람을 일국의 왕이 되게 하고, 그 나라 정권을 잡는다면 그 이익이 몇 배나 되겠습니까?"

아버지가 웃으면서 대답했다.

"참으로 그렇게 된다면 그 이익은 어찌 다 헤아릴 수 있겠느냐."

이리하여 여불위는 천금을 모아 왕손 자초의 탈출 계획을 진행하는 동시에, 자신의 애첩 조희(趙姬)를 자초와 맺어 주기까지 했다. 그때 조희는 이미 여불위의 씨를 배고 있었으나, 이 일은 극비에 부쳐 두었다.

마침내 조나라를 탈출하는 데 성공한 왕손 자초는 후일 진나라 왕위에 올라 장양왕이 되었고 여불위는 지금의 국무총리 격인 승상이 되어 진나라의 실권을 장악했다. 여기까지가 사람에 투자하라는 교훈이다.

《사기(史記)》에는 장양왕이 즉위한 지 3년만에 죽고 여불위의 친자식이라고 기록된 태자 정(政: 시황제)이 왕위에 올랐으며 그가 진시황제이다

여불위는 중부(仲父)라는 칭호로 불리며 중용되었으며 태후(太后: 진시황의 모후이자 여불위의 첩)와 밀통관계를 유지하였다. 여불위는 이 관계가 들통날까 두려워 노애라는 사내를 태후에게 보내 정을 통하게 하였다. 태자 정이 성장하여 이 관계를 눈치채자 노애가 태자를 제거하려는 반란을 일으켰다가 극형을 당하였다. 여불위

는 이 사건에 연루되어 파면되고 촉 땅으로 귀양을 가게 되었다. 여불위는 점점 압박해오는 진왕 정의 중압감을 못 이겨 마침내 자결하였다.

징조를 포착해 대비하라

한대(漢代)에 편찬된 '설원(設苑)'이라고 하는 고대 중국의 설화집에 '권모(權謨)'라는 제목이 붙은 한 편(篇)이 있는데, 그 책에 모아놓은 일화의 대부분은 미리 앞을 내다본 현자들의 이야기라고 할 수 있다. 그 당시 정의에 의하면 '권모'라고 하는 것은 앞으로 예견하는 것이라고까지 말해지고 있다.

대개의 경우 사건은 뚜렷한 형태를 갖추기 전에 어떤 징조가 먼저 나타난다. 아무리 갑자기 일어난 일이라도 사실은 '징조'가 있었다는 것이다. 다만 주의를 기울이지 않았거나 그에 대한 지식이 없었기 때문에 그것을 몰랐을 뿐이다.

간단한 실례를 들어 보자.

'상나라의 주왕이 상아로 젓가락을 만들었다. 이를 본 중신 기자(箕子)는 천하의 화(禍)를 예지했다.'는 말이 나오는데, 과연 그후 천하는 혼란에 빠지고 상나라는 멸망했다. '상아의 젓가락'과 '천하의 화'란 어떻게 결합되는 것일까?

'한비자(韓非子)'에 의하면 기자는 다음과 같이 생각했다고 한다.

- 상아로 젓가락을 만들게 되면 음식을 만드는 그릇도 옥석으로

만들어야 할 것이다. 옥으로 만든 용기와 상아 젓가락을 사용하면 음식은 콩이나 야채 따위는 먹지 않을 것이고, 코끼리의 고기나 표범의 창자 등 진미를 먹게 될 것이다.

그렇게 되면 입는 옷도, 사는 집도 지금까지와 같은 것으로 할 수는 없을 것이며, 비단옷에다 화려한 궁전에서 살게 마련일 것이다. 이렇게 사치에 흐르게 되면 망하지 않을 수 없다는 것이다.

이러한 견해는 '바람만 불어도 통을 만드는 장사는 돈벌이가 된다'는 식의 비약적 논리로 발전할 가능성이 없는 것은 아니지만, 요컨대 일견 사소한 징조에서도 숨겨진 본질을 찾아낸다는 점이 중요하다.

불행한 징조가 보이면 근신하라

삼국시대 위나라의 권신 하안(河晏)이 들으니 평원 땅에 있는 관로(管輅)가 점을 잘 친다고 한다. 하루는 관로를 불러들여 주역을 논하고 있었는데, 때마침 그의 동료 등양이 옆에 있다가 관로에게 물었다.

"그대가 말로만 주역에 밝다면서 한 번도 주역 가운데 사의(詞議)는 말한 적이 없음은 무슨 까닭이오?"

관로가 대답했다.

"모르시는 말씀입니다. 원래 주역을 잘하는 자는 주역에 대해 말하지 않는 법입니다."

듣고 있던 하안이 크게 웃으면서,

"옳은 말이오."

한바탕 칭찬하고 나서 관로에게 은근히 물었다.

"어디 내 점 한번 쳐 보시오. 혹시 삼공(三公) 자리에 앉기나 할지, 잘 한번 봐 주쇼." 하며 한편으로 관로의 눈치를 보면서, "영감, 내 여러 차례나 쉬파리 떼 수십 마리가 콧등에 날아들었는데, 그게 무슨 조짐이겠소?" 하고 물었다.

"코란 것은 원래 산이라, 산은 높으면서도 위태롭지 않아야 길이 귀함을 지킬 터인데, 이제 쉬파리가 악취를 맡고 모였으니, 벼슬 높은 자가 넘어지지 않을까 두렵습니다. 바라건대 귀공께서는 많은 것을 펴고 적은 것을 더하여 예(禮)가 아니면 밟지 않아야 비로소 삼공의 자리에 이를 수 있을 것이며, 쉬파리 떼를 물리칠 수 있을 것입니다."

관로의 말이 미처 끝나기도 전에 등양이 눈을 부라리며,

"그게 무슨 점인가? 무엄한 소릴 함부로 지껄이다니!"

하고 소리쳤다. 관로도 소리를 높이며,

"노생(老生)이 살지 못할 것을 보고, 상담하는 자 말하지 못할 것을 보았구나!"

하고, 소매를 떨치고 나와 버렸다.

하안과 등양은 껄껄 웃으며,

"그것 참… 그 미친 놈이로군!"

하고 비웃어 마지않았다.

관로는 집으로 돌아오자, 마침 다니러 온 외삼촌에게 이 일을 이

야기했다. 외삼촌은 듣고 나자 크게 놀랐다.

"아니, 네가 정신이 있는 사람이냐? 그 두 사람의 권세가 어떻다고 함부로 그런 말을 지껄였느냐?"

그러나 관로는 서슴지 않고,

"아, 죽은 사람하고 얘기했는데 걱정은 무슨 걱정이십니까?"

하듯 내뱉듯이 말했다. 외삼촌은 더욱 놀라서,

"죽은 사람이라니? 그건 또 무슨 말이냐?"

하고 물었다.

"제가 보기에 등양은 걸음걸이에 힘줄이 뼈를 묶지 못하고 맥이 살을 누르지 못하여, 일어나고 서는데 마치 수족이 없는 듯 디룩거리니, 곧 귀신이 뛰노는 상(相)이요, 하안으로 말하면 눈을 뜨는데 넋이 집을 지키지 못하고, 피가 화색(華色)이 없으며 얼굴이 마치 마른 나무 같으니, 바로 귀신이 씌운 상입니다. 두 사람에게 필시 조만간 살신지화(殺身之禍)가 있을 텐데 무엇이 두렵겠습니까."

듣고 있던 관로의 외삼촌은 하도 어처구니없는 말에,

"예끼 미친 놈!"

하고 자리를 떨치고 나가 버렸다.

그 일이 있고 얼마 지나지 않아 하안과 등양은 기회만 엿보고 있던 사마의의 반정(反正)에 의해 모두 무참한 죽임을 당하고 말았다. 이상한 징조가 보일 때 스스로 근신했어야 옳았다.

속임수로 경쟁자를 제거한 초나라 왕후

초나라 왕후 정수(鄭袖)는 자색이 아름답고 지혜가 뛰어나 초왕의 사랑을 독차지하고 있었다. 그런데 초왕이 한 미인을 새로 맞아들인 후로 초왕은 그녀에게서 점점 멀어져 갔다.

사랑을 빼앗기게 된 정수가 새로 들어온 미인에게 말했다.

"그대는 아직 모르겠지만 대왕은 여자가 손으로 코를 살짝 가리는 것을 몹시 좋아한다네. 그러니 대왕 앞에서는 언제나 코를 가리도록 하게."

그 후로 미인은 그 말을 곧이듣고 정수가 시키는 대로 초왕 앞에서는 항상 손으로 코를 가렸다.

어느날 초왕이 정수에게 물었다.

"미인이 나만 보면 손으로 코를 막으니 무슨 까닭일까?"

정수가 앙큼하게 대답했다.

왕후께서 말씀하시길 "대왕의 몸에서 노린내가 어찌나 심하게 나는지 그래서 코를 막아야 견디겠다고 하더군요."

이 말을 듣고 크게 노한 초왕은 그날로 미인의 코를 베어 버렸다. 이리하여 정수는 다시 초왕의 사랑을 독차지하게 되었다.

이상하면 의심하라

진(晉)나라의 지백(智伯)은 한·위(韓·魏)와의 동맹군을 이끌고 조나라로 쳐들어가 진양성을 물로 함몰시키는 수공(水攻)을 가했다. 성은 곧 수몰될 찰나였고 항복은 시간 문제였다.

그때 지백의 한 부하가 말했다.

"동맹군인 한나라와 위나라가 배반할 것 같습니다."

"어떻게 그것을 알 수 있는가?"

지백이 묻자 부하가 대답했다.

"적의 성이 함몰 직전에 있음에도 한·위 두 나라의 왕이 기뻐하기는커녕 어딘가 석연치 않은 얼굴을 하고 있습니다. 이것은 바로 딴 마음을 가지고 있다는 증거입니다."

다음날 지백은 한·위 두 나라의 왕에게 추궁하였다.

"조나라를 이겨서 그 땅을 셋으로 나누려는 터에 어찌 우리가 딴 마음을 먹겠소. 그것은 우리를 분열시키려는 중상모략일 것이오."

지백은 그 말을 믿고 그의 부하를 죽이려고 했다. 이 기미를 알아챈 부하는 재빨리 도망을 치고 말았다. 그러나 그후 얼마 되지 않아서 한나라와 위나라는 과연 지백에게 반기를 들었던 것이다.

이런 경우 대개는 그것을 기뻐하는 것이 보통이다. 그것을 기뻐하지 않는다는 데서 그의 부하는 무엇인가 이상한 '조짐'을 발견했던 것이다. 마치 땅 표면의 희미한 변화를 보고 광맥을 발견하는 것과 같다. 더욱이 인간 마음의 동요는 어떤 형태로든지 겉으로 나타나게 마련이다.

'숨기고 있는 것만큼 잘 나타나는 것은 없다.' 중용(中庸)에 나오는 말이다.

이유 없는 선물은 화근의 징조

진(晉)나라에서 위(衛)나라에 막대한 보화를 선물로 보내왔다. 위왕은 크게 기뻐하며 신하들을 모아놓고 축하연을 베풀었다. 위나라는 소국인 데 비해 진나라는 국토가 엄청나게 넓고 강한 나라였다. 그런 대국에서 예를 갖추어 선물을 보내왔으니 기뻐하는 것도 무리가 아니었다.

그런데 남문자(南文子)라고 하는 신하는 축하는커녕 어두운 얼굴로 위왕에게 간했다.

"아무 이유가 없는데 선물을 보내온다는 것은 화근의 징조입니다. 진나라와 위나라와의 힘의 관계를 말한다면 이쪽에서 예물을 올려야 할 것인데 오히려 저쪽에서 보내왔습니다. 이것은 심상치 않은 일로서 결코 방심해서는 안 될 것입니다."

"흠, 일리가 있는 말이오."

위왕은 느낀 바 있어 성을 수축하고 군사를 훈련시키는 등 국경의 방비를 게을리 하지 않았다.

실은 그 선물은 진나라 지백(智伯)의 계략이었다. 지백은 먼저 보물을 선사하여 안심을 시킨 다음, 이어서 군마를 선물로 가장하여 보내면서 일거에 위나라를 치려 했던 것이다.

때를 보아서 국경 가까이까지 군마를 집결시킨 지백은 뜻밖에도 위나라의 수비가 튼튼한 것을 보자, 계략이 탄로 난 것을 알고 즉시 군사를 되돌리고 말았다.

후환이 될 만한 것은 미리 제거하라

한신(韓信)은 유방(劉邦)이 한(漢) 제국을 세우는 데 일등공신이다. 그 한신이 모반을 꾸미고 있다는 밀고가 여후(呂后)에게 알려지자, 여후는 위계(僞計)를 꾸며 한신을 궁중에 들어오게 하고는 복병을 시켜 그를 죽였다. 뿐만 아니라 그녀는 한신의 삼족, 즉 부계·모계와 처족 등을 모두 죽여, 이른바 연좌제를 처음으로 적용한 공포정치의 명수였다.

그후 영왕(榮王) 팽월(彭越)이 고조 유방의 토벌 전투에 참여하지 않았다는 이유로 평민으로 강등되자, 그 억울함을 낙양에 있는 여후에게 호소하며 구명운동을 했다.

그러나 여후는 거꾸로 고조에게 팽월을 그대로 두면 나중에 모반할 것이니, 그 전에 미리 죽여야 한다고 하였다.

"영왕 팽월은 만약 제가 그를 구해 주더라도 한을 품을 것이며, 또한 구해주지 않으면 더욱 한을 품을 것입니다."

"음, 그것도 그렇겠구면….."

유방이 결정을 내리지 못하고 유예하자 여후가 다그쳤다.

"팽월은 결코 남의 밑에 있을 인물이 아닙니다."

"…."

여후와 고조의 대화는 이렇게 끝났다.

결국 팽월은 살해되고 그 일족도 모조리 처형되었다. 그의 시체는 소금에 절여 여러 제후들에게 본보기로 보여주었다.

사태를 뒤집어서 보라

조금이라도 부자연스러운 '징조'가 보일 때는 그것을 통해서 앞일을 예견할 수가 있다. 그런데 표면적으로는 아무런 이상도 보이지 않는 경우도 있다.

이에 대해서 권모술수의 명수들은 매우 독특한 방법을 쓰고 있다. 그것은 음성적인 방법으로 보는 수법이다. 달리 말하면 역설적으로 본다고 할 수 있다. 어쨌든 뒤집어서 보는 방법이다.

초나라의 장왕(莊王)은 소국 진(陳)나라를 공략하기 위해 첩자를 보내 그 허실을 살펴보게 했다. 이윽고 첩자가 돌아와서 보고했다.

"진나라를 공격해서는 안 되겠습니다."

장왕이 물었다.

"그것은 무엇 때문인가?"

"성벽은 높고 해자(垓字)는 깊어 그 방비가 철통 같습니다. 게다가 군사들이 먹을 군량과 군마들이 먹을 마초(馬草)가 산더미같이 쌓여 있기 때문입니다."

이 말을 들은 장왕은 빙그레 웃으며 말했다.

"음, 그렇다면 진나라를 칠 기회는 바로 지금이로군."

"그것은 무슨 까닭입니까?"

"진나라에 멸망의 징조가 보이기 때문이네."

"…?"

"그래도 모르겠는가. 진나라와 같은 소국에서 그토록 많은 전쟁 준비를 했다면 필경 혹독하게 세금을 거둬들여서 백성들의 원망이 들끓고 있을 걸세. 또 그 나라에서 그처럼 성벽을 높이 쌓고 물길을 깊이 팠다면 많은 백성들이 심한 노역에 시달렸을 것인즉, 그들은 모두 피로에 지쳐 마음속으로 깊이 나라를 원망하고 있을 것이네."

과연 장왕은 군사를 일으켜 진나라를 쳐 대승을 거두었다.

공격 다음의 허점을 노려라

초나라가 오나라 군대와 불과 30리를 사이에 두고 서로 대진했을 때의 일이다. 계속 내린 비로 피아 양쪽이 모두 군사를 움직이지 못하고 있었다. 그러나 10일째 되는 날 밤이 되자 겨우 날이 개고 별이 보였다.

초나라의 좌사(左史) 기상(奇想)이 말했다.

"비가 열흘이나 계속되어 그동안 충분히 휴식을 취한 오군이 오늘 밤 야습을 해 올 것 같습니다. 미리 대비책을 세워야 할 것입니다."

그의 말에 따라 초군이 대열을 정비하고 있으니 과연 오군이 짓쳐 들어왔다. 그러나 초군의 방비를 보고 그대로 돌아가고 말았다.

그러자 기상이 다시 말했다.

"이번에는 우리가 추격을 해야 합니다. 적은 우리를 치려고 왕복 60리를 달려, 지금쯤 아마 쉬거나 식사를 하고 있을 것입니다. 우리 군은 30리만 달리면 족합니다. 피로의 차이가 있지 않습니까?"

초군은 오군을 추격하여 이를 대파하였다.

범려의 지나친 예견

춘추전국시대에는 극히 개성적인 인물들이 많이 활약하고 있었는데, 월(越)나라의 범려 같은 사람은 이런 의미에서는 인생의 앞을 간파한 달인이라고 하겠다.

그는 월왕 구천(句踐)을 도와 숙적인 오나라를 멸망시킨 명신이었다. 이십여 년 간의 간난신고 끝에 구천이 천하 제패의 야망을 달성하고 패자가 되었을 때 그 자신도 상장군으로 임명되었지만, 고국으로 개선하자 범려는 곧 스스로 사직하고 말았다. 그는 이렇게 생각했다.

"명성을 오래 간직하기는 힘들다 - 그리고 명성 아래에는 오래 머물러 있기가 어렵다."

자고로 재물과 명예를 탐내 헛되이 목숨을 잃어버린 사람이 얼마나 많은가. 특히 창업기에는 주종(主從)이 일체가 되어 고락을 함께 하다가 공을 이루고 이름을 떨치게 되면 무자비하게 배신하는 예는 얼마든지 있다.

범려는 이러한 사태를 미리 예견하고 있었다. 그는 사직한 후에 아예 제나라로 이주를 해 버렸다. 오늘의 산동성이다. 그곳에서 그는 이름도 바꾸고 농사를 짓기 시작했다. 몇 해 지나지 않아서 그는 거액의 돈을 모았다.

그의 평판이 제나라의 서울에까지 전해지자 제왕은 그에게 재상 자리를 주겠다는 제의를 했다.

"명예는 화의 근본이다 - 오랫동안 명성을 누리는 것은 불길한 일이 아닐 수 없다."

범려는 이번에는 재산을 친구와 마을 사람들에게 나누어 주고 특히 중요한 재보만을 챙겨서 몰래 제나라를 떠나 버렸다.

그후 도(陶)나라로 옮겨간 범려는 또 이름을 바꾸고, 부지런히 농사도 짓고 짐승도 기르는 한편으로 다른 제후국과의 무역에도 손을 대어 다시 거액의 돈을 쌓게 되었다.

그는 이름을 떨치면서 또 그 일을 그만두었고, 성공을 하면 곧 또 떠나버렸다. 그때마다 거듭되는 변신술은 화와 복을 꿰뚫어 보는 달인의 경지라고 하지 않을 수 없다.

그렇다고 해서 범려와 같은 예견이나 선견지명이 반드시 좋다고 할 수는 없다. 그 시대의 국가와 사회의 사정에 따라 달리 생각할 수도 있는 것이다. 인생에 있어서 너무 앞을 내다본 나머지 오히려 당장의 일을 망칠 수도 있기 때문이다.

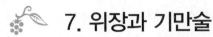

7. 위장과 기만술

인간의 모든 감지기능을 교묘하게 기만함으로써 적의 판단을 속이거나 흐리게 한 후 기습을 꾀하는 것이 위장의 핵심 전법이다. 이 방법은 어찌 보면 가장 원시적이라고 할 수 있는 방어와 공격의 형태인데, 복잡하고 다난한 오늘의 사회에서도 이 방법이 가장 흔히 사용되고 있다.

죽은 제갈공명의 위장술

기원전 234년, 촉나라의 제갈공명은 기산(祁山)으로 출병하여 오장원(五丈原)에 진을 치고, 위군(魏軍) 대도독 사마중달(司馬仲達)의 군사와 대진했다.

당세의 전략가인 제갈공명은 이 싸움에서 마침내 진중(陣中) 병사를 하게 된다. 그는 죽음을 앞두고 미리 만들어 두었던 자기 자신의 목상(木像)을 사륜거에 싣고, 마치 그가 살아서 진두 지휘를 하고 있는 것처럼 위장을 하고 위나라 군사들을 막으라고 유언했다.

공명의 교묘한 전술에 걸려 고전을 면치 못하고 있던 사마중달은 제갈공명의 죽음을 탐지하자 대군을 이끌고 스스로 선두에 서서 쳐들어갔다.

"적군을 쳐부술 때는 바로 지금이다!"

그러자 전방의 산모퉁이에서 촉군이 나타났다. 사마중달이 자세히 보니 선두에 달려 나오고 있는 것은 항상 공명이 즐겨 타는 사륜거이고, 그 위에 단정히 앉아 있는 것은 분명 공명이 아닌가!

사마중달은 거짓 정보에 속은 줄 알고 깜짝 놀라며 전군에게 퇴각 명령을 내렸다. 이것이 이른바 '죽은 제갈공명이 살아 있는 사마중달을 도망가게 했다'는 옛 고사다.

대개 의병(擬兵)을 하는 데는 두 가지의 기본 방법이 있다. 그 한 가지는 군사가 아닌 것을 군사인 것처럼 보이게 하는 것이고, 다른 한 가지는 군사를 군사가 아닌 것처럼 꾸미는 것이 바로 그것이다.

중국의 '사기(史記)'에도 산상(山上)에 깃발을 세워서 의병(擬兵)으로 한다'는 기록이 있으며 '삼국지연의'에도 '성(城)을 위장하는 방법'과 '짚으로 만든 인형'의 위장술이 사용된 기록이 나온다.

'삼국지연의'에서 보이는 오나라의 명장 여몽(呂蒙)이 촉나라의 용장 관우(關羽)가 지키는 형주를 기습했을 때, 쾌속선 80척의 선창에 3만 명의 군사를 장사꾼으로 변장시켜 전승을 거둔 예가 있다.

또 춘추시대에 진(晉)나라의 헌공(獻公)이 호국의 하양성(下陽城)을 공격했을 때도 병사를 숨겨놓은 전거 100대를 보내 성을 함락시키기도 했다.

근대전에서도 위장 은폐술은 군사학의 기초지식으로 되어 있다. 아무리 첨단과학 병기가 발명되어도 사람의 눈을 속이는 위장술의 중요성은 예나 지금이나 다름이 없다고 하겠다.

인간관계와 권모술수

웃는 얼굴에 속지 마라

제나라가 송나라를 침범했을 때의 일이다.

송나라는 장자(藏子)를 사신으로 보내 초나라에 구원을 청했다. 초왕은 매우 반가워하면서, 기꺼이 원군을 보내주겠다고 하며 그를 환대했다. 그러나 장자는 기뻐하거나 고마워하는 기색이 전혀 없었다. 그것을 본 마부가 돌아오는 길에 이상하게 여겨 물어 보았다.

"초왕이 구원을 승낙해 주었는데도 근심스러워하시는 것은 무슨 까닭입니까?"

장자는 가만히 한숨을 쉬며 대답했다.

"송나라는 작고 제나라는 크다. 도대체가 작은 송나라를 구하고, 큰 제나라에게 미움을 살 이유가 어디에 있겠느냐? 그럼에도 초왕은 기꺼이 우리의 청을 들어 주었다. 이것은 필시 제나라가 전쟁으로 국력이 약화되면 초나라로서는 그만큼 유리해지기 때문일 게다."

과연 초왕은 제나라가 송나라의 5개 성(城)을 공격해도 끝내 원군을 보내주지 않았다.

상대의 마음을 먼저 읽어라

적벽대전에서 전면전을 벌이기 얼마 전의 일이다.

그때 촉나라 군사(軍師) 제갈공명은 오군(吳軍)의 진지에서 오나라 대도독 주유와 공동 작전을 펴고 있었다. 주유는 비록 지략이 뛰어난 명장이었으나, 용병의 귀재인 제갈공명에 비하면 그의 모략은 손바닥을 뒤집듯 곧잘 들창이 나고 말았다.

주유는 공명의 지략을 두려워하여 지금은 비록 촉나라와 동맹을 맺고 위나라와 싸우고 있지만, 나중의 후환에 대비하여 위나라의 조조보다도 먼저 공명을 처치해야겠다고 결심했다.

어느날 주유는 작전회의를 하는 자리에 공명을 불러 조조와 싸울 무기에 대해서 넌지시 물었다.

"조조군과 싸우려면 어떤 무기가 적합할 것 같소?"

공명이 주유의 속마음을 짐작하고,

"대강(大江)을 사이에 두고 싸우니 활이 제일이지요."

하고 대답하자 주유는 옳다구나 하고,

"나도 선생과 동감입니다. 그런데 지금 우리 군사들에게는 화살이 부족하니, 선생께서 화살 10만 개 정도를 열흘 안에 마련해 줄 수 있겠습니까?"

하고 요청했다.

이것은 억지였다. 그 많은 화살을 열흘 안에 어떻게 마련한단 말인가! 공명을 함정에 밀어 넣으려는 것이 분명했다. 그런데 공명의 대답은 뜻밖이었다.

"그건 어렵지 않은 일입니다. 그런데 조조가 내일 당장이라도 공격할지 모르는데 열흘이라니 너무 한가한 말씀입니다. 사흘 안으로 조달하지요."

"사흘이라뇨? 진중(陣中)에서 농담은 없는 법이오."

"사흘이면 충분합니다. 만약 어길 때에는 군령에 따라 목을 바치겠소."

주유는 속으로 은근히 쾌재를 불렀다.

'공명이 죽을 때가 됐군. 목공들에게 공명이 지시하는 일을 하지 못하게 하면 제가 무슨 수로 그것을 만들 수 잇겠는가?'

주유는 목공들을 엄하게 단속한 다음, 몰래 사람을 보내 공명의 동태를 살폈다. 그러나 공명은 첫 날도, 그 다음 날도 태평하게 놀고만 있었다. 다만 주유의 부장(副將) 노숙(魯肅)에게 은밀히 부탁하여 배 20척에 군사 30명씩 태운 다음, 배 안에는 잡초와 천 뭉치를 배의 양쪽에 잔뜩 쌓아놓고 그 위에다 푸른 포막(布幕)을 덮어두게 했을 뿐이었다. 노숙은 공명과 가까운 사이였다.

드디어 약속한 3일째 밤이 되자 공명은 몰래 노숙을 배 안으로 불렀다. 그날 따라 지척을 분간할 수 없는 짙은 안개가 강을 덮고 있었다.

"자, 지금부터 함께 화살을 가지러 갑시다."

그리고는 짙은 안개 속의 양자강 북안(北岸)을 향해서 선단을 출발시켰다. 날이 샐 무렵, 조조의 진지 가까이 접근한 공명은 선단을 적진을 향해 한 줄로 늘어 세우게 하고는 일제히 북을 치며 함성을 지르게 했다.

"아니, 적이 몰려오면 어떻게 하려고 이러십니까?"

노숙이 깜짝 놀라며 묻자 공명은 웃으면서 대답했다.

"조조는 이 짙은 안개 속을 짓쳐 나오지는 못합니다. 우리는 술이나 마시고 안개가 개거든 돌아갑시다."

한편 조조의 진영에서는 적이 내습했다는 급보를 듣자 조조가 명령을 내렸다.

"안개 속을 갑자기 내습했으니 복병이 있을 것임에 틀림없다. 함부로 나가지 말고 다만 있는 대로 활을 쏘아라!"

명령이 떨어지자 수륙 양군 1만 명의 궁노수들은 사뭇 빗발치듯 화살을 쏘아댔다. 공명은 선단의 좌우를 바꾸어 가며 배에 실은 짚더미로 적의 화살을 받았다.

이윽고 해가 돋고 안개가 걷히자, 공명은 선단을 철수시키며 군사들에게 일제히 외치게 했다.

"어리석은 조조야, 화살을 많이 주어 고맙구나!"

조조는 분해서 이를 갈았다.

이윽고 본진으로 돌아온 공명은 주유에게,

"배마다 5,6천 개의 화살이 있으니 이만하면 족히 10만 개는 넘을 것이오."

라고 말하며 화살을 인계했다. 주유가 깜짝 놀랐음은 물론이다.

"선생은 참으로 귀신 같은 분이오. 그런데 어떻게 해서 오늘의 안개를 알 수 있었습니까?"

노숙이 궁금하여 묻자 공명이 대답했다.

"장수된 자는 모름지기 천문에 통달하고 지리를 알며 임기응변할 수 있어야 합니다. 주유 장군이 비록 나를 함정에 밀어 넣으려고 하지만 그리 쉽게 넘어갈 내가 아니오."

노숙은 감탄하여 벌어진 입을 다물 줄 몰랐다.

속임수도 필요할 때가 있다

초나라 영왕(靈王)이 서(徐)나라를 치기 위해 건계 땅에 주둔하고 있을 때였다.

영왕의 동생인 공자 기질(棄疾)이 반란을 일으켰다. 기질은 군사를 보내 영왕을 치게 했다. 기질의 군사는 크게 이겼으나 영왕의 생사를 확인할 수 없었다. 이때 영왕은 이미 자결한 후였다.

그후 공자 기질은 왕위에 올랐으나 초나라 백성들은 영왕이 죽은 걸 몰랐기 때문에 민심이 자못 흉흉했다. 심지어는 영왕이 밤중에 몰래 돌아왔다는 헛소문이 나돌기도 했다.

기질은 생각 끝에 형체를 알아볼 수 없을 만큼 썩은 송장 하나를 파내게 했다. 그리고 그 시체에다 영왕의 관(冠)과 옷을 입힌 다음, 한수(漢水) 상류로 운반해 가서 하류로 떠내려 보내게 했다.

며칠 후 기질의 계책대로 시체가 떠내려 오자 기질은 그 시체를 정중히 수습해 왕의 예로써 후히 장사지내 주었다. 그제야 초나라 민심은 차차 안정되어 갔다.

거짓 항복에 속지 마라

원나라 말기에 혼란이 계속되어 각지에서 민란이 잇따르고, 몽고 귀족과 지주들의 학대와 횡포에 반기를 든 농민들의 대규모 무장 투쟁이 전개되었다.

이후 중국 대륙은 30년간 명(明) 왕조가 탄생할 때까지 5, 6개국의 군웅할거시대가 된다. 곧 장사성(張士誠), 유복통(劉福通)이 세운 송(宋), 서수휘(徐壽輝)의 천완(天完), 진우량(陳友諒)의 대한(大漢) 등이 각축을 벌였다. 한편 명옥진(明玉珍)의 하(夏)와 다음에 주원장(朱元璋)이 세운 오(吳)나라는 양자강 동남쪽에 위치하고 있었다.

이 중 가장 미약한 존재이던 주원장의 오나라가 결국은 중국을 통일하여 명 왕조를 세우게 되는데, 그 대성의 발판이 되는 것이 곧 진우량의 대한(大漢)을 쳐부순 번양호의 싸움이었다.

주원장은 안휘성(安徽省)에서 빈농의 아들로 태어나, 처음에는 곽자흥(郭子興)의 홍건군에 들어갔다. 농민 반란군들에게 붉은 두건을 증표로서 나누어 준 데서 홍건군이라 불렸다.

이 농민 폭동은 황하의 수리 공사장의 인부를 징발하는 데서 발단했다. 주원장은 그 무리 중에서 두각을 나타내어, 응천(應天: 남경)에 근거하여 주변의 강소, 안위, 절강 등에 걸쳐 세력권을 형성하고 있었다.

한편 진우량은 호북 면양(沔陽)의 어부의 아들로서, 강서와 호남, 호북의 3성을 손아귀에 넣고 있었다.

이 진우량이 홍건적의 잔존 세력과 합류하여 '타도 원나라'의 기치를 높이 들고 주원장의 근거지를 공략하려 했다. 이 정보를 입수한 주원장은 막료회의를 소집했다.

"우리 군사와 진우량의 군사는 마치 호랑이와 닭과 같다고 하겠소. 이 위급한 사태를 어떻게 해결하면 좋겠소?"

주원장이 이렇게 말문을 열자 한 장수가 대답했다.

"적을 피로케 한 연후에 치는 것이 상책입니다."

주원장은 이 계략을 받아들여, 적의 대공세에 앞서 진우량의 진지를 기습하는 소규모 작전을 시도하기로 했다. 일종의 산발적인 게릴라 작전으로 적의 예기를 꺾고 혼란케 한다는 전략이었다.

그리고 그 다음에는 사항계(詐降計)를 쓰기로 했다. 주원장의 부장 강무재(康茂才)는 진우량의 옛 친구였다. 이 강무재로 하여금 거짓 투항서를 가지고 가서 진우량을 유인하기로 했던 것이다.

"그 거짓 투항서에다 거짓 군사기밀을 덧붙여, 적으로 하여금 세 방면으로 남경을 공격하도록 적을 유인하도록 하시오."

진우량은 옛 친구가 전해 주는 주원장의 투항서와 군사 기밀을 받아들고 회심의 미소를 지었다.

이리하여 주원장의 군사는 번양호에 이르는 강하수(江河水)의 수로를 이용하여 적의 다리목을 지키고 있다가 진우량의 크고 작은 전선(戰船) 1백 수십 척을 기습하여 수많은 군사를 수장해 버렸다. 기록에 의하면 이때 포로만 해도 7천여 명이었다고 한다.

이 전승의 여세를 몰아 주원장은 일거에 모든 군사를 동원하여 진우량이 지배하던 안휘성의 태평·안경 지역과 강서성의 원주·강주지역을 수복하여, 강서·호북에까지 세력권을 확대할 수 있었다.

인간관계와 권모술수

진짜와 가짜는 논리적으로 따져라

연왕(燕王)이 섬세한 공예품을 좋아한다는 소문을 듣고 어느날 위(衛)나라의 자칭 공예가가 찾아왔다.

"저는 나무의 가지 끝에다 원숭이의 상(像)을 새기는 특별한 재주를 가지고 있습니다."

라고 하며 자기의 솜씨 자랑했다.

연왕은 기뻐하며 그자에게 많은 상금을 내려주었다. 그후 하루는 연왕이 위나라 공예가에게 물었다.

"그대가 새긴 나뭇가지 끝의 원숭이를 한 번 보고 싶소."

"대왕께서는 그것을 보시려면 반 년 동안 후궁을 멀리하고, 술과 고기도 끊으며 청정한 생활을 한 후에, 비가 개인 맑은 날을 택하여 햇빛 그늘에서 보셔야 합니다."

라고 공예가는 천연덕스럽게 말했다.

이러한 금욕생활은 연왕으로서는 도저히 감당할 수 없는 일이었다. 따라서 연왕은 공예가를 부조해 주면서도 그가 새긴 원숭이는 볼 수가 없게 되고 말았다.

그때 연나라의 성 밖에 있는 마을에 철공업을 하는 한 사람이 있었다. 그는 어느날 연왕을 찾아와 말했다.

"무릇 섬세한 기물(器物)은 반드시 조각도(彫刻刀)로 깎고 저미어 만듭니다만, 어떤 경우에도 깎이는 재료는 조각도의 끝머리보다는 크게 마련입니다. 그런데 나뭇가지의 끝은 너무나도 가늘어 조각도의 칼 끝을 쓸 여지가 없습니다. 그러니까 조각도로써 새긴다는 것은 불가능합니다. 대왕께서는 한번 그 공예가가 사용하는 조각도를 보여 달라고 해 보십시오. 그렇게 하시면 그자가 자랑하는 재주가 과연 진짜인지 가짜인지를 아실 수 있을 것입니다."

연왕은 이 말을 듣자 고개를 끄덕이며, 그 위나라의 공예가를 불러서 물어보았다.

"그대는 나뭇가지 끝에 원숭이를 새길 때 도구는 무엇을 쓰는가?"

"물론 조각도를 씁니다."

"그렇다면 그것을 한번 내게 보여 달라."

"네, 잠시만 시간을 주십시오. 집으로 가서 곧 가지고 오겠습니다."

위나라의 공예가는 그렇게 말하고 물러간 뒤 다시는 돌아오지 않았다.

입에 꿀을 바른 자를 경계하라

촉나라의 제갈공명과 위나라의 사마중달이 오장원에서 싸울 때의 일이다.

사마중달이 여러 번 싸움에서 패하자, 보급로가 긴 촉군(蜀軍)의 불리함을 노리고 철저한 지구전을 펴고 있었다.

공명이 아무리 싸움을 걸어도 중달은 진문을 굳게 닫고 좀처럼 응전하지 않았다. 공명은 생각 끝에 중달을 분노케 하기 위해 사람을 시켜 여자옷과 족두리를 보내주며 조롱했다.

'장수된 자가 겁을 집어먹고 달팽이처럼 진문을 나오지 않으니 아

녀자와 무엇이 다른가? 부끄러움을 안다면 썩 나와서 싸우라!'

사마중달은 가슴속에 불덩이 같은 분노가 끓어올랐으나 겉으로는 자못 여유 있게 미소를 지으며 말했다.

"공명이 나를 아녀자로 보는 모양이군, 일단 보내준 것이니 내 받아두지."

하고 말한 후, 사자를 후하게 대접하면서 은근히 공명의 신상에 대해 물었다.

"그래, 승상(공명)께서는 어떻게 지내시나?"

"네, 아침에 일찍 일어나서 밤늦게 주무십니다. 그럼에도 식사는 조금밖에 들지 않습니다."

사자가 대답하자 이 말을 들은 중달은 빙긋이 웃으면서 생각했다.

'그렇듯 노고에 시달리면서 밥은 조금밖에 먹지 않다니 그 목숨이 어찌 오래 갈까.'

과연 제갈공명은 격무에 시달려 그후 얼마 되지 않아 병사하고 말았다.

중달은 가슴속에 칼을 품고도 연막술로써 공명의 죽음을 사전에 예견했던 것이다.

이와 같이 '정(情)'과 '뜻(意)'의 위장술을 이용하여 적의 판단을 기만하는 것을 '미소 뒤에 칼을 숨기는' 이른바 소리장도(笑裡藏刀)요, '입에는 꿀이 흐르고 배에는 칼이 든' 구밀검복(口蜜劍腹)이라고 부른다.

중국 당나라 때의 재상 이임보(李林甫)에 대하여 '당서(唐書)'에 다음과 같은 기록이 나온다.

'이임보는 재상이었다. 덕망과 공업(功業)으로 그보다 왕의 신임을 많이 받거나 그 위세가 이임보를 능가할 정도가 되면, 이임보는 모든 계책을 써서 가차없이 그를 제거했다. 그는 때로는 상대를 좋게 말하고 혹은 감언이설로 모함했다.'

세상 사람들이 말하기를, '이임보는 입에는 꿀을 바르고 뱃속에는 칼을 품었다'고 했다.

이삭의 위장술

당나라 현종(玄宗)의 문약한 치세는 끝내 총비인 양귀비(楊貴妃)와 서역 출신의 안록산(安祿山)이 내통하여 반란을 일으키게 했다. 왕조에 반기를 든 안록산은 곧 진압되었지만, 이때부터 당나라는 쇠망의 길로 들어서게 되었다.

전국 각지의 수령이나 절도사로 임명된 자는 그 지역의 군사와 경제를 한손에 거머쥐고 있었는데, 50여 곳으로 확대된 지방, 특히 장안에서 멀리 떨어진 변방의 절도사들은 저마다 각기 독립 왕국을 선언하고 나섰다.

이러한 당나라의 말기 시대에 회서(淮西) 절도사 오원제(吳元濟) 역시 황제에 반기를 들고 중앙 정부와 대립하고 있었다. 이 오원제는 회서의 채주(蔡州)를 근거지로 하여 민생을 착취하고 백성들을 괴롭히고 있었다.

이 오원제의 토벌에 나선 것이 이삭 장군이었다. 그런데 당주(唐

州)에 부임한 이삭은 상대인 군벌 오원제를 칠 것을 포기한 듯, 전란에 시달린 민생과 피폐한 민심을 수습하는 데만 골몰했다.

그 결과 그는 용감한 무장이기는커녕 그저 주민들의 비위나 맞추는 나약한 겁쟁이라는 소문을 낳게 했다. 이 소식은 곧 오원제에게도 전해졌다. 새로 부임해 온 이삭을 은근히 경계해 온 오원제는 그때부터 긴장을 풀고 그를 경시하게 되었다.

"이삭은 하잘것없는 겁쟁이야!"

그러나 기실 이삭은 적을 안심시키는 위장술과 내치(內治)에서 민심을 수습하는 일석이조의 묘책을 쓰고 있었던 것이다.

그는 산남 동도와 하남의 서남부 등지에서 군사를 모아 조련을 시키는 한편, 당주와 등주에서는 무예에 능한 젊은이로 부대를 보강하며, 중앙정부에 기병 2천을 요청하여 전투력을 강화하고 있었다. 또한 정략적인 내부 이간책으로 오원제 일당에 대해 유화책을 써서 이들의 귀순을 꾀하기도 했다.

이삭의 뛰어난 전술은 공격 날짜를 정하는 데서도 나타난다. 사람들은 흔히 대사나 길사를 치를 때는 모두가 황도 길일(黃道吉日)을 택하는 것이 보통이다. 그러나 이삭은 흑도 흉일(黑道凶日), 이른바 음양학으로 볼 때 도저히 아무 일도 할 수 없다는 날에 대작전을 기도한 것이다. 곧 상대의 의표를 찌르는 방법이다.

그는 10월 15일, 아침부터 서북풍이 몰아치며 폭설이 내릴 것이라는 흉일에 군사작전을 개시, 이유 장군에게 3천 명의 돌격대를 주어서 선발대로 먼저 내보냈다.

뒤이어 후속 부대 3천과 이삭이 이끄는 중군(中軍) 3천 등 약 1만의 대군은 혹한의 눈보라 속을 행군했다. 많은 군사들이 도중에 쓰러지고 낙오를 했다. 그러나 이삭은 행군을 강행하여 대군이 채주성의 성문 앞에 들이닥쳤을 때 성 안에서는 아직 새벽의 곤한 잠에 빠져 있었다.

이리하여 30여 년 간이나 무자비한 군벌의 횡포를 부렸던 오원제는 함거에 실려 당나라 서울 장안으로 끌려가 참수되고, 그의 머리는 성문에 효수되었다.

인간관계와 권모술수

8. 하나를 주고 둘을 취하라

"돈만 있으면 도깨비에게 맷돌을 돌리게 할 수 있다."

중국 사람이 흔히 하는 말이다.

프랑스 사람은 이렇게 말한다. "돈은 웅변보다 낫다."

일본 사람은 "지옥의 형편도 돈 나름이다." 라고 말한다.

한편 손자는 이렇게 말했다.

"이익으로 사람을 움직이고, 거짓으로 사람을 대한다." 즉, 이익으로 적을 유인하고 그 이면을 노려서 이를 공격하라는 것이다. 요컨대 이익은 중요한 것이며, 인간은 이익으로 움직인다. 그래서 이익을 미끼로 한 술수와 농간이 판을 치게 된다.

대어를 잡으려면 미끼를 크게 써라

초나라가 대군을 이끌고 제나라를 침공했을 때였다.

제나라의 위왕(威王)은 순우곤을 사절로 조나라에 보내 원군을 요청하기 위해 황금 백근과 사두마차 10조(組)를 선물로 가져가게 했다.

그러자 순우곤이 하늘을 쳐다보며 크게 웃었다.

"어찌하여 웃으시오?"

"…."

"혹시 선물이 적다고 그러는 거요?"

그제야 순우곤이 정색하며 말했다.

"방금 제가 이리로 올 때 길가에서 풍작을 비는 사람을 만났습니다. 돼지 족발 한 개와 술 한 병을 차려놓고 빌기를, '오곡이 무르익어서 열매를 맺고, 집안에 곡식이 가득 차도록 해 주십사'하고 빌고 있었습니다. 차려놓은 음식은 인색하면서 바라는 것은 매우 컸습니다. 그것이 생각나서 웃었습니다."

위왕은 그제야 깨닫고 황금 천 근과 백목 열 패, 사두마차 100 조로 선물을 늘여 주었다.

손우곤이 조나라로 가서 선물을 바치고 원병을 청하자, 조왕은 선물이 많은 것을 기뻐하며 정예 군사 10만과 전거 천 대를 제공했다. 초나라는 이 소식을 듣고 밤 사이에 군대를 철수시켰다.

태공망(太公望)의 낚시법에 의하면, '작은 고기는 작은 미끼, 큰 고기는 큰 미끼로 낚는 것이 원칙이다. 낚시밥이 너무 적으면 대어(大魚)는 쳐다보지도 않는다. 가령 대어가 어쩌다 입질을 해도 낚시줄만 끊어진다'고 했다.

남을 도울 때는 타이밍이 중요하다

오랑캐의 침략을 받은 형(邢)나라는 제나라 환공(桓公)에게 구원을 청했다. 이에 환공이 송·조 두 나라 군대와 함께 형나라를 구하기 위해 섭북 땅에 이르렀을 때였다.

관중(管仲)이 환공에게 은밀히 아뢰었다.

"비록 오랑캐의 군력(軍力)이 강성하지만 형나라도 아직 힘이 있습니다. 오랑캐의 군력이 클수록 우리도 싸우기에 힘이 들 것이며, 아직도 힘이 있는 형나라를 도와 봤자 나중에 우리의 공로는 과소평가될 것입니다. 앞으로 형나라는 틀림없이 오랑캐에게 무너질 것입니다. 또 적이 처음에 형나라를 이기면 반드시 피로할 것입니다. 그때에 죽어가는 형나라를 돕고 지칠 대로 지친 적군을 치면 우리는 크게 힘들이지 않고도 많은 공을 세울 수 있을 것입니다."

"거참 묘계요."

환공은 관중의 계책에 따라 군사를 움직이지 않고 관망만 하고 있었다. 과연 형나라는 오랑캐에게 도성이 함락되고 형나라 임금 숙안(叔顏)은 단신으로 환공의 영채로 도망을 와 대성통곡하며 살려 달라고 했다.

그제야 환공은 군사를 거느리고 오랑캐를 치려고 갔으나, 그 사이에 마음껏 노략질과 약탈을 한 오랑캐는 사방에다 불을 지르고 북쪽을 향해 달아나고 말았다. 그리하여 환공은 힘들이지 않고 크게 생색만 내었다.

돈 앞에 장사 없다

천하의 책사들이 조나라에 모여 합종책(合從策: 제후 6국이 동맹하여 진나라를 치자는 정책)으로 진(秦)나라를 공략할 일을 의논하고 있을 때였다. 진나라 재상 범수가 소양왕(昭襄王)에게 말했다.

"대왕께서는 조금도 염려하실 것 없습니다. 그들의 합종책을 곧 중지시키고 말겠습니다. 우리 진나라는 그들 책사들에게 하등의 원한을 산 일이 없었습니다. 그럼에도 불구하고 저들이 모여서 우리를 치려는 것은 모두가 자기들의 입신 출세를 위해서입니다. 저 개들을 보십시오. 누워 있는 놈은 누워 있고, 일어서 있는 놈은 일어서 있으며, 걷는 놈은 걷고 있고, 가만히 웅크리고 있는 놈은 또 가만히 웅크리고 있습니다. 그런데 거기에 뼈다귀 한 개만 던져줘 보십시오. 저들은 순식간에 서로 덤벼들어 물고 뜯기 시작할 것입니다."

"경의 말이 옳다, 경의 뜻대로 하라."

왕이 얼굴을 펴며 말했다.

범수는 곧 사람을 시켜서 수천금을 수레에 싣고 조나라의 무안(武安)으로 가게 하여, 그곳에서 성대한 주연을 베풀고 책사들을 접대하라고 했다. 떠나기에 앞서 범수는 이렇게 귀띔을 해 주었다.

"책사들 중에서 누가 돈에 눈독을 들일지는 모르지만, 진나라를 치자고 주장한 자에게는 돈을 주어서는 안 된다. 다만 그대가 진나라를 위해서 주어도 좋겠다고 생각되는 사람에게는 아낌없이 주어라."

과연 수레가 무안에 도착하여 3천금을 아직 풀기도 전에 책사들은 돈을 탐내어 서로 각축을 벌이느라 진나라 치는 일은 그만 흐지부지되고 말았다. 이와 같이 적을 공략함에 있어서는 무력에 의한 방법보다도 이익을 미끼로 한 이해득실의 술책이 더 효과적일 때도 있는 것이다.

서문표의 뇌물

위(魏)나라의 서문표는 업이라는 곳의 태수로 임명되었으나, 청렴결백하여 사리(私利)를 도모하지 않고 고위 근신들에게 뇌물도 바치지않아 조정에서는 모두 그를 미워했다.

1년이 지나서 서문표가 지방 행정을 보고하러 조정에 나오자, 문후(文候)왕은 그의 관인(官印)을 몰수하고 관직을 박탈하려고 했다. 그러자 서문표는 무릎을 꿇고 호소했다.

"신은 지금까지 업을 다스리는 요령을 잘 몰랐는데, 이제야 좀 그 요령을 알 것 같습니다. 바라건대 한번만 더 기회를 주시어 업을 다스리게 해 주십시오. 만일에 다시 잘 다스리 못하면 그때는 사죄(死罪)라도 달게 받겠습니다."

문후는 그의 말을 듣자 측은한 생각이 들어 다시 관인을 내주었다.

그후 서문표는 백성들로부터 무거운 세금을 거둬들이고 고혈을 착취하여 부지런히 근신들에게 뇌물을 바쳤다. 1년이 지나서 다시 행정보고를 위하여 조정에 나가자, 이번에는 문후도 마중을 나와서 정중하게 대우했다.

그러자 서문표는 자못 비감한 어조로 말했다.

"지난 해에 저는 대왕을 위해 업을 다스렸습니다만, 대왕께서는 저의 관인을 몰수하기까지 하셨습니다. 그래서 이번에는 대왕의 근신들을 위해 업을 다스렸더니 대왕께서는 저를 칭찬하셨습니다. 이렇게 해서는 결코 지방을 다스릴 수 없습니다."

말을 마치자 그는 관인을 스스로 내놓고 사직하려고 했다. 당황한 문후가 관인을 돌려주며 말했다.

"나는 지금까지 그대를 알지 못했으나 이제야 비로소 알았으니, 이번에는 부디 나를 위하여 업을 다스려 주오."

그러나 서문표는 끝내 듣지 않고 총총히 물러나왔다.

이익이 있으면 용기를 내라

위나라 문후 때 이리라는 한 지방의 태수가 백성들에게 활쏘기를 장려하기 위해 다음과 같은 포고를 내렸다.

'소송이 애매하여 판결을 내리기가 어려운 경우에는 쌍방에게 활쏘기를 시켜 과녁을 적중시킨 자를 소송에 이긴 것으로 하고 맞히지 못한 자를 진 것으로 한다.'

이러한 포고가 나붙자 모두들 활쏘기를 배우느라 여념이 없었다. 얼마 후에 진나라와의 전쟁이 일어났을 때 적을 가장 많이 무찌른

것은 이 지방 사람들이었음은 물론이다. 모두가 활쏘기에 능했기 때문이었다.

대개의 경우 장려술이라는 것은 장려의 목적을 분명히 밝히는 것이 보통인데, 그것만으로는 사람들이 잘 움직여 주지 않는다. 직접적으로나 혹은 간접적으로 그 당사자들에게 이익이 되게 하면 사람들은 거기에 따라 움직이게 마련이다. 한비자는 이 점에 대해서 이렇게 쓰고 있다.

'뱀장어는 뱀을 닮았으며 누에는 감자벌레와 비슷하다. 사람은 뱀을 보면 놀라고 감자벌레를 보면 징그럽게 여기지만, 어부는 뱀장어를 손으로 잡고 여자들은 누에를 손으로 만진다. 만일 자기에게 이익이 있다면, 사람은 누구나 천하 맹장인 위나라의 맹분(孟賁)이나 오나라의 전제(傳諸)와 같은 용기를 내는 법이다.'

건강이 나쁘면 마음도 약해진다

한(韓)나라의 재상 장견(張譴)이 병석에 누워 위중해졌을 때, 무정(無正)이 금 30냥을 품에 넣고 병문안을 갔다.

그후 1개월이 지난 뒤 한왕이 친히 장견의 병문안을 가서 물었다.

"만약의 경우, 누구를 후임으로 하면 좋겠소?"

장견이 대답했다.

"무정은 법을 존중하고 웃사람을 섬길 줄 아는 사람입니다. 공자 식아(食我)가 비록 민심을 잘 살피는 사람이긴 하나, 그에게 미치지 못합니다."

그리하여 장건이 죽자 한왕은 장건의 의견에 따라 무정을 재상으로 임명했다.

장건의 뒤를 잇게 될 한나라의 재상 두 후보인 무정과 식아는 서로가 경쟁 관계였다. 그러나 그 승리는 금 30냥을 품에 넣고 병문안을 간 무정에게로 돌아갔다.

죽음을 눈앞에 두고 한껏 심약해진 외로운 장견에게는 무정의 마음씀이 참으로 고마웠을 것이다.

그리고 한왕도 장견의 말대로 민심을 잘 살피는 식아보다도 법을 존중하고 윗사람을 섬길 줄 아는 무정을 재상으로 삼는 것이 자기에게 이롭다고 생각했던 것이다.

끈질긴 집념이 필요하다

기원전 1세기경 한나라 무제(武帝)가 등극한 뒤의 일이다.

무제는 대제국을 건설하기 위해 처음으로 서역경략(西域經略)을 편 사람이다. 이 무제의 건원 연간에 낭관(郎官)으로 뽑힌 장건은 이른바 서역으로 통하는 실크로드를 개척한 최초의 인물이다.

어느날 서역의 흉노족에 밀파된 자가 무제에게 고했다.

"지금 서역에서는 흉노가 월씨족(月氏族)을 쳐서, 그 월씨족 왕의 두개골을 술잔으로 만들어 쓰는 만행을 저지르고 있습니다. 그래서 월씨국의 유민들은 함께 힘을 합쳐 흉노를 칠 나라를 찾고 있습니다."

무제는 이 기회에 서북의 흉노를 멸망시킬 뜻을 품고 월씨족과 연락을 취하기로 했다. 그러나 월씨국은 흉노보다 더 서쪽에 있으며, 흉노가 지배하는 땅을 통과해야만 월씨국으로 갈 수 있었다. 이 위험을 무릅써야 하는 모험을 지망하여 뽑힌 사람이 곧 장건이었다.

준비가 갖추어지자 장건은 감부(甘父)라는 안내인과 1백여 명의 부하를 거느리고 농서를 출발했다. 그러나 장건은 흉노 지역을 통과하다가 일행과 함께 잡혀 족장 선우(單于)에게 끌려가 10년간이나 억류를 당했다.

10년 후에야 그는 겨우 흉노를 탈출하여 월씨국으로 갔다. 서쪽으로 수십 일을 가 마침내 월씨국의 대하(大夏)에 도착했다. 그러나 월씨국과 한나라와는 거리가 너무 멀어서 흉노를 치는 공수 동맹(攻守同盟)을 맺기가 쉽지 않아 1년 이상이나 더 체류하다가 끝내 무위로 돌아가고 말았다. 서로 실익이 없기 때문이었다.

장건은 곤륜산맥의 타림 분지를 따라 귀국하다가 다시 흉노에게 잡혔으나, 마침 선우가 죽고 내란이 일어난 틈을 타서 13년 만에야 한나라로 도망쳐 왔다. 그가 돌아왔을 때는 안내인으로 함께 간 감부와 오직 두 사람뿐이었다.

이 장건의 서역행은 그야말로 끈질긴 집념이 없이는 불가능한 일이었다. 비록 그것이 실패로 끝나기는 했지만, 수없는 죽음의 고비를 넘기며 여러 해 동안 고생을 했다. 그러나 오로지 목적 수행을 위한 집념 하나로 버틴 것이다. 오늘날 우리가 말하는 실크로드는 장건의 이와 같은 13년 간의 고난을 돌파한 모험의 결과다.

'악마의 성서(聖書)'도 필요할 때가 있다

기원전 237년 양(梁)나라의 위료가 진나라로 유세를 와서 진왕 정(政)에게 말했다.

"강국 진나라의 힘에 비하면 여타 제후국들의 힘은 진나라의 일개 군현에 불과할 정도로 미약한 것입니다. 그러나 그 제후들이 연합하여 기습을 한다면 이는 실로 감당하기 어려울 것입니다. 하오니 대왕께서는 재물을 아끼지 마시고 제후의 중신들에게 뿌려서 합종(合從)의 책모를 못하게 막으십시오. 그 돈은 불과 30만금이면 족할 것이며, 그렇게 하면 모든 제후들은 오래지 않아 멸망할 것입니다."

"옳은 말이로다."

진왕은 크게 기뻐하며 위료에게 의복과 음식을 자기와 똑같은 것을 주고 기거도 자기와 함께 하면서 종일토록 천하통일의 비책을 강구했다.

그러나 막상 위료는 혼자 탄식하며 말했다.

"진왕은 그 사람됨이 코가 높고 눈이 가늘며, 독수리처럼 가슴이 튀어나오고 이리와 같은 음성을 가졌으며, 잔인하기는 호랑(虎狼)과도 같다. 그는 곤궁할 때는 스스로 굽히지만, 강대해지면 사람을 업신여길 것이다. 나는 일개 평민인데도 진왕은 항상 내게 공손한 체하지만, 만약 진왕이 천하를 얻게 되면 천하는 모두 진왕의 노예가 되고 말 것이다. 그는 결코 오래 섬길 인물이 아니다."

그래서 그는 진나라를 탈출하려고 했으나 실패하고 말았다. 진왕은 위료를 단단히 붙들고 군사의 최고 장관인 태위(太尉)로 임명하여 그의 지혜를 이사(李斯)로 하여금 실행케 했다. 이리하여 마침내 진왕 28년에 진나라는 천하를 통일하고 진왕은 시황제(始皇帝)라 칭하게 되었다.

적의 내부 교란책에 관해서 '육도삼략(六韜三略)' 가운데 '육도'에 다음과 같은 12가지 방법이 소개되어 있다.

① 적장의 기호를 조장하고 오만케 하여 그 허점을 찌른다.

② 적장의 측근들을 포섭 회유한다.

③ 적장과 그 측근들을 은밀히 매수한다.

④ 적장에게 보화와 미인을 보내 음탕과 사치에 빠지도록 한다.

⑤ 적의 사자를 회유하여 적에 대한 책모를 꾸민다.

⑥ 적의 내부를 이간시켜 내외가 호응하도록 하여 내부로 침범한다.

⑦ 적의심복을 매수하여 정치를 태만케 하고 적국을 피폐케 한다.

⑧ 배반자를 포섭하여 후한 녹(祿)으로 미끼를 삼는다.

⑨ 적장을 오만하게 만들어서 주위의 미움을 사게 한다.

⑩ 적국의 심부(深部)를 파고들어 자멸을 기다린다.

⑪ 도당의 조직망을 종횡으로 펴서 적국을 얽는다.

⑫ 적국의 난신들을 돕고 미녀와 교섭하게 하여 현혹시킨다.

이것은 내부 교란의 책모를 쓴 것으로서 '악마의 성서(聖書)'라고 도 불리는 권모술수의 원전으로 알려지고 있다.

상대가 안심할 때까지 기다려라

조조에게 패하고 요동으로 도망간 원희와 원상 형제가 서로 돌아보며 은밀히 의논했다.

"요동 군사가 수만 명이나 되니 그만하면 조조와 한번 싸워볼 만하다. 이제 잠시 몸을 의탁하고 있다가 후일 태수를 죽이고 땅을 빼앗아 기력을 양성한 다음에 중원을 막으면 가히 호북(湖北)을 회복할 수 있을 것이다."

의논이 정해지자 형제는 성으로 들어가서 요동 태수 공손강과 만나기를 청했다. 그러나 공손강은 그들을 관역에 머물게 한 채, 병이라 칭탁하고 곧 만나보려 하지 않았다.

이윽고 공손강은 그가 보낸 첩자가 돌아오자 불러들여 물어보니, 조조는 지금 역주에 군사를 둔치고 있는데, 요동으로 쳐내려올 기미는 조금도 보이지 않는다고 보고했다.

조조 군사가 쳐들어올까봐 두려워했던 공손강은 크게 기뻐했다. 그는 곧 도부수를 벽의(壁衣) 가운데 감추어 놓고, 원희·원상 형제를 청해 들였다.

원가 형제가 들어와 예를 마치자 공손강은 그들에게 자리를 권했다. 그런데 날이 몹시 찬 데도 상탑(床榻) 위에 자리를 깔아 놓지 않았다. 원상은 이를 보고 공손강에게 말했다.

"무얼 깔고 앉을 것을 마련해 주시오."

그 말에 공손강이 벌떡 일어나며 눈을 부릅뜨고 호통을 쳤다.

"너희 두 놈의 머리가 장차 만릿길을 갈 터인데 무슨 자리를 마련해 달라느냐!"

원희·원상이 너무나 놀라고 어이가 없어 그의 얼굴만 멍하니 쳐다볼 때 공손강이 크게 외쳤다.

"저놈들을 죽여라!"

말이 떨어지자마자 양편 벽 속에 숨어 있던 도부수들이 일제히 달려나와, 그 자리에서 두 사람을 난도질해 죽여 버렸다. 공손강은 즉시 원가 형제의 머리를 목갑에 담아, 사람을 시켜 역주로 가서 조조에게 바치게 했다.

그 무렵 조조는 역주에서 꼼짝도 하지 않고 있었다. 이를 보고 여러 장수들이 들어와서 품했다.

"만약에 요동으로 진격하지 않을 생각이면 곧 허도로 회군하시지요."

조조가 대답했다.

"원희·원상의 머리가 오는 대로 곧 회군하기로 하지."

그 말에 모든 사람이 다들 속으로 의아해 하고 있을 때 문득 군사가 들어와서 보고하는데, 요동 태수 공손강이 사람을 시켜서 원희·원상의 목을 보내왔다고 한다. 사람들이 다들 크게 놀랐다.

사자가 서신을 올리자 조조는 받아서 펴 보고,

"봉효가 예측하였던 대로구먼…."

한 차례 크게 웃은 다음에 사자에게 후히 상을 주고, 공손강을 양평후 좌장군으로 봉하여 삼았다. 좌우의 무리가 물었다.

"어찌하여 승상께서는 봉효가 예측했던 대로라고 말씀하십니까?"

조조가 그제서야 얼마 전에 죽은 봉효가 임종시에 남겨 놓은 글을 꺼내 여러 사람들에게 보이니 모든 무리들이 감탄해 마지않았다.
그 글은 다음과 같았다.

'이제 들으매 원희와 원상이 요동으로 도망을 갔다 하오니, 승상
께서는 군사를 휘몰아 그들을 쫓지 마십시오. 공손강은 원씨가 저
희 땅을 삼킬까 두려워하던 터에 원가 형제가 찾아갔으니 반드시
의심을 품을 것입니다. 만약에 군사를 휘몰아 치면 반드시 힘을 합
해서 항거하여 쉽게 깨지지 못할 것이나, 만약 그대로 내버려 두면
공손강과 원씨가 반드시 서로 도모하려 할 것이니, 이는 실로 자연
스러운 형세입니다.'

9. 일거양득의 묘책

최소의 노력으로 최대의 효과를 얻는 것, 이것은 현대 경제학의 원칙이기도 하지만, 몇 가지의 목적을 동시에 달성하는 것, 즉 일석이조의 방법이야말로 권모술수가들이 노리는 것이다.

공동의 적으로 만들라

조나라의 간자(簡子)가 진(晋)나라의 성하(成何)와 섭다 두 대부를 보내어 위(衛)나라의 영공(靈公)과 전택이라는 곳에서 혈맹을 맺으려 할 때였다.

영공이 아직 짐승의 피를 입술에 바르며 맹세를 하기도 전에 성하와 섭다 두 대부가 영공의 손을 뿌리치고 잔을 굴려 버리는 무례를 벌했다. 영공이 크게 노하여 조왕(趙王)에게 항거하려고 하자 중신 왕손상(王孫商)이 영공을 만류했다.

"조나라와 싸우려면 먼저 모든 백성들로 하여금 조왕을 미워하는 마음을 가지게 해야 합니다."

"그럼 어떻게 해야겠소?"

영공이 묻자 왕손상이 대답했다.

"군후께서는 명령을 내리시되 다음과 같이 나라 안에 포고하여 주십시오. '며느리나 자매나 어린 처녀 등 여자가 있는 집은 그 중에서 한 사람은 조나라에 볼모로 가야 한다'라고, 그렇게 하면 백성들은 반드시 조나라를 원망하고 미워할 것입니다. 그때 조나라에 항거하는 것이 좋을 줄로 압니다."

영공이 승낙하자 즉시 포고령이 내려졌다. 3일 사이에 수많은 여자들이 소집되었다. 위나라 사람들은 모두 눈물을 흘리면서 비분강개했다. 영공이 대신들을 소집하고 상의했다.

"조나라가 이렇듯 무뢰하니 항거해도 좋겠소?"

"그렇습니다, 조나라를 응징해야 합니다!"

모든 대신들은 이구동성으로 찬성했다.

위나라가 이처럼 전쟁의 결의를 보이자, 간자는 이 소식을 듣고 일을 그르치게 한 섭다를 잡아 죽이고 위나라에 사죄했다. 성하는 연나라로 도망치고 말았다.

이 이야기를 듣고 공자의 제자인 자공(子貢)이 이렇게 논평한 바 있다.

"왕손상이 술수에 능한 사람이다. 백성들의 마음을 잘 이끌어 나라의 위기에 잘 대처했다. 한꺼번에 세 가지를 손에 넣은 셈이니 과연 술책의 명수로다."

전쟁을 피하고 백성들의 마음을 얻고 나라의 위신을 살린 것이다. 소국 위나라가 강국 조나라에 항거한다는 것은 마치 달걀로 바위를 치는 것과 같다. 그런데도 조왕을 원망하게 함으로써 전 백성을 총동원하려 한 왕손상의 계책은 뛰어난 것이다.

백성들로 하여금 공동의 적을 향해 적개심을 불러일으키게 하는 것은 현대 심리전에도 흔히 응용되는 수법이다.

상대를 지치게 하라

한(韓)나라가 위(魏)나라의 침공을 받고 한왕이 제나라에 구원을 청했을 때의 일이다.

제나라 왕 전후(田候)는 중신들을 모아놓고 대책을 논의했다.

"지금 한나라가 위급하니 이를 곧 구할 것인가, 아니면 어떻게 해야 할 것인지 의견을 말해 보시오."

전후가 묻자 장개라는 중신이 일어나 말했다.

"천천히 구하면 한나라는 군력이 달려 위나라에 항복하고 말 것입니다. 즉시 구하는 것이 상책입니다."

그러자 전신사(田臣思)가 이를 반대했다.

"그것은 안 될 말이오. 도대체 한, 위 양군이 지치기 전에 이를 구하러 나선다면 한나라 대신 우리가 위군의 공격을 받을 것입니다. 그러니까 은밀히 한나라와 친교를 맺는 한편, 한나라가 위나라와 싸워 지치는 틈을 보고 일격에 한, 위 양국을 들이친다면 쉽게 이길 수 있을 것입니다."

"과연 묘책이오."

전후는 듣고 나서 고객를 끄덕였다.

한편, 한나라는 제나라가 자기 편이라고 굳게 믿고는 다섯 번이나 크게 싸워 다섯 번을 패하자 제나라에 급히 구원을 청했다.

그제서야 제나라는 군사를 휘몰아 먼저 위나라부터 치고 한나라를 제압하니, 한, 위의 두 왕은 모두 제나라에 굴복하여 제왕에게 조공을 바쳤다.

이와 같이 적끼리 서로 싸우게 하여 어부지리(漁父之利)를 취하는 것은 전국시대의 대표적인 일석이조의 술책이었다.

서로의 이해관계를 이용하라

진(秦)나라가 위(衛)나라의 영토인 포(蒲)를 공격했다. 그러자 세객(說客)인 호연(胡衍)이 진나라의 장군 저리질을 찾아가서 말했다.

"진나라가 포를 공격하는 것은 진나라를 위한 것입니까, 아니면 위나라를 위한 것입니까? 만일 위나라를 위한 것이라면 좋습니다만, 진나라를 위한 것이라면 이롭지 못한 일입니다. 지금 위나라가 유지되고 있는 것은 포(蒲)가 있기 때문입니다. 그런데 포를 진나라에 빼앗기게 되면 위(衛)나라는 위(魏)에게 항복하게 되고, 그러면 위(魏)나라가 강하게 됩니다. 만일 위(魏)나라가 강하게 되는 날에는 진나라가 위태롭게 될 것입니다. 진왕께서 나중에 이를 알게 된다면 장군을 책망하게 될 것입니다."

"그러면 어떻게 하는 것이 좋겠소?"

저리질이 당황하여 묻자 호연이 대답했다.

"장군은 포를 공격하지 마십시오. 그리고 포의 성주에게 공격을 하지 않겠다는 뜻을 전하고, 위(衛)나라 왕에게도 그 뜻을 전하십시오."

"거참 좋은 생각이오."

저리질이 찬동하자 호연은 포로 가서 성주를 만나 말했다.

"지금 진나라 장군 저리질은 포를 치려고 하는데 제가 그것을 막아드리겠습니다."

포의 성주는 감격하여 호연에게 금 3백 일(鎰)을 사례로 주었다.

"만약 진군을 물리쳐 준다면 위왕(衛王)에게 당신을 후대하도록 하겠습니다."

이리하여 호연은 포로부터 금 3백 일을 받고 위왕의 후대를 받은 것은 물론 저리질에게서도 사례를 받았다.

호연은 진(秦)·위(衛)·위(魏) 3개국의 삼각 관계, 그리고 군주와 장군과의 사이에 맺어진 주종 관계의 모순을 이용하여 그야말로 일석사조의 이익을 본 것이다.

양면술책을 써라

위왕(魏王)이 조나라의 수도 한단을 칠 때 송나라에 출병해 줄 것을 요구했다. 분쟁에 가담하고 싶지 않은 송나라 왕은 사자를 보내 조나라 왕에게 말했다.

"지금 위나라 군사는 강하고 위세가 사해를 덮고 있습니다. 그런데 위나라가 우리나라에 출병을 요구하고 있으니, 우리가 그 요구에 응하지 않으면 가만 있지 않을 것입니다. 그렇다고 위나라를 도와서 귀국을 친다는 것은 우리의 원하는 바가 아닙니다. 장차 이 일을 어떻게 하면 좋을지 하교해 주십시오."

그러자 조왕은 감격해서 말했다.

"송나라가 위나라를 당할 수 없다는 건 나도 잘 알고 있소. 조나라가 위태로워지고 위나라가 강하게 되어서는 송나라에게도 불리할 것이오. 그렇다면 그대에게 어떤 묘책이 있소?"

"귀국의 국경에 있는 한 성(城)을 우리에게 잠시 맡겨 주시면, 우리가 공격하는 척하며 시일을 끌다 보면 위군도 지쳐서 물러갈 것입니다."

"그것 참 묘계요."

조왕은 흔쾌히 승낙했다. 그리하여 송나라는 군사를 이끌고 조나라의 국경을 침입, 한 성을 포위했다. 이 소식을 전해 들은 위왕은 크게 기뻐했다.

"음, 송나라가 군사를 보냈군."

한편 조왕도 역시 크게 기뻐했다.

"송나라 군사가 약속대로 왔군."

이리하여 싸움이 끝나고 위나라 군사가 물러가자, 결과적으로 송왕은 위왕에게도 은혜를 팔고, 조왕에게도 원한을 사지 않았다. 그래서 송왕의 명성은 크게 떨치고 더구나 큰 실리까지 얻었다.

싸움의 중간에 개입하여, 더구나 쌍방으로부터 어려운 조건을 요구당하여 그야말로 진퇴양난의 경우, 이 양면술책이야말로 유위전변(有爲轉變)하는, 다시 말해 끝없이 변천해 가는 인간사를 헤쳐 가는 묘책이 될 수도 있다.

스스로 무너지게 하라

춘추전국시대에 제나라의 경공(景公) 휘하에는 공손접(公孫接), 전개강(田開疆), 고야자(古冶子)라는 세 사람의 용사가 있었다. 그들은 저마다 용맹과 공훈을 내세워 횡포가 심했다.

재상으로 있는 안자(晏子)는 이 세 사람을 그대로 두었다가는 제나라를 위태롭게 할 것이라고 생각했다. 안영을 역사책에서는 안자라고 부른다. 그는 이 세 사람을 없애야 된다고 마음먹고 있었다.

그러던 어느날, 이웃 노나라의 소공(昭公)이 명재상으로 유명한 숙손약과 함께 찾아왔다. 경공은 이들을 맞아 문무 제관들을 모아놓고 환영연을 열었다. 물론 그 세 용사도 참석했다.

주연이 무르익어 가자 안자는 친히 쟁반 위에 여섯 개의 복숭아를 가져와서 바쳤다. 10년에 한 번 열린다는 신비한 복숭아였다. 경공과 소공은 각각 한 개씩 먹고는 그 감미를 절찬하며 안자와 숙손약에게도 한 개씩 하사했다. 안자는 경공에게 청하여 남은 두 개를 세 용사들에게 권하도록 했다.

경공이 세 용사들을 둘러보며 말했다.

"스스로 공적이 다른 사람보다 높다고 생각하는 사람은 이 복숭아를 먹으라."

복숭아는 두 개밖에 없었다. 그런데 순간 공손접과 전개강 두 사람이 먼저 썩 나서서 두 개 남은 복숭아를 하나씩 먹어 버렸다.

복숭아의 맛을 보지 못한 고야자는 화가 머리 끝까지 나서 군신들 앞에서 자기의 공을 낱낱이 들어 말하며 두 사람의 염치없음을 성

토했다. 이에 공손접과 전개강 두 사람은 고야자의 공로가 자기들보다 높은 것을 부끄럽게 여겨 칼을 빼어 자살하고 말았다.

뒤늦게 고야자도 두 사람의 의형제가 자기 때문에 자살한 것을 보고, 자기 혼자 살아 있는 것은 불의라 하여 스스로 목숨을 끊고 말았다. 이리하여 세 사람 모두 안자의 계책에 의하여 힘들이지 않고 제거할 수 있었다. 이것이 저 유명한 '이도살삼사(二桃殺三士)'라는 성어의 고사다.

세 사람의 용사가 하찮은 복숭아를 놓고 다투다가 목숨까지 끊는다는 것은 참으로 어처구니 없는 일이다. 그러나 사람들은 누구나 이러한 약점을 가지고 있다. 그것을 교묘하게 이용하는 것이 바로 권모술수의 요체라고 할 수 있다.

칭찬과 질투심을 함께 이용하라

장의(張儀)가 초나라에서 아직 때를 만나지 못하고 궁핍했을 때의 일이다. 그 무렵 후비(后妃) 남후와 정유가 왕의 총애를 받고 있었다. 장의는 초왕을 알현하기는 했으나 왕은 그를 환대하지 않았다.

장의는 마침내 한 가지 꾀를 내서 말했다.

"소인이 북쪽의 위왕을 만나뵈러 떠날까 하는데, 소인에게 전하실 말씀이라도 없습니까?"

"뭐, 별로 없소."

"그러시다면 소인에게 무슨 다른 부탁은 없습니까?"

"황금도 주옥도 상아도 이 초나라에는 무엇이든지 다 있소. 과인은 위왕에게나 그대에게나 아무것도 부탁할 게 없소."

"그럼 대왕께서는 여색마저도 싫으신 모양입니다."

"그게 무슨 뜻이오?"

"위나라 중원에는 미인이 많기로 유명하지요. 그들이 화장을 곱게 하고 거리에 나서면 그야말로 선녀같이 아름답지요."

이 말에 초왕은 눈을 빛내며 물었다.

"초나라는 변두리의 궁벽한 나라가 아닌가. 과인은 아직 그렇게 아름다운 중원의 여자를 본 적이 없네. 과인이라고 해서 여색이 싫다는 법은 없지 않겠소?"

초왕은 두둑한 은자를 내주면서 중원의 미인을 구해오라고 했다.

남후와 정유는 이 말을 전해 듣고 크게 당황했다. 만일 그렇게 되면 자기들은 왕의 총애를 빼앗길 것이 틀림없었다. 안달이 난 남후가 먼저 사람을 시켜 장의에게 말했다.

"선생께서 위나라로 가신다고 들었습니다. 마침 황금이 천근 있으니 이를 노자에 보태 쓰세요."

정유도 역시 황금 5백근을 보내왔다.

두 후비로부터 황금 1천 5백 근을 거뜬히 거둬들인 장의는 떠나기에 앞서 초왕에게 작별인사를 하며 말했다.

"이 난세에는 왕래하기가 어려워 언제 다시 뵙게 될지 모르겠습니다. 원컨대 대왕께서 내리시는 하사주를 받고 싶습니다."

초왕은 이별을 아껴 장의에게 술을 내리며 위로했다.

"먼길을 무사히 다녀오기 바라오."

이윽고 장의는 왕에게 재배를 올리면서 간청했다.

"이곳에 외인은 없으니 아무쪼록 대왕께서 총애하시는 분도 함께 모셨으면 그만한 영광이 없겠습니다."

초왕도 거나한 기분에 남후와 정유를 불러서 잔을 권했다. 그러자 다음 순간 장의는 다시 재배를 올리면서 말했다.

"소인이 대왕께 죽을 죄를 졌습니다."

"아니, 갑자기 그게 무슨 말이오?"

장의가 짐짓 깊이 머리를 조아리며 대답했다.

"소인이 천하를 두루 돌아보았습니다만 이처럼 아름다운 미인들을 본 적이 없습니다. 그런데 소인이 미인을 찾아드리겠다고 했으니, 이는 대왕을 속인 것이나 다름없습니다."

초왕은 자기가 총애하는 후비들을 칭찬하는 말을 듣자 은근히 기분이 좋아서 말했다.

"허허허…. 염려 마오. 나는 애당초 천하에 이 두 미인만한 사람이 없다고 생각하고 있었소."

이렇게 해서 장의는 결국 초왕과 남후, 정유로부터 거금을 손에 쥐었음은 물론, 그들의 환심을 사서 궁중에 출입할 수 있게 되었다.

초왕의 잠재되어 있던 욕망을 자극함으로써 장의의 계책은 정통으로 적중했다. 초왕이 미녀를 바라는 심리와 후비가 미녀를 시기하는 심리를 이용하여 장의는 거금을 손에 쥐었고 그들의 환심까지 사게 되었으니 이 얼마나 절묘한 방법인가.

기회는 나누어라

제나라의 관중(管仲)과 포숙아(鮑叔牙)는 변함없는 우정의 상징인 관포지교(管鮑之交)라는 말이 생겨날 정도로 절친한 사이였다. 그들은 제왕 양공(襄公)의 난행에 혐오를 느껴, 서로 목숨을 나누는 '문경지의(刎頸之義)'를 맺고 이렇게 약속했다.

"양공의 난행이 갈수록 심하니 이대로 가면 틀림없이 변란이 일어날 것이오. 이제 가만히 살펴보건대 제나라의 공자들 중에서 다음 왕이 될 만한 사람은 공자 규(糾)와 소백(小白) 두 사람뿐이오. 우리들은 헤어져서 각자 한 사람씩 섬기기로 합시다. 그리하여 우리 둘 중에서 먼저 성공한 사람이 다른 한 사람을 돕기로 합시다."

이리하여 본격적인 권력 쟁투를 벌인 결과, 소백이 먼저 제나라의 수도로 쳐들어가 경공을 몰아내고 즉위하여 환공(桓公)이 되었다. 환공은 즉위하자 경쟁자였던 공자 규를 도운 관중을 죽이려고 했다. 그러자 포숙아가 나서서 말했다.

"대왕께서는 제나라 하나만을 통치하려면 소신만으로 족할지도 모릅니다. 그러나 만일 천하의 패자가 되려고 하신다면, 오히려 관중을 회유하여 크게 쓰시는 것이 좋을 것입니다. 관중은 뛰어난 인물입니다. 그를 받아들임으로써 천하의 인심을 얻고 나라를 부강하게 할 것입니다. 관중을 잃어서는 아니 됩니다."

환공이 그의 말에 따라 관중을 재상으로 삼은 후 제나라는 크게 떨쳐 환공은 천하의 패자가 되었다.

두 세력이 패권을 다투고 있을 때 관중과 포숙아의 약속은 모범

답안이 될 수 있다. 방관적인 태도를 취하고 있다가 막상 대세가 결정되고 난 뒤에 허둥지둥 우세한 쪽에 뛰어드는 기회주의자에 비하면, 관중과 포숙아의 술책은 확실히 한 수 위인 셈이다.

기회주의 계책

한(韓)나라의 공자 서가 왕위에 올랐으나 그 지위는 아직 안정되지 않았을 때의 일이다.

그때 서의 동생은 주나라에 있었는데, 주왕은 전거(戰車) 백 대로 위의(威儀)를 갖춰 보내고 싶었으나, 한나라에는 이미 왕이 있는지라 동생을 새삼스럽게 왕으로 세우지 않을지도 몰라 주저하고 있었다.

이때 주나라의 대신 기모회(基母恢)가 나서서 진언했다.

"황금 백 근을 함께 실려 보내는 것이 좋을 듯합니다. 한나라에서 동생을 왕으로 세우는 경우에는 경호의 비용으로 충당하게 되어 은혜를 베푸는 것이 되고, 그렇지 않을 경우에는 '반적(反賊)을 인도합니다'라고 말하게 하면 한왕의 환심을 사게 되니, 어느 쪽도 실수가 없을 것입니다."

이야말로 두 가지를 다 취할 수 있는 계책이다. 적의 입장에서는 애매한 수단이지만, 애매하기 때문에 이쪽으로서는 오히려 유리한 것이다.

왕의 측근 자리를 택하라

진나라의 무왕이 어느날 감무에게 말했다.

"시종장이든 외무대신이든 그대가 원하는 자리를 택하도록 하라."

무왕의 말을 전해들은 맹묘가 감무에게 말했다.

"그것은 시종장이 되는 것이 좋습니다. 귀공의 장기는 외교이기 때문에 비록 시종장이 되더라도 왕은 역시 외교 일을 귀공에게 맡길 것입니다. 시종장에 임명되어, 외무대신의 일도 맡는다고 한다면 일인이역을 겸하게 되니, 따라서 귀공의 세력도 더욱 커지게 될 것입니다."

양자택일을 요구당했을 때 자신의 장기인 전문직을 피하고 왕의 측근이 되는 것이 바로 꿩 먹고 알 먹는 격이 되는 것이다.

10. 인간 심성을 이용하라

사람은 누구나 희로애락공(喜怒哀樂恐) – 기쁘고 노하고 슬프고 즐겁고 두려운 다섯 가지 정을 가지고 있다. 이러한 다섯 가지 기본 감정의 온갖 명암을 이용 또 역이용하여 상대로 하여금 이성을 잃게 하거나 심리의 균형을 깨뜨려 그 허(虛)를 찔러라.

미인계로 이간시켜라

한(漢) 왕조 말, 황건적의 난이 가라앉자 천하는 다시 어지러워지고 군웅이 할거했다. 이때 한나라 조정은 권신 동탁(董卓)이 수도 낙양을 불태우고 서안으로 천도하여 권세를 마구 휘둘렀다.

한 왕실의 사도(司徒) 왕윤(王允)은 동탁을 제거하기 위해 음모를 꾸몄다. 그런데 동탁을 죽이려면 항상 그를 그림자처럼 수행하는 심복 맹장 여포(呂布)가 문제였다.

그래서 왕윤은 친딸처럼 귀여워하는 초선으로 하여금 동탁과 여포와의 사이를 이간시키는 책모를 쓰기로 했다.

왕윤은 먼저 여포를 자기 집으로 초청하여 초선을 여포에게 주겠다고 약속했다. 이 말을 듣고 여포는 감격하여 어쩔 줄을 몰랐다.

인간관계와 권모술수

다음날 왕윤은 이번에는 동탁을 청하여 역시 주연을 베풀고 동탁을 유혹했다. 동탁도 초선의 미모에 반한 것을 눈치 챈 왕윤은 즉시 초선을 동탁의 부중(府中)으로 보내 버렸다.

이를 본 여포가 왕윤에게 따졌다.

"초선을 내게 주겠다고 약속해 놓고 동태사(동탁)에게 들여보내다니 나를 희롱하는 거요?"

왕윤은 시치미를 떼고 말했다.

"어제 동태사께서 초선을 한번 보시고는 '오늘은 길일이니 내가 이 낭자를 여포에게 데려다 주겠소'라고 하시기에 초선을 보낸 것뿐입니다."

여포는 자기의 성급함을 사과하며 속으로 은근히 기뻐했다. 그런데 돌아와 보니 아무래도 이상했다. 동탁이 초선을 자기에게 줄 것 같지 않았다.

한편 동탁은 동탁대로 여포가 초선을 보는 눈길이 이상하다고 여겨 내심 괘씸하게 생각하고 있었다.

그후 초선은 동탁에게는 여포가 항상 자기를 유혹하려 한다고 앙탈을 부리고, 반대로 여포에게는 동탁이 자기를 놓아주지 않는다고 눈물을 흘리면서 호소했다.

어느날 여포가 봉의정(鳳儀亭)에서 초선과 밀회를 하고 있는 것을 보고 동탁이 노하여 여포에게 창을 던졌다. 그 후로 두 사람 사이에는 갈등과 반목이 생기게 되었다.

동탁의 심복인 이유(李儒)는 이를 보고 초선을 여포에게 양보하도록 권했으나 동탁은 대로하여 소리쳤다.

"그렇다면 자네의 처를 여포에게 주게나. 앞으로 초선의 일에는 아예 참견을 말라."

그 뒤 동탁은 아무도 모르게 초선을 비오라는 곳에다 옮겨 놓았다.

왕윤은 실의에 빠져 있는 여포를 불러 주연을 베풀고 그를 위로했다.

"동태사께서 장군에게 드린 나의 딸을 빼앗다니 이렇게 무도한 일이 어디 있단 말이오. 나는 이제 너무 늙었고 힘도 없는 사람이지만, 그대는 당세의 영웅이니 이 수모를 어떻게 견디겠소?"

왕윤이 은근히 여포를 격동시켰다.

"대장부로 태어나서 어찌 이런 치욕을 참으며 또한 언제까지나 남의 밑에만 있으란 법은 없지요!"

여포가 술김에 분노를 참지 못하고 속마음을 털어놓자 왕윤은 그제야 동탁의 암살 음모를 비치었다. 여포는 노한 김에 분연히 그 음모에 가담하기로 맹세했다.

그리하여 왕윤은 천자가 제위(帝位)를 물려준다고 속여 동탁을 황궁으로 들게 했다. 이를 모르는 동탁이 대궐로 들어가자 여포가 내달아 동탁을 죽이고 말았다.

상대의 마음을 읽어라

제나라 대장 전기(田忌)와 위(魏)나라 대장 방연(龐涓)이 마릉 땅에서 싸울 때였다. 제나라 대장 전기의 군사(軍師)인 손빈은 마릉길

중에서도 가장 험준한 곳을 골라 군사들을 시켜 큰 나무 하나만을 남겨두고, 나머지 나무들은 모조리 베어 버리게 했다. 그리고는 군사들에게 명령을 내렸다.

"베어 버린 나무를 모아다가 위나라 군사들이 지나가지 못하도록 길을 막아라."

손빈이 다시 군사들에게 명령했다.

"저 하나 남은 나무의 가지들을 다 쳐 버리고 껍질을 벗겨라."

이윽고 껍질이 다 벗겨지자 손빈은 천천히 붓을 들어 허옇게 드러난 그 나무에다 여섯 글자를 썼다.

龐涓死此樹下(방연사차수하) - 방연은 이 나무 아래서 죽는다.

이어서 손빈은 수하의 두 장수에게 말했다.

"오늘 저녁 무렵이면 위나라 군사들이 마릉 땅에 당도할 것이다. 그대들은 각기 궁노수 5천 명씩 거느리고 길 좌우편에 매복하고 있다가, 저 껍질을 벗긴 나무 밑에서 불빛이 일어나거든 그 불빛을 향해 일제히 활을 쏘아라."

한편 위나라 대장 방연이 군사를 거느리고 마릉 길에 당도했을 때는 이미 날이 저물어 사방이 어두웠다. 더구나 이 날은 10월 하순이어서 달도 없었다.

이때 앞서 가던 군사가 돌아와서 방연에게 고했다.

"많은 나무들을 베어서 길을 막아 놓았기 때문에 더 나아가기가 어렵습니다."

방연이 그 군사를 꾸짖었다.

"제나라 군사들이 우리 군사를 두려워해서 길을 막아놓고 달아난 것이다. 나무를 치워 버리면 될 것인데 그까짓 것이 무슨 큰일이라고 이렇듯 수선을 떠느냐!"

방연은 나무 치우는 일을 직접 지휘하기 위해 선두로 나갔다. 그가 선두로 나가다 보니 바로 앞에 한 그루 허연 나무가 서 있었다. 껍질을 벗긴 나무였다. 방연이 자세히 보니 그 나무에 글씨가 쓰여 있는데 워낙 어두워서 잘 알아볼 수가 없었다.

방연이 군졸들에게 분부했다.

"횃불을 켜라. 도대체 뭐라고 썼는지 좀 보자."

이에 곁에 섰던 군졸이 횃불을 켰다. 횃불로 그 글씨를 비쳐 본 순간 방연은 대경실색했다.

"내가 손빈 놈의 계책에 빠졌구나!"

방연은 군사들을 둘러보고 황급히 외쳤다.

"즉시 후퇴하라!"

방연의 외치는 소리가 끝나기도 전이었다. 길 양쪽으로 매복하고 있던 제나라 궁노수들이 일제히 그 횃불을 향해 활을 쏘았다. 1만 궁노수가 쏘는 화살은 사뭇 비오듯 했다.

이에 무수한 화살을 맞고 쓰러진 방연은 자신의 최후를 직감했다. 그는 차고 있던 칼을 뽑아 자기 목을 찌르고 자결했다. 대장을 잃은 위나라 군사는 참패를 당하고 말았다.

알고도 빠지는 미인계

오나라와 월나라 두 나라 사이에는 항상 싸움이 그칠 날이 없었다. 기원전 496년 오왕 합려(闔閭)가 월왕 구천(勾踐)에게 패하여 죽었다. 그 3년 후 오왕의 아들 부차(夫差)는 회계산에서 다시 구천을 대파하여 아버지의 원수를 갚았다.

오왕에게 항복한 구천은 오왕의 신하가 되어 와신상담하면서 복수의 기회를 노렸다. 그는 오왕 부차가 호색한임을 이용하여 오나라를 혼란케 하기 위한 일곱 가지 계책을 세웠다.

그 한 가지로서 구천의 신하인 문종과 범려가 짜낸 것이 미인계였다. 이 미인계에 뽑힌 것이 유명한 서시(西施)라는 미녀였다. 서시는 월나라의 시골 처녀로, 구천으로부터 예의범절을 배운 후 오왕 부차에게 헌상되었다.

과연 부차는 서시에게 빠져 나라 일을 소홀히 하게 되고, 마침내는 허영심을 만족시키기 위해 대군을 이끌고 황지(黃池)에서 제후들과 천하의 패권을 다투기에 이른다.

구천은 부차가 도성을 비운 틈을 타서 오나라의 수도를 급습하여 부차를 자살하게 만들고 오나라를 멸망시켰다.

중국에서는 미녀를 두고 하는 말에 경국지색(傾國之色) 또는 경성지색(傾城之色)이라는 말이 있다.

'한서(漢書)'에 '북방에 절세의 가인(佳人)이 있어, 한번 돌아보면 성(城)을 기울게 하고, 두 번 돌아보면 나라를 망하게 한다. 비록 성을 기울게 하고 나라를 망하게 한다 하더라도 가인은 다시 얻기 어렵느니라'는 시구(詩句)에서 비롯된 말이다.

여자에게 약한 남자

진(秦)나라는 초나라의 금중 땅을 얻기 위해 무관(武關)의 요새에서 동쪽에 있는 진나라의 영토와 교환하자는 조건을 내놓았다. 이에 대해 초나라의 회왕(懷王)이 대답했다.

"영토 교환은 원치 않으나 책사 장의(張儀)를 내놓는다면 금중의 땅을 드리겠소."

진왕은 내심 장의를 내주고 싶었으나 차마 입 밖에 내어 말할 수가 없었다. 초왕이 장의를 넘겨받아 죽이려는 것을 알고 있기 때문이었다.

장의는 왕의 심중을 알아채고 스스로 초나라로 가겠다고 했다.

진왕이 말했다.

"초왕은 그대가 상(商)과 어(於)의 영토 문제로 배신한 것에 앙심을 품고 그대에게 보복하려 할 것이오."

이에 장의가 대답했다.

"진나라는 강하고 초나라는 약합니다. 저는 초나라의 근신(近臣) 근상이라는 자와 친한 사이인데, 그는 초왕의 총비 정유를 모시고 있는 사람입니다. 정유의 말이라면 초왕은 따를 것입니다. 더구나 저는 대왕의 사자로 초나라로 가는 것이니, 어찌 함부로 저를 죽이겠습니까. 비록 제가 죽게 된다고 하더라도 진나라가 금중의 땅을 얻을 수만 있다면, 그것은 저의 더없는 기쁨이니 괘념치 마소서."

이리하여 장의는 초나라에 사절로 가게 되었다.

초왕은 장의가 도착하자, 아니나 다를까 그를 감옥에 가두어 죽이려고 했다. 근상이 이를 알고 정유에게 말했다.

"정비(鄭妃)께서 이제 곧 신분이 낮아지고 왕의 총애를 잃게 될 것을 알고 계십니까?"

정유가 깜작 놀라며 물었다.

"그게 무슨 말씀입니까?"

"진왕은 장의를 몹시 총애하기 때문에 기필코 그를 석방시키기 위해 상용(上庸) 지방의 여섯 개 고을과 함께 아름다운 왕녀를 보내어 초왕과 혼인을 시키려 할 것입니다. 대왕께서는 영토를 탐하여 그에 따를 것이며, 진나라를 후대하게 될 것입니다. 그렇게 되면 진나라의 왕녀는 반드시 높은 왕비의 자리를 누리게 될 것이고, 그에 따라 정비께서는 냉대를 받게 될 것입니다. 장의를 서둘러 감옥에서 풀어주게 하는 것이 상책입니다."

이 말을 들은 애첩 정유는 주야로 초왕을 설득하였다.

"남의 신하가 된 자는 누구나 그 주군을 위해 일하는 게 도리가 아닙니까. 우리에게 주기로 약속된 땅은 아직도 진나라에서 주지 않고 있습니다. 만약 대왕께서 아직 약속의 예를 다하기도 전에 장의를 죽인다면, 진나라는 반드시 노하여 초나라를 치려 할 것입니다. 대왕께서 저의 말을 듣지 않으시려거든 우리 모자(母子)를 양자강의 남쪽으로 옮겨 주십시오. 그래야 진나라군의 앙화를 면할 것입니다."

초왕은 이 말을 듣고 깊이 깨달은 듯 장의를 용서하고 전과 같이 후한 대접을 했다.

이 이야기는 오왕 부차가 사랑의 포로가 되어 간계에 속은 경우와는 달리, 여자에 약한 점을 노려서 목적을 달성한 경우다.

속일 때는 완벽하게 속여라

진(晉)나라 경공(景公) 때의 일이다.

경공은 날마다 여색과 술과 사냥질로 세월을 보내고 나라의 정사를 모두 권신 도안가(屠岸賈)에게 맡기고 있었다. 이에 도안가는 라이벌인 조씨(趙氏) 일문을 제거하기 위해 경공에게 참소하여 마침내 그 일족을 모조리 도륙했다.

그런데 다만 조삭(趙朔)의 아내 장희(莊姬)만은 전 임금의 딸로서 경공의 고모였기 때문에 궁중으로 몸을 피하여 그 어머니의 보호를 받아 목숨을 구할 수 있었다. 그때 장희는 임신 중이었다.

이를 알게 된 도안가는 즉시 궁으로 가서 경공에게 말했다.

"공주는 태중이라는데, 만일 사내아이를 낳으면 역적의 씨를 남기게 됩니다. 다음 날 장성하면 반드시 원수를 갚으려 할 것이니, 미리 화근을 뿌리뽑아야 할 것입니다."

경공은 미소를 지으며,

"남자애를 낳으면 그때에 없애버리기로 하자."

하고 가볍게 대답했다.

그 뒤로 도안가는 장희가 해산했다는 말을 듣고 여복(女僕)들을 거느리고 들어가서 무엄하게도 내궁을 수색하기까지 했으나 장희가 갓난애를 치마폭 속에 감추어 위기를 모면했다.

도안가는 내궁의 감시를 더욱 강화하는 한편, 갓난애가 이미 궁 밖으로 나갔을지도 모른다는 생각에 천금(千金)의 상을 걸고 아기를 찾게 했다.

이때 조씨 가문의 문객으로 있으면서 많은 신세를 진 저구(杵臼)와 정영이란 사람이 있었다. 정영이 저구를 찾아가 말했다.

"간신 도안가 놈이 내궁에 들어갔으나 아기를 찾아내지 못했다니 참으로 다행이오. 그러나 도안가를 속일 수 있는 것도 일시적이오. 그러니 아기를 내궁에서 모셔내어 먼 곳으로 데리고 가서 길러야겠소. 이것이 우리가 해야 할 일이오."

저구는 한참 동안 무언가 골똘히 생각하더니 이윽고 입을 열었다.

"아기를 잘 길러 원수를 갚게 하는 일과 우리가 죽는 것 중에서 어느 쪽이 더 어렵겠소?"

"그야 우리가 죽는 게 쉬운 일이지요. 아기를 길러 소원을 성취하는 일이 더 어렵지 않겠습니까?"

저구가 정영 앞으로 다가앉으며 말했다.

"미안하지만 그대는 어려운 일을 맡아 주오, 나는 쉬운 일을 하겠소."

정영이 당황하며 물었다.

"그게 무슨 말씀이오?"

"나는 지금부터 갓난아기를 하나 구해보겠소. 그래서 다른 아기를 조삭의 아들인 것처럼 꾸며 가지고 나는 수양산으로 가서 숨겠소. 그러거든 그대는 도안가에게 가서 나를 밀고하시오. 도안가는 반드시 가짜 아기를 죽이고는 안심할 것이고, 그러면 내궁에 대한 감시도 풀릴 터이니, 그때 아기를 모셔 내오도록 하시오. 그래야만 그대도 마음 놓고 진짜 아기를 기를 수 있을 것이오."

정영이 반색을 하며 말했다.

"그것 참 좋은 계책이오. 마침 내 아내가 이번에 사내아이를 낳았소. 공주마마의 아기씨와 태어난 날이 며칠 차이밖에 안 되오. 그러니 내 아들을 데리고 가시오. 그런데 그대는 아기를 감춰 두었다는 죄목으로 틀림없이 죽임을 당할 것인데, 이 일을 어찌하면 좋겠소."

저구가 말했다.

"쉬운 일을 내가 하기로 했으니 오히려 내가 미안할 뿐이오."

이리하여 가짜 아기와 저구를 죽인 도안가는 안심하고 내궁에 대한 감시를 풀었고, 정영은 진짜 아기를 모셔 내오는 데 성공했다.

원수를 은혜로 갚아라

삼국시대 때 오나라의 손권이 위나라의 조조와 싸울 때였다. 손권의 휘하에 감녕과 능통이라는 두 맹장이 있었는데, 두 사람 사이가 아주 나빴다. 감녕이 손권에게 항복하기 전에 능통의 아버지를 전장에서 죽인 일이 있기 때문이었다.

이윽고 싸움이 벌어지자 능통이 말을 달리며 칼을 들고 나가니, 조조 진영에서 악진이라는 장수가 마주 달려나왔다. 두 장수가 어울려 싸우기 5십 합에 이르렀지만 도무지 승부가 나지 않았다.

이때 조조가 활을 잘 쏘는 조휴(曹休)를 불러,

"네가 숨어서 적장을 활로 쏘아 죽여라."

하고 명령했다.

조휴는 가만히 몸을 숨기고 활을 힘껏 당겨 쏘았다. 화살이 날아가 능통을 바로 맞추었다. 그 순간 말안장에 능통이 털썩 엎어지자 말은 놀란 듯 꼿꼿이 일어섰고, 능통은 땅 위로 굴러 떨어졌다.

이 기회를 놓치지 않고 악진이 재빨리 창을 고쳐 쥐고 능통을 찌르려 할 때였다. 활시울 소리가 또 한번 크게 울리며 화살은 정면으로 악진을 맞추었고, 악진은 폭풍에 가을 낙엽 떨어지듯 몸을 뒤집으며 말에서 떨어졌다.

그러자 양편 군사가 일제히 쫓아나가 각기 자기편의 장수를 구하여 진영으로 돌아왔다. 양군은 징을 요란히 울려 싸움을 중단했다.

능통이 진중으로 돌아와 손권에게 사죄했다.

"적장을 죽이지 못했으니 면목이 없습니다."

손권이 물었다.

"활을 쏘아 그대를 구한 사람이 누군지 아시오?"

능통이 머뭇거리며 대답했다.

"그가 누구입니까?"

"그는 다른 사람이 아니고 바로 감녕이오."

"…."

능통이 감녕에게 머리 숙여 절하며,

"공이 이같이 은혜를 베풀 줄이야 생각도 못했소."

하고 감격해서 말했다.

그 후로부터 능통은 감녕과 생사지교(生死之交)를 맺고 다시는 서로 미워함이 없었다.

논리보다 감정으로 제압하라

위(魏)나라의 대화(大和) 원년이라고 하면 서기 227년이다. 위나라 황제는 제갈공명이 기산(祁山)으로 진출했다는 소식을 듣고 크게 놀라 조진(曹眞)을 대도독으로, 왕랑(王郞)을 군사령으로 하여 이를 막게 했다.

조진은 군사를 이끌고 출병하여 기산의 정면에서 촉군의 제갈공명과 대진했다. 여기서 중국 고대의 싸움에서 흔히 볼 수 있는 '욕싸움'이 시작되었다.

먼저 왕랑이 말을 타고 진열 앞으로 나가며,

"제갈량, 그대는 천명을 분별하고 천시를 잘 아는 자가 아니냐. 그런데 어찌하여 무모한 싸움을 벌여 죄없는 백성들을 괴롭히느냐. 애당초 천명에는 변화가 있게 마련이다. 제위(帝位)가 바뀌어 덕이 있는 자에게 돌아가는 것이 자연의 순리가 아니더냐?"

하고 조조의 공덕을 찬양하면서,

"하늘의 뜻을 따르는 자(順天者-순천자)는 살고, 하늘의 뜻을 거역하는 자(逆天者-역천자)는 망하리라."

하고 외치며 항복하기를 권했다.

이 말을 들은 촉나라 군사들은 모두 그 말이 그럴듯하다는 듯이 고개를 끄덕이고 있는데도 제갈공명은 입을 다물고 아무 말이 없었다. 그때 제갈공명을 수행하여 진중에 있던 참모 마속(馬謖)이 제갈공명에게로 다가가 속삭였다.

"옛날에 계포(季布)가 한(漢) 고조를 욕하며 적진을 돌파한 일이 있었습니다. 왕랑은 지금 그 계책을 쓰고 있는 것입니다."

이윽고 제갈공명이 사륜거 위에서 큰소리로 왕랑을 꾸짖었다.

"그대는 한조(漢朝)의 원로로서 필경 고담(高談)이 있을 줄로 생각했는데, 어찌 그 따위 망언을 뇌까리는가? 내가 이번에 군명(君命)을 받들고 대의(大義)에 의해서 역적을 치려 하거늘, 그대가 망녕되게 진열 앞에 나와서 함부로 천명을 입에 올리다니, 대대로 한나라의 녹을 먹은 너의 조상들이 지하에서 통곡을 하겠구나. 이 머리털 허연 늙은 역적놈아. 하늘이 무섭고 조상 보기에 부끄럽거든 이 자리에서 썩 물러가라!"

이 말을 듣자 왕랑은 분을 참지 못하고 가쁜 숨을 몰아쉬다가 그만 말에서 굴러 떨어져 죽고 말았다. 후세 사람들이 이때의 일을 찬탄한 시를 남겼다.

병마가 서진(西秦)으로 나가자
웅재(雄才)는 만인의 적을 대하여
오직 세 치의 설변(舌辯)을 떨쳐

늙은 간신을 매도하여 죽였도다

왕랑은 논리와 이치를 설파하여 듣는 사람으로 하여금 고개를 끄떡이게 했다. 그러나 제갈공명은 감정에 호소했다. 그리하여 왕랑의 고담탁설은 무색해지고 왕랑은 그만 분통이 터져 죽은 것이다.

칭찬은 아첨보다 강하다

어떤 관리가 15일을 기한으로 성(城)을 축조하라는 명령을 받았는데 그만 이틀이 늦었다. 이를 감독하는 단교(段喬)라는 장수가 그죄를 물어 관리를 하옥시키고 목을 베려 했다.

감옥에 갇힌 관리의 아들이 이 일을 전해 듣고 허둥지둥 자고라는 장수에게 찾아가 빌었다.

"장군님만이 제 아비의 목숨을 구할 수 있습니다. 제발 저의 아버지를 살려 주십시오."

"음, 알았으니 돌아가라."

관리의 아들이 돌아가자 자고는 즉시 단교를 찾아가 그와 함께 성벽의 여기저기를 둘러보며 말했다.

"오, 참으로 훌륭한 성입니다. 이것은 참으로 대단한 공로라, 장군에게는 틀림없이 나라에서 큰 상을 내릴 것이오. 그런데 이렇게 큰공을 세우고도 그동안 단 한 사람의 희생자도 없었다는 것은 더욱놀라운 일로서, 이는 전무후무한 일이오."

자고가 돌아가자 단교는 바로 하옥시킨 관리를 석방했다.

칭찬 받고 기뻐하지 않을 사람은 드물다. 아첨인 줄 알면서도 역시 기분이 나쁘지 않은 것이 인지상정이다.

앞의 자고도 단교를 칭찬해 주어 한껏 기분을 좋게 해 준 다음, 희생자가 없었음을 슬쩍 추켜 주니 단교는 서둘러 관리를 석방시켜 준 것이다.

손자는 '노엽게 만들면 일을 그르친다. 자기를 낮추어 상대를 오만하게 만들라'고 했다.

상대를 화나게 하라

유비가 면죽성에 입성하여 이제 오직 하나 남은 성도(成都)를 칠 의논을 할 때였다. 갑자기 유성마가 달려와 급보를 올렸다. 천하의 맹장 마초(馬超)가 한중 장로의 군사를 빌려 쳐들어오고 있으니, 구원이 없으면 막아내기 어렵다는 것이었다.

난데없는 마초의 출현에 유비는 크게 당황했다. 상대는 천하에 당할 자가 없는 맹장이다. 공명은 한참을 골똘히 생각하다가,

"아무래도 장비나 조운 두 장군이라야 대적할 수 있을 것으로 봅니다."

하니 유비가 서둘렀다.

"조운은 나가 있으니 할 수 없거니와, 장비는 마침 여기 있으니 곧 그리로 돌립시다."

그러자 공명이 조용히 말했다.

"주공께서는 잠자코 계시고 제가 장 장군을 격동시킬까 합니다."

이윽고 장비가 마초가 쳐들어왔다는 소식을 듣고 황황히 들어오며 큰소리로 외쳤다.

"마초 놈이 왔다지요! 내 나가서 그놈을 사로잡아 오겠소."

그러나 공명은 들은 척도 않으며 유비를 바라보고 말했다.

"천하의 맹장 마초가 쳐들어오니, 아무도 막아 낼 사람이 없을 것 같습니다. 아무래도 형주로 사람을 급히 보내어 관운장(關雲長)을 모셔와야겠습니다."

장비가 얼굴에 핏줄을 세우며 말했다.

"아니, 군사(軍師)는 어찌 나를 이렇게 얕볼 수 있단 말이오?"

"그 무슨 말이오?"

"내 지난날 장판파(長坂坡) 싸움에서 조조의 백만 대군을 혼자서 막았거늘, 어찌 마초 하나를 이기지 못하겠소.?"

"그야 그때의 일이 아니겠소. 아제 마초의 영용함은 천하가 다 아는 바요, 위교(渭橋) 싸움에서 조조로 하여금 수염을 깎게 했고, 포의(袍衣)를 버리게 한 것도 마초가 아니었소. 아마 관운장이 온대도 이기기가 어려울 것이오."

장비는 소리를 높여,

"저엉 그러시다면 군령장을 써 놓고라도 그놈을 치겠소."

하며 다가들었다. 그제서야 공명은 못 이긴 척 유비에게 말했다.

"장 장군이 저렇듯 말하니, 군령장을 받고 선봉을 서게 하시지요."

공명은 이렇게 장비를 격동시킴으로써 그로 하여금 전의(戰意)를 불태우게 하여 싸움에 이기도록 했다.

상상을 초월하라

오나라와 월나라의 싸움에서 크게 패하여 항복한 월왕 구천(句踐)이 오나라에서 포로생활을 하고 있을 때였다.

오왕 부차(夫差)가 오래도록 병석에 누워 있다는 소문을 들은 월왕 구천은 오나라 권신(權臣) 백비의 주선으로 오왕을 알현해 머리를 조아리며 아뢰었다.

"신이 대왕의 용안을 우러러 뵙고자 청한 것은 다름이 아니옵니다. 지난날 신이 한 신의(神醫)로부터 약간의 의술을 배운 적이 있사온데, 병자의 대변을 보면 대강 그 병세를 짐작할 수 있습니다."

오왕 부차가 반색을 하며 말했다.

"으음, 그래? 그것 마침 잘 됐구나. 그럼 어디 과인의 대변을 한번 보아 다오."

오왕 부차가 뒤를 다 보고 나서 변통을 내주자, 월왕 구천은 뚜껑을 열고 손을 넣어 똥을 움켜냈다. 그리고는 공손히 꿇어앉아 그 똥을 유심히 한번 살펴보고는 입에 넣어 맛을 보았다. 이 광경을 보고 좌우 사람들은 다 코를 움켜쥐고 외면을 했다.

이윽고 월왕 구천이 꿇어 엎드려 아뢰었다.

"신은 감히 두 번 절하고 대왕께 축하를 드리나이다. 대왕의 병환은 곧 완쾌하실 것입니다."

오왕 부차가 몹시 기뻐하며 말했다.

"참으로 기특한 일이로다. 그 어느 신자(臣子)가 군왕의 대변을 맛보고 그 병세를 진단하리요."

오왕 부차는 크게 감동한 나머지 월왕 구천을 용서하고 본국으로 돌아가게 해 주었다.

그후 월왕 구천은 와신상담하여 오나라를 쳐부수고 오왕 부차를 자결케 함으로써 치욕을 갚았다.

감정에 호소하라

조조가 죽자 그의 맏아들 조비(曹丕)가 대위(大位)를 이어받았거니와, 권력의 속성상 조비는 동생 조식(曹植)을 제거하기 위해 그를 잡아들였다.

아버지를 여읜 설움을 느낄 사이도 없이 형의 명령으로 임지(任地)에서 끌려오자, 조식은 조비 앞에 꿇어 엎드려 목숨을 빌었다.

"모든 잘못을 용서하소서."

"내 너와 함께 정(情)으로 말하면 비록 형제지간이나, 의(義)로 논하자면 군신의 분별이 있는데, 네 어찌 하찮은 재주만 믿고 예법을 우습게 여기느냐. 지난 날 선군(先君)께서 생존하셨을 때 네 항상 시문으로 자랑하여 사람들이 너를 칭송했으나 그것을 믿을 수가 없다. 아마도 모두 네가 지은 것이 아니라 다른 사람이 대신 지어 준 것이 아닌가 의심된다. 만일 내 말이 억울하다 생각되거든 즉시 너의 재주를 보여라. 지금 네가 앞으로 일곱 걸음을 옮기는 동안에 능히 시 한 수를 짓도록 하라. 만일 지을 수 있다면 죽음을 면할 것이요, 짓지 못한다면 중죄를 내릴 것이니, 속히 대답하라."

실로 무리한 제안이었다. 일곱 걸음을 옮기는 동안에 시(詩) 한 수를 지으라니, 핑계를 걸어 죽이려는 것이 분명했다.

"바라옵건대 글 제목을 주십시오."

조비는 한참 무엇을 생각하더니,

"나와 너는 형제간이니 형제로서 제목을 삼고 글을 짓되, 형제란 글자를 써서는 안 되며 그러한 문구를 넣어도 안 된다."

하고 어려운 조건을 붙여 말했다. 이 말을 듣자 조식은 조금도 머뭇거리지 않고 즉시 시를 읊으니,

煮豆燃豆箕 豆在中釜泣(자두연두기 두재중부읍)
本是同根生 相煎下太急(본시동근생 상전하태급)

콩을 볶음에 콩깍지로 불을 지르니
콩은 솥 속에서 툭툭 튀며 우는도다
이 본래 한 가지 뿌리에서 태어났건만
서로 볶아댐이 어찌 이다지도 급하더뇨

조비도 사람이라면 어찌 글 뜻을 짐작하지 못하겠는가. 그의 양 볼로 눈물이 주루룩 흘러내렸다. 그리하여 조식은 목숨을 구할 수 있었다.

수모를 주어 분발시켜라

소진(蘇秦)은 강대국 진(秦)나라에 대항하여 6국이 뭉치는 합종동맹에 성공했다. 그러나 만일 진나라가 열국을 공격하여 동맹이 깨졌을 때 자기에게 닥칠 사태를 우려했다. 누군가 믿을 수 있는 사람을 진나라의 재상으로 있게 해야겠다고 그는 생각했다.

그리하여 그는 사람을 은밀히 장의(張儀)에게 보내 이렇게 말하도록 했다.

"선생께서는 전에 소진과는 동문수학한 사이시죠. 지금 소진은 조나라의 재상으로 있는데, 선생께서는 어찌하여 그를 찾아가 소원을 부탁하지 않습니까?"

장의는 그 말을 듣고 조나라로 가서 소진에게 면회를 청했다. 그러나 소진은 한동안 뜸을 들인 후에 장의를 불러 만나기는 했으나, 하인들에게나 주는 험한 음식을 내주며 힐난했다.

"그대는 어찌 이처럼 영락한 모습이 되었는가. 내가 왕에게 아뢰어 그대를 부귀하게 만들 수도 있지만, 그대는 일을 맡길 만한 인물이 되지 못하니 이를 어쩌겠는가."

장의는 옛 친구를 찾아서 도움을 구하려 했는데 오히려 지독한 수모를 당하게 되자 분함을 참지 못하고, 그 길로 진나라를 찾아갔다.

한편 소진은 부하에게 말했다.

"장의는 내가 감히 따를 수 없는 천하의 인재다. 지금 나는 다행히 벼슬을 하고 있지만, 앞으로 진나라의 권력을 쥘 사람은 장의밖에 없다. 그러나 그는 가난하기 때문에 작은 이익에 만족하여 큰 인물이 되지 못할 것을 염려하여 내가 수모를 주어서 분발하도록 해 주었다. 너는 나를 대신하여 그에게 돈을 전하도록 하라. 그러나 결코 이 일을 알게 해서는 안 되느니라."

소진은 조왕에게 청하여 금화와 거마를 구해서 부하를 시켜 몰래 장의의 뒤를 쫓아 같은 숙소에 머물게 하여 자연스럽게 접근하도록 했다. 그리고는 거마와 금전을 제공하여, 장의가 얼마든지 쓰도록 해 주었다.

장의는 그 덕에 진나라의 혜왕에게 알현을 허용받았다. 혜왕은 그를 객경(客卿)으로 임명하고 열국 토벌의 계략을 상의했다. 소진의 부하는 그때서야 작별을 고하고 떠나려고 했다. 장의가 깜짝 놀라며 물었다.

"그대의 덕으로 내가 간신히 출세를 했습니다. 지금부터 은혜를 갚으려고 하는데, 어찌하여 나를 떠나려고 합니까?"

"지금껏 귀하를 도운 사람은 소진입니다. 소진 대감께서는 진나라가 조나라를 쳐서 합종 동맹을 깨는 것을 염려하고 있습니다. 그분의 생각으로는 귀하가 아니고서는 진나라의 권력을 쥘 수 있는 사람은 없다고 믿고 있습니다. 그래서 귀하를 격동시켜 노하시게 한 것도, 저에게 몰래 자금과 거마를 주신 것도 모두 소진 대감이 하신 것입니다. 이제 귀하께서는 진왕에게 중용이 되셨습니다. 이제는 제가 할 일이 끝났으니, 돌아가서 소진 대감께 사실을 보고하려 합니다."

이 말을 듣고 장의는 대답했다.

"내가 지금까지 그것을 눈치채지 못했으니, 내가 소진의 덕망을 따를 수 없는 것이 명백하오. 더구나 나는 이제 겨우 새로 임명되었을 뿐, 조나라를 넘본다는 것은 생각도 할 수 없는 일이오. 나 대신에 소진에게 이 말을 전해 주시오. 소진이 살아 있는 동안에는 나는 어떠한 의견도 말하지 않을 생각이라고, 그리고 소진이 조나라에 있는 한 내가 무슨 일을 할 수 있겠느냐고."

장의는 마침내 강국 진나라의 재상이 되었다.

그후 소진이 재세하는 15년 간은 진나라의 군사가 한 번도 함곡관(函谷關)의 요새에서 나간 적이 없었다. 이는 다 장의의 영향력이 작용했기 때문이었다.

주색도 취하기 나름이다

진(秦)나라 목공(穆公) 때의 일이다.

서쪽의 오랑캐인 융(戎)이 강대해지자, 위협을 느낀 목공은 융왕에게 아름다운 무희(舞姬) 16명과 함께 솜씨 좋은 요리사를 보냈다.

융왕은 이를 매우 기뻐하며 밤낮없이 춤과 좋은 음식을 즐기며 주색에 빠져들어갔다. 좌우의 신하가 진나라의 침략을 염려하여 충간하면 융왕은 대로하여 활로 쏘아 죽이기까지 했다.

얼마 후 진나라가 쳐들어왔을 때 융왕은 술통 옆에 취하여 곯아떨어져 있다가 생포되고 말았다. 그는 생포될 때까지도 진나라의 침략이 있으리라는 것을 알려고도 하지 않았고, 생포가 된 뒤에도 취하여 그것을 눈치채지도 못했다.

이와 반대로 남을 취하게 하는 것이 아니고 자기가 술에 취한 척하여 적의 감시를 벗어나는 경우도 있다.

한 고조 유방이 죽은 뒤 여태후(呂太后)가 실권을 잡자 여씨 일족의 횡포가 시작되었다. 개국 공신의 한 사람이며 지모에 뛰어난 진평(陳平)은 그들의 주의를 피하기 위하여 일부러 주색에 빠진 척했다.

"진평은 재상의 몸으로 직무를 태만히 하며, 밤낮 술만 마시고 여색을 탐하고 있으니 마땅히 죄를 물어야 할 것입니다."

예상했던 대로 주위의 중상 모략이 빗발쳤다. 진평은 그 말을 듣고 더욱 더 주색을 탐닉했다. 여태후는 이 소문을 듣고 안심했다.

"내버려 두어라. 나라에 세운 공이 있는데 어찌 그만한 일로 죄를 줄 수 있겠느냐."

그후 여태후가 죽자 진평은 분연히 일어나 주발(周勃)과 힘을 합쳐 여씨 일족을 주멸하고 효문제(孝文帝)를 세우는 데 성공했다.

이간질을 조심하라

진(秦)나라가 통일을 앞두고 마지막 대회전을 벌인 것은 장평(長平) 싸움이었다. 상대편 조나라의 장수는 이름난 노장 염파(廉頗)였다.

진나라 공격군의 총수 백기(白起)가 여러 번 공격을 했으나 염파는 성을 굳게 지켜 3년 간이나 대치해도 승패가 나지 않았다.

마침내 진나라에서는 비장(秘藏)의 첩보전술을 써서, 조나라의 효성왕(孝成王)과 염파 장군 사이를 이간시키기로 했다. 진나라의 소왕(昭王)은 조나라 수도 한단으로 사람을 들여보내 조왕의 측근에 뇌물을 주고 유언비어를 퍼뜨리기 시작했다.

"염파 장군은 늙어서 겁쟁이가 되었다. 그래서 성에서 꼼짝도 못하고 들어박혀 있을 뿐이다. 이제 조나라가 항복하는 것은 시간문제다. 지금 진나라가 가장 두려워하는 자는 조사(趙奢)의 아들 조괄(趙括)이다."

결국 조나라의 효성왕은 이 이간 작전에 말려들어 염파를 소환하고 대신 조괄을 보냈다.

조괄은 비록 명장으로 이름난 조사의 아들이기는 했지만, 그는 병서를 탐독하고 병사(兵事)를 논하는 애송이 이론가에 불과했으며, 실전 경험이라고는 전혀 없는 인물이었다.

조괄은 진나라의 유인작전에 말려들어 곧 성문을 열고 쳐들어갔으나, 그 즉시 포위되어 전사하고 말았다. 이리하여 45만의 조나라 군사는 모두 생매장이 되다시피 죽고 군사들 중 살아서 돌아간 자는 240명뿐이었다.

11. 역모의 술책

인간의 승부는 정정당당한 대결을 하기보다는 오히려 서로가 상대의 약점을 캐고 뒤통수를 치는 경우가 많다. 손자는 이렇게 말하고 있다.

"능히 할 수 있으면서도 이를 능히 못하는 것처럼 보이게 하고, 사용에 능하면서도 그 용도가 아닌 것처럼 보이게 하고, 가까우면서도 이를 먼 것처럼 보이게 하며, 멀면서도 이를 가까운 듯이 보이게 한다." - 이것이 바로 역습의 전 단계이며 그 전제조건이다.

언행의 불일치, 표정과 내심의 불일치 등 불일치의 원칙에 입각해서 적의 판단을 흐리게 하고 시종 적의 급소를 찾아내 치는 것이 이 수법의 요체라고 하겠다.

미인계를 조심하라

촉한의 명장 조운(趙雲)이 계양성을 공격하자, 태수 조범은 항복을 하고 조운을 성 안으로 청했다. 조운은 단지 50여 기(騎)만 거느리고 성으로 들어갔다.

조운이 입성하자 조범은 그를 이문으로 청하여 술을 권했다. 술이 어느 정도 오르자 다시 후당으로 청하여 술을 권하면서 조운과 의형제를 맺고자 했다. 조운은 기꺼이 이를 허락했다.

그러자 조범이 안에서 한 부인을 불러내 은근히 조운에게 술을 권하게 한다. 조운이 보아하니 그 부인은 소복을 입고 있었는데 참으로 보기 드문 미인이었다. 조운이 물었다.

"이 부인이 누구신가?"

조범이 대답했다.

"저의 형수 번씨(樊氏)입니다."

조운은 곧 표정을 고쳐 태도를 공손히 했다. 번씨가 안으로 들어간 뒤에 조운이 나무랐다.

"현제(賢弟)는 어찌하여 형수씨에게 그런 수고를 끼쳐드리나. 내 몹시 불안스럽네그려."

조범이 빙그레 웃으며 대답했다.

"다 그럴 만한 까닭이 있어서 그랬으니 형님은 사양하지 마십시오. 저의 선형이 세상을 떠나신 지 이미 3년이 되었는데, 형수께서 아직 젊은 몸으로 수절을 하고 있습니다. 저의 형수가 과히 나쁘지 않으시다면 곧 취하시어 건즐(巾櫛)을 받들게 하심이 어떻겠습니까?"

조운은 그 말을 듣자 크게 노하여 자리를 박차고 일어났다.

"내 이미 너와 더불어 형제의 의를 맺었으니 너의 형수면 내게도 형수가 되지 않느냐. 그런데 어찌 그렇듯 인륜을 어지럽게 하는 일을 하려 든단 말이냐!"

조범은 얼굴을 붉히며,

"저는 호의로 드린 말씀인데 왜 그처럼 역정을 내십니까?"

하고 좌우를 향하여 슬쩍 눈짓을 했다.

조운이 보기에 자기를 해칠 뜻이 있는 게 분명했다. 그는 즉시 조범을 한 방에 때려 누이고 말을 타고 부문(府門)을 나서 성에서 나와 버렸다.

조범은 곧 수하 장수인 진응과 포룡을 불러서 상의했다. 진응이 말했다.

"저 사람이 저렇듯 성이 나서 갔으니 아무래도 우리 편에서 먼저 선수를 쳐서 죽여 버리는 수밖에 없습니다."

조범이 물었다.

"그와 싸워서 이길 수 있겠는가? 그는 천하의 용장이 아닌가."

포룡이 대답했다.

"저희 두 사람이 가서 거짓 항복을 하고 그의 군중에 있을 터이니, 태수께서는 친히 군사를 거느리고 싸움을 청하십시오. 그러면 저희 둘이서 내응하여 조운을 사로잡겠습니다."

이날 밤 두 사람은 군사 5백 명을 이끌고 조운의 영채로 가서 항복을 드리러 왔노라고 했다. 조운은 거짓임을 알면서도 곧 불러들였다.

조운은 짐짓 기뻐하는 체하고 두 사람에게 술을 취하도록 권했다. 두 사람이 마침내 대취하여 쓰러지자 조운은 곧 그들을 장중에다 묶어 놓고, 수하 군졸들을 불러들여 문초를 했다.

과연 두 사람이 사항계(詐降計), 즉 거짓으로 항복한 것이 분명했다. 조운은 즉시 5백 명 군사들을 모두 불러들여 술과 밥을 내고 영을 내렸다.

"나를 해치려고 한 것은 진응과 포룡뿐이고 다른 사람은 상관 없

인간관계와 권모술수

는 일이니, 너희들은 내가 시키는 대로만 따라서 행하라. 그러면 모두에게 상을 후히 주마."

모든 군사들이 엎드려 절하며 사례했다.

"죽이지 않는 것만도 감읍할 일인데 무슨 일이건 시키는 대로 하겠습니다."

조운은 곧 진응, 포룡 두 장수의 목을 벤 다음 그들 5백군을 앞세우고, 자기는 1천군을 거느리고 뒤를 따라 밤을 새워 계양성으로 갔다. 성 아래 당도하자 조운은 군사를 시켜,

"진장군과 포장군이 조운을 죽이고 회군해 오셨소. 곧 성문을 열어 주시오."

하고 큰 소리로 외치게 했다.

조범이 성 위에 올라 횃불을 밝히고 내려다보니, 과연 자기편 군마가 틀림없다. 그는 곧 말을 타고 성문을 열고 나왔다.

조운은 즉시 좌우로 명령을 내려 조범을 잡아서 묶게 하고, 성으로 들어가서 백성들을 안무한 다음, 사람을 유비에게 보내서 이를 보고하게 했다.

유비가 제갈량과 함께 몸소 계양으로 왔다. 조운은 그들을 영접하여 성으로 청해 들이고, 즉시 조범을 단하로 끌고 오게 했다. 제갈량이 친히 물으니, 조범이 자기 형수로 조운의 아내를 삼으려 하다가 도리어 그의 노여움을 산 일을 상세히 고했다.

제갈량이 듣고 나서 조운에게 고했다.

"그 또한 아름다운 일인데 공은 어찌하여 거절했소?"

"조범이 이미 저와 더불어 형제의 의를 맺은 터에, 만약 그 형수되

인간관계와 권모술수

는 사람에게 장가든다면 남들이 욕할 것이 하나요, 또 그 부인이 개가를 하면 곧 절개를 잃는 것이 둘이요, 조범이 항복하자마자 즉시로 그 말이 나왔으니 속셈을 알 수 없는 것이 셋입니다."

서투른 미인계나 책략은 오히려 쓰지 않는 것보다 못하다.

가희(歌姬)와 풍악은 함정이다

옛날 진(秦)나라가 점차 세력을 떨쳐 갈 무렵, 북방의 융(戎)이 나라를 세워 왕을 참칭하고 있었다. 이 융왕이 진나라와 교섭을 갖고자 유여(由餘)라는 사신을 진나라에 파견하였다. 이때 진나라의 왕은 목공(穆公)이었다.

목공이 사신 유여에게 물었다.

"도(道)라는 것을 들은 적은 있으나 본 적은 없소, 옛날의 명군(名君)이 나라를 얻거나 혹은 잃거나 하는 것은 어떤 도리에 연유하는 것인지 들려줄 수 있겠소?"

목공의 물음에 유여는 거침없이 대답했다.

"항시 검약함으로써 나라를 얻고, 사치로 인하여 나라를 잃는 것으로 알고 있습니다."

목공은 상대의 지혜를 빌릴 수 있기를 기대했으나, 별 신통한 대답을 얻지 못하자 실망하고 말했다.

"나는 도에 대한 귀한 말을 듣고자 함이었는데, 기껏 검소함으로 답을 삼으니 어이 된 까닭이오?"

목공이 심히 미진하다는 듯이 반문하자 유여는 정색하고 말했다.

"옛날 요(堯) 임금은 흙으로 빚은 접시에 음식을 담아 먹고 흙으로 빚은 종지로 물을 마셨으나, 그 영토는 남쪽으로는 교지(交趾)에 이르고 북쪽은 유도(幽都)에 이르렀으며, 동서는 일월이 나고 드는 곳까지 복종하지 않는 자가 없었습니다. 그런데 요 임금이 선양하여 순(舜) 임금이 뒤를 잇자, 산의 나무를 베어 반들반들하게 깎고 밀고 하여 검은 옻칠을 해서 이것을 궁중의 식기로 삼으니, 제후들은 그것을 보고 사치하게 되었고, 복종하지 않는 나라가 열 세 나라가 되었다고 합니다.

다음 순 임금이 선양하여 우(禹)에게 전하니, 우나라에서는 식기를 만드는 데 있어 바깥은 옻칠을 하고 안은 붉은색을 칠했습니다. 그러자 이 사치함을 보고 33국이 복종하지 않게 되었다고 합니다.

하(夏)의 시대가 끝나고 은(殷)나라가 되자, 큰 수레를 만들되 아홉 개의 기(旗)를 세우고 식기에는 조각을 했으며 잔과 족자에는 문양을 새겼습니다. 이것을 보고 53개국이 복종을 거부하게 되었으니, 검약은 나라를 얻는 도(道)라고 말씀드린 것입니다."

말을 마치고 유여가 조용히 자리를 뜨자 목공은 급히 내사요를 불러들여 말했다.

"이웃 나라, 더구나 북변의 미개한 융에 이 같은 성인(聖人)이 있음은 우환이라 했소. 유여는 가히 성인이라, 이런 성인이 적국에 있으면 마음을 놓을 수가 없으니 이를 어찌하면 좋겠소?"

내사요가 목공의 물음에 대답했다.

"융왕이 있는 곳은 야만인이 사는 변지여서, 우리 중화(中華)의

음악을 들은 적이 없다고 합니다. 융왕에게 가희(歌姬)와 악기를 보내 그 정치를 혼란케 하고, 한편 유여를 한동안 우리 나라에 머물도록 교섭하여 유여와 융왕의 사이를 갈라놓는 것입니다. 이리하여 저쪽 군신간에 금이 생기면 다음의 일은 어렵지 않을 것입니다."

목공은 그 말을 받아들였다.

그는 곧 내사요를 사신으로 파견하면서 아름다운 가희 16명과 악기를 융왕에게 선물로 보내는 동시에 유여의 체재를 연기하도록 청했다. 목공의 계략은 예상대로 되어 나갔다. 융왕은 유여를 까맣게 잊어버린 채 미희와 음악에 도취하여 한곳에 머물러 일년 내내 풍악으로 세월을 보냈다.

그리하여 융족이 먹이던 말과 소는 절반이나 죽고 말았다. 융족, 곧 몽고족은 본시 기마 민족인지라 한곳에 오래 머물면 소와 말을 먹일 수가 없었다.

유여는 그 무렵이 되어서야 귀국했다. 이런 상황을 유여는 융왕에게 간했으나 융왕은 듣지 않았다. 유여는 탄식하며 융왕 곁을 떠나 진나라로 다시 돌아가고 말았고, 목공은 기다렸다는 듯이 유여를 맞이하여 크게 중용했다.

마침내 진나라는 융족의 12개국을 복속시키고 천하의 땅을 거두었다. 즉, 상대를 타락시킴으로써 나라의 현신(賢臣)도 함께 거둔 것이다.

역습의 명분을 찾아라

공웅(空雄)에서 회합을 갖고 진(秦)·조(趙) 양국이 서로 다음과 같이 약속했다.

'앞으로는 진나라가 하고자 하는 일은 조나라가 돕고, 또 조나라가 하고자 하는 일은 진나라도 돕는다.'

그리고 얼마 후에 진나라가 군사를 휘몰아 위(魏)나라를 공격하니, 조나라는 위나라를 구원하기 위해 군사를 보냈다. 진왕은 노하여 사람을 시켜 조왕을 힐책했다.

"양국이 약속하기를 진나라가 하고자 하는 일은 조나라고 돕는다고 하지 않았소? 이제 진나라가 위나라를 치려는데 조나라가 위나라를 구원한다는 것은 약속에 어긋나는 일이 아니오?"

궁지에 몰린 조왕이 평원군 승(勝)을 불러 상의하자, 평원군은 다시 책사인 공손용(公孫龍)과 상의했다.

공손용이 말했다.

"그게 무엇이 어려운 일입니까? 이쪽에서도 사람을 보내 이렇게 진왕을 힐책하라고 하십시오. '조나라가 위나라를 구하고자 하는데 진왕은 어찌하여 위나라를 구하려 하지 않고 오히려 이를 공격하니 약속과 틀리지 않는가?'라고요."

대개 동맹이나 협정이라는 것은 양면적인 경우가 많다. 상대의 비난이나 공격에 오히려 이쪽에서 '그쪽이야말로 조약 위반이 아닌가'하고 되받는다. 역습의 한 방법이라고 할 수 있다.

믿음의 덫을 조심하라

정나라의 무공(武公)이 이웃 나라인 호(胡)나라를 치기 위해 계책을 꾸몄다. 그는 우선 왕녀를 호군(胡君)에게 시집보내 우호 관계를 맺고 안심을 시켜 놓았다.

그후 무공은 군신들을 불러 모으고 상의했다.

"나라의 재정이 궁핍하니 어느 나라를 치면 좋겠소?"

이에 대부(大夫) 관기사(關其思)가 나서서 의견을 말했다.

"호나라를 치는 것이 좋을까 합니다."

그러자 무공은 대로하여 호통을 쳤다.

"호나라와 우리나라와는 피를 나눈 형제의 나라이거늘, 네놈이 감히 형제의 나라를 치라고 하다니 천하에 죽일 놈이로다."

라고 크게 꾸짖고는 그 자리에서 끌어내 관기사의 목을 베어 버렸다.

호군은 이 이야기를 전해 듣고 정나라는 자기 나라를 진심으로 우방으로 생각하고 있다고 믿었다. 그리하여 정나라에 대한 방비를 아예 폐지하여 버렸다. 이야말로 무공이 노리던 바 덫이었다.

이윽고 기회만 노리고 있던 정나라의 대군은 호나라를 기습공격하여 정복하였음은 두말할 나위도 없다.

여기서 우리의 주목을 끄는 것은 관기사의 죽음이다. 그는 무공이 왕녀를 호군에게 시집 보내는 음모를 익히 간파했기 때문에 섣불리 뛰어들었다가 무공이 꾸민 2단계 조치의 제물이 되고 만 것이다. 사태를 통찰하는 것도 중요하다. 하지만 그 때와 장소에 따라서

는 오히려 스스로 자신을 망치게 되는 수도 있다. 통찰력이나 선견
지명만으로는 반드시 충분하다고 할 수 없다.

비밀을 아는 자는 위험하다

한(漢)나라의 여태후(呂太后)는 효혜 황제의 황후 장씨(張氏)에
게 아들이 없자, 다른 후궁에게서 난 아들을 효혜가 죽은 후에 황제
에 즉위케 하여 소제(少帝) 공(恭)이라 부르게 했다.

그러나 소제 공은 여태후가 자기를 황후 장씨의 아들처럼 위장하
기 위해 자기의 생모를 죽인 비밀을 알게 되자 여태후를 죽이려고
획책했다. 그러나 이를 눈치챈 여태후는 도리어 소제 공을 죽이고
말았다.

여태후는 그후 역시 혜제의 또 다른 후궁 아들인 홍(弘)을 제위에
앉혀놓고, 제왕의 실권은 여태후의 조카 여산(呂産)이 행세하도록
하여 여태후는 전권 시대를 누리게 된다.

그후 8년 만에 여태후도 병들어 죽게 되는데, 여태후의 이러한 계
략과 술수는 한나라 2백년의 기틀을 다지는 한 수단이 되기도 했다.

그런데 '사기(史記)'의 기록에는 이러한 살인극은 왕궁 내의 참극
이었을 뿐, 오히려 백성들은 오랜 전란에서 벗어나 태평성대를 누
렸다고 한다.

뺏으려 하거든 먼저 주어라

진(晉)나라의 지백(智伯)이 위(魏)나라의 선공(宣公)에게 땅이 필요하다며 달라고 했다. 선공이 주지 않자 재상 임증(任增)이 물었다.

"왜 땅을 주지 않았습니까?"

선공이 대답했다.

"지백이 이유도 없이 땅을 요구하기 때문에 주지 않았소."

그러자 임증이 말했다.

"그렇다면 그에게 땅을 주십시오. 그는 이유없이 땅을 탐하는 자이니, 조건없이 땅을 주면 그의 욕망이 한없이 커져서 필경에는 그것 때문에 망하고 말 것입니다."

선공이 듣고 나자 무릎을 치며,

"참으로 좋은 말이오."

라고 말하고 드디어 만호(萬戶)의 땅을 지백에게 주었다. 지백은 마음이 흐뭇하여, 이번에는 다시 조나라에게 땅을 달라고 했다.

조나라가 거절하자 지백은 화가 나서 군사를 동원하여 조나라의 진양(晉陽)을 포위했다. 이때를 기다리고 있던 위나라의 선공은 조나라·한나라와 함께 지백을 쳐서 크게 이기니, 지백은 끝내 망하고 말았다.

'위축시키려 하거든 먼저 신장시켜 주어라. 약하게 만들려 하거든 먼저 강하게 만들어 주어라. 멸망시키려 하거든 먼저 성장시켜 주어라. 뺏으려 하거든 먼저 주어라. 이것은 자연의 미묘한 섭리다.

이것이야말로 약자가 강자에게 이기는 최선의 방법이다.'

노자(老子)의 말이다.

'군사가 강하면 곧 멸하고, 나무가 강하면 곧 부러지고, 가죽이 굳
으면 곧 찢어지며, 치설(齒舌)이 드세면 곧 부러진다.'

회남자(淮南子)의 말이다.

용도폐기를 조심하라

여동생과 은밀한 관계를 맺고 있던 제나라 양공(襄公)은 이를 눈
치챈 여동생의 남편인 노나라 환공(桓公)을 죽이기 위해 잔치를 열
고 그를 대접했다.

잔치가 끝날 무렵 양공은 공자 팽생(彭生)을 불러 밀령을 내렸다.

"너는 잔치가 끝나거든 환공을 그의 처소까지 전송하되, 도중에
그를 처치하여라."

공자 팽생은 환공을 수레에 태우고 가다 말고 주먹으로 환공의 옆
구리를 쥐어질렀다. 팽생은 실로 무서운 장수였다. 그의 주먹은 쇳
덩어리나 다름없었다. 주먹 한 번에 환공은 갈빗대가 으스러지고
오장이 터져 죽었다.

그러자 팽생은 수레를 모는 어자(御者)에게 말했다.

"속히 수레를 돌려라. 환공이 과도히 취하여 음식에 중독된 듯
하다."

수행원들은 수레 속에서 일어난 일을 짐작했으나, 감히 입 밖에

내 말하는 자는 없었다.

이 사실은 이윽고 노나라에 알려지고 노나라는 크게 분노했다. 그러나 약소국인 노나라는 감히 군사를 일으켜 제나라를 치지는 못하고 항의 사절을 보냈다.

그러자 양공은 공자 팽생을 불러들이고는 노나라 사절에게 들으라는 듯이 언성을 높여 팽생을 꾸짖었다.

"환공께서 과도히 취하셨기에 과인이 너에게 각별히 잘 모시라고 분부했거늘, 너는 어찌하여 환공을 갑자기 세상을 떠나시게 했느냐?"

"그것은 군후께서…."

이어서 양공은 팽생이 더 뭐라고 말하기 전에 좌우를 돌아보며 추상 같은 명령을 내렸다.

"저놈을 냉큼 끌어내 목을 베어라!"

이리하여 팽생은 제대로 입 한 번 놀려 보지 못하고 목이 달아나고 말았다.

확률의 원리를 간파하라

제나라의 병략가 손빈이 전기(田忌)의 막료로 있을 때였다. 마침 전기는 제나라 왕과 왕자들과 함께 내기 경마를 하게 되었다.

손빈이 가만히 보니 마차에는 별로 차이가 없으나, 말의 등급에는 상급, 중급, 하급의 차이가 있음을 간파했다. 그는 은밀히 전기에게 진언했다.

"장군께서는 안심하고 돈을 거십시오. 제가 장군을 반드시 이기도록 해 드리겠습니다."

전기는 그 말을 믿고, 왕과 왕자들과 함께 천금(千金)을 걸었다. 마침내 경기가 시작되자, 손빈이 전기에게 말했다.

"장군의 하급 마차를 상대의 상급 마차와 한 조(組)를 만들고, 다음은 장군의 상급 마차를 상대의 중급 마차와 한 조를 만들게 하고, 끝으로 장군의 중급 마차를 상대의 하급 마차와 한 조를 만들게 하십시오. 그러면 한 번은 지겠지만 두 번은 틀림없이 이길 것입니다."

이렇게 해서 세 조(組)로 편성된 경마가 끝난 후에 보니, 과연 전기는 한 번 졌으나 두 번은 이겨서 천금의 상을 받게 되었다.

지금 세상의 경마 게임에는 이런 정도의 이론쯤은 초보라도 알겠지만, 당시로서는 놀랄 만한 관찰력과 판단력이 아닐 수 없다.

밥솥을 줄이는 기만술

제나라 선왕(宣王) 2년, 기원전 341년의 일이다.

제나라는 전기(田忌)를 장군으로 삼고 손빈을 군사(軍師)로 삼아 위나라의 수도 대량(大梁)을 향하여 쳐들어갔다.

제나라 군사는 이미 위나라의 영토 안으로 깊숙이 들어가 있었기 때문에 위군은 자기 나라 안에서 제나라 군사를 추격하는 형세가 되었다.

이때 손빈이 전기에게 말했다.

"원래 한·조·위의 이른바 삼진(三晉)의 군대는 강하고 용감하여 우리 제나라 군을 경멸하고 있습니다. 우리는 이러한 형세를 역이용해야만 합니다. 즉, 오늘 야영지에 10만 개의 솥을 걸어 놓았다면 다음날은 5만 개로 줄이고, 그 다음날은 3만으로 줄이십시오."

전기는 천천히 군사를 물리며 손빈의 계책대로 했다.

위나라 대장 방연(龐涓)은 제나라 군사들을 추격하면서, 첩자의 보고에 의해 적군의 솥의 수가 10만에서 5만, 5만에서 3만으로 줄어드는 것을 알고 크게 기뻐했다.

"나는 본시 제나라 놈들이 겁쟁이인 줄은 알고 있었으나, 불과 사흘만에 사졸들이 반 이상이나 도망을 가다니 참으로 한심한 놈들이로구나."

교만해진 방연은 보병을 남겨놓고 정예 기병만을 이끌고 제군을 급히 추격했다가 적의 복병에 의해 참패를 당하고 말았다.

이것이 유명한 '병졸을 늘이고 밥솥은 줄인다'는 고사로서, 역사에 남는 손빈과 방연의 명승부다. 이 승리에 의하여 손빈의 이름은 천하에 떨치게 되었다.

손빈은 군졸의 수를 판단하는 기준의 하나인 밥솥의 수를 줄임으로써 적의 판단을 혼란케 하는 데 성공했던 것이다.

고육지책은 연출이다

기원전 208년 겨울, 조조는 군사 80여 만, 전선(戰船) 3천여 척을 이끌고 양자강을 따라 내려왔다.

손권과 유비의 동맹군은 10분의 1도 안 되는 군사로 양자강 남안(南岸)의 적벽에서 조조의 대군과 맞붙게 되었는데, 이것이 중국 역사상 유명한 '적벽대전(赤壁大戰)'이다.

조조와 제갈량 그리고 주유의 세 군략가들이 혼신의 힘을 다해 싸운 이 '적벽대전'은 중국 전쟁사에서도 음모전의 압권이다.

우선 조조는 남방군의 주전파와 항복파가 논의를 계속하는 가운데 동맹군 총수 주유의 동향인 장간(蔣幹)을 파견하여 항복을 종용한다. 주유는 계획적으로 장간에게 가짜 기밀 문서를 도둑맞는다. 이에 속아 조조는 채모와 장윤이라는 두 수군의 주장을 참형에 처함으로써 전력(戰力)을 크게 상실하게 된다. 나중에 이를 알게 된 조조는 그것을 설욕하게 위해 참형을 당한 채모의 동생 채중과 채화로 하여금 남방군에게 거짓 투항을 하게 한다.

그러나 가족을 두고 투항해 온 이들을 처음부터 믿지 않았으나, 주유는 짐짓 시치미를 떼고 그들을 크게 환영하면서 오히려 역이용하기 시작한다.

다음날 주유는 장군들을 모아놓고 군사회의를 열었다. 먼저 주유가 자못 엄숙하게 군령을 내렸다.

"조조는 80만 대군으로 3백 리에 걸쳐 포진하고 있소. 졸연히 이들을 파하기 어려우니 제장(諸將)들은 3개월분의 식량을 준비하고 만일의 사태에 대처하도록 하시오."

젊은 주유의 말이 끝나자 노장 황개(黃蓋)가 코웃음을 치며 말했다.

"3개월이라니 그 무슨 한가한 말입니까. 조조를 격파하는 데 그런 소극적인 전법으로는 어림도 없습니다. 만일 속전속결로 하지 않고 장군의 생각을 고집한다면, 나는 차라리 조조에게 항복하고 말겠소."

"감히 삼군의 총수인 나를 능멸하다니 용서할 수 없다!"

주유는 크게 노하여 황개의 목을 베려 했으나 여러 장수들의 간곡한 만류로 태형 50대를 쳐서 회의장에서 내쫓아 버렸다. 피투성이가 되어 막사로 돌아온 황개는 몇 번이나 정신을 잃었다. 이 일은 곧 진중에 퍼졌다. 물론 조조의 첩자인 채중과 채화의 귀에도 들어갔다.

황개는 그날 밤 부하 장수 감택에게 명하여 조조에게 거짓 항서(降書)를 쓰게 하고, 어부로 변장시켜 그것을 가지고 조조의 진중으로 잠입케 했다.

그러나 술수에 정통한 조조는 그것을 고육지책(苦肉之策)으로 보고 믿으려 하지 않았다. 그러나 채중과 채화로부터 자세한 보고를 들은 조조는 마침내 그것을 믿게 되었다. 감택은 투항의 표시로 배에 청색기를 세우기로 약속을 정했다.

마침내 결전의 날이 왔다. 황개는 쾌속선 20척에 유황과 염초 등 인화물질을 가득 싣고 조조의 선단을 향해 살같이 나갔다. 그 배에는 모두 청색기가 휘날리고 있었다.

이를 본 조조는 황개가 항복군을 이끌고 투항해 오는 줄 알고 크게 기뻐했다. 황개는 조조 군에 가까이 이르자 20척 쾌속선에 일제히 불을 질러 조조의 선단에 맞부딪쳤다.

이리하여 조조의 선단은 불길에 휩싸였고, 대패한 조조군은 육지로 도망했으나 다시 복병을 만나 80여 만 대군이 겨우 몇 천명만 살아서 돌아가는 미증유의 참패를 당하고 말았다.

고육지책이란 어떤 목적을 달성하기 위하여 일부러 자신의 육체를 괴롭히거나 혹은 자기 희생을 보임으로써 적을 기만하고 신뢰를 얻어 역습을 꾀하는 계략이다.

물론 이러한 고육지책을 성공시키려면 자기 희생의 대소도 문제겠지만, 그 연출의 기술도 아주 중요하다. 고육지책이 아닌 것처럼 분식(粉飾)하는 것이 이 계략의 요체인 것이다.

근본은 변하지 않는다

전진(前秦) 왕 부견이 동진(東晉)을 쳐서 천하를 통일하기 위해 백만 대군을 일으켰다. 이 전진군 가운데에는 그 전에 동진의 장군이던 주서(朱序)라는 장수가 있었다.

그가 동진의 양양(襄陽)을 지키고 있을 때 전진의 10만 군사가 쳐들어갔는데, 그때 부장의 내응(內應)에 의해 성이 함락되고 말았다. 양양성에 입성한 전진왕 부견은 주서의 선전(善戰)을 극구 치하하고 내응했던 부장은 오히려 중벌로 다스렸다. 그후 주서는 전진에 기용되었으나, 그의 마음은 항상 동진에 가 있었다.

백만 대군이 회수를 지날 때였다. 주서가 부견에게 진언했다.

"호랑이를 초원에 몰아내 싸우면 우리 쪽도 피해를 입게 마련입니다. 소장의 생각으로는 동진의 군사들을 함정 속에 끌어들여 치는 것이 좋을 듯 합니다."

"그게 쉽겠는가?"

"우리 전진의 군사가 일시에 후퇴를 하면 틀림없이 동진의 군사들이 강을 건너 추격해 올 것입니다. 그때를 타서 동진군을 무찌른다면 가히 전승을 거둘 수 있을 것입니다."

"음….."

"비밀이란 여러 사람들이 알게 되면 아무런 효과가 없습니다. 그러므로 이번 퇴각은 군사들에겐 알리지 말고 불시에 퇴각을 명령하는 것이 좋을 것 같습니다."

"음, 과연 그렇다. 백만 대군으로 하여금 완벽한 연극을 하게 할수야 없는 일이지."

그리하여 부견은 동진군을 유인하기 위해 불시에 후퇴 명령을 내렸다. 군사들은 갑작스런 후퇴령에 갈피를 잡지 못하고 정신없이 달아나기 시작했다.

부견은 말이 끄는 높은 망루에 올라 손으로 이마를 짚고 비수의 강안을 바라보았다. 예상했던 대로 전진군이 후퇴하자 동진의 군사들이 강을 건너기 시작했다. 부견은 손을 비비며 때가 오기만 기다렸다. 이윽고 동진군의 선봉이 강을 건너고 있었다.

"됐다!"

부견은 주먹을 불끈 쥐며 저도 모르게 혼자 중얼거렸다. 이제 잠시 후면 부견의 오른손이 높이 올라갈 것이다. 그렇게 되면 다시 반격을 개시하게 된다. 이윽고 가교가 만들어지고 동진군의 거의 절반이 강을 건넜다.

"바로 지금이다!"

부견의 손이 번쩍 치켜올려졌다. 백만 대군이 이를 신호로 하여 일대 반격을 하게 되어 있는 것이다.

그런데 실로 뜻밖의 상황이 벌어졌다. 부견이 아무리 신호를 해도 퇴각하는 전진의 군사들은 그저 못 본 체하고 후퇴만 계속하고 있었다. 부견은 고래고래 악을 썼다.

"뭣들 하느냐! 어서 반격하라! 어서 반격….."

그러나 전진군은 부견의 호령 소리에는 아랑곳 않고 후퇴를 계속하고 있었다.

단 한 번의 접전도 없이 부견의 백만 대군이 8만여의 동진군에게 허겁지겁 쫓기는 데에는 그만한 이유가 있었다.

이 계책을 진언했던 주서가 작전의 기밀을 동진군에게 미리 알려준 다음, 전진군의 각 영채를 돌아다니며, 사태가 불리하니 무조건 후퇴하라고 명령했기 때문이다.

부견은 패주하는 도중에 화살을 맞고 중상을 입었으며 선봉대장 양성(梁成)도 난군 중에 목숨을 잃고 말았다. 부견이 장안으로 회군하기 위해 군사를 점검해 보니, 남은 군사는 겨우 10만밖에 되지 않았다.

권력의 반대파는 씨를 말려라

시황제는 숨을 거두기에 앞서 그의 장자인 부소(扶蘇)에게 제위를 승계한다는 조서(詔書)를 남겼다. 그러나 측근인 환관 조고(趙高)가 승상인 이사(李斯)와 짜고 조서를 위조하여 시황제의 막내아들 호해(胡亥)를 진(秦) 제국의 제위에 오르도록 했다.

그리하여 진나라의 제2세 황제로 호해가 등장하자 피바람이 불기 시작했다. 맨 먼저 위험 분자로 지목된 사람이 맏아들 부소와 만리장성을 쌓은 명장 몽염이었다.

사마천이 남긴 기록에 의하면 몽염은 그때 죽음을 앞두고 깊은 한숨을 토하면서,

"도대체 나에게 무슨 죄가 있단 말인가. 아무런 죄도 없이 죽어야 하다니…."

이렇게 말하고 잠시 생각에 잠겼던 그는 다시,

"나의 죄는 죽어 마땅하다. 그것은 임조에서 요동까지 장성을 2만여 리나 쌓는 도중에 지맥을 끊은 일이 없다고 할 수는 없을 것이니, 이것이 바로 나의 죄라면 죄로다."

마침내 그는 독약을 마시고 자결했다.

물론 몽염의 죽음은 부소와 가까웠기 때문에 부소와 함께 그를 처치해 버리려는 조고 등의 책략에 의한 것이었다.

그러나 후일 사마천의 기록에 의하면, 몽염이 시황제의 비위를 맞추기 위해 토목공사에 열중한 나머지 수많은 백성들을 혹사하고 죽음을 당하게 했다고 적고 있다. 이러한 민원(民怨)은 조고 등이 그

를 죽이는 구실이 되기에 충분한 것이었다.

조고는 몽염과 부소뿐만 아니라 시황제 이래의 중신과 공자들을 모조리 죽이고, 결국은 진 제국의 기반을 뿌리째 흔들어 놓은 악랄한 모사였다. 더구나 그는 함께 일을 꾸민 이사마저 진 제국의 위기를 방치한 책임을 물어 혹독한 고문 끝에 죄명을 씌워 죽여 버렸다. 2세 황제 호해는 그야말로 허수아비에 불과했다. 중승상(中丞相)이라면 승상 다음의 요직이다. 스스로 중승상에 오른 일개 환관이었던 조고는 자기의 세력과 권위를 테스트해 보기 위하여 2세 황제 앞에서 노루를 가리켜 말이라고 했다.

2세 황제는 깜짝 놀라며,

"이것은 말이 아니라 노루가 아니오?"

라고 말하자, 좌우의 대신들은 모두 조고의 눈치를 보면서,

"그것은 말입니다."

하고 이구동성으로 대답했다.

시류에 따라 흑(黑)을 백(白)이라고 하는 지당주의(至當主義)는 이때부터 유래된다.

12. 연막전술과 도회술

얄팍한 재능이나 지식을 섣불리 자랑하거나 함부로 휘두르는 것은 위험한 짓이다. 그보다는 오히려 자신을 굽히고 감추어 밖으로 드러내지 않는 '연막전술' 또는 자기 마음을 숨기는 능력인 '도회술(韜晦術)'이 더 유리하고 효과적일 때가 많다. 이러한 연막전술과 도회술은 '보호색의 기만술'과는 다르다. 이것은 세상 일이 여의치 않거나 어려울 때, 또는 적에게 불의의 습격을 당했을 때나 또는 진퇴양난의 경우에 쓰는 수법이다.

자신의 속마음을 드러내지 마라

이 도회술을 국가 통치 내지는 개인 처세의 영역에 도입한 사람이 바로 한비자이다. 그는 군주가 자기의 일신을 지키기 위해서는 절대로 신하들에게 진심을 보여서는 안 된다고 주장했다.

그 당시의 군주들의 지위는 결코 안정된 것이 아니어서, 언제 중신이나 왕족으로부터 죽임을 당할지 알 수 없는 불안한 것이었다. 사실 춘추전국시대를 통해 보면 정변에 의하여 살해되거나 혹은 추방된 군주들이 헤아릴 수 없을 정도다. 무도하고 잔인한 일 같지만 인간의 그러한 권력욕이나 잔학성은 그대로 오늘날에도 변함없이 이어지고 있는 것이다.

　법치주의에 의한 중앙집권으로 왕권을 강화할 것을 주장한 한비자는 권신들의 모반으로부터 군주를 지키기 위해 항상 노심초사했다.

　- 군주가 자기의 호불호(好不好)를 나타내면 신하들은 아첨을 하고, 군주의 욕망을 알면 신하들은 그 틈을 비집고 들어온다.

　- 군주가 호불호를 나타내지 않으면 신하들은 본색을 드러낸다. 신하들이 본색을 드러내면 군주는 속는 일이 없다.

　- 그대는 말에 조심하라. 그렇지 않으면 남이 그대의 정체를 꿰뚫어 볼 것이다. 그대는 행동에 조심하라. 그렇지 않으면 남이 그대를 공격할 것이다. 그대에게 지식이 없다는 것을 알면 사람들은 그대를 속이려고 할 것이다. 그러니까 그대는 모른 체함으로써 상대를 깊이 알 수 있다.

　이와 같이 한비자는 윗사람과 아랫사람, 대등한 사람들끼리의 '인간관계'에 대해 설명했다. 서양의 마키아벨리는 한비자보다도 1,700여 년 후에 꼭 같은 말을 했다.

　- 사람은 그의 본심을 노출시키면 안 된다. 목적을 달성할 때까지는 어떤 수단이라도 사용해야 하기 때문이다. 다음에 그 예를 들어본다. 때는 한(漢) 왕조 말기. 위, 촉, 오의 세 나라가 서로 자웅을 다툴 때의 일이다.

　이때 위나라의 조조와 촉나라의 유비는 숙명의 라이벌이었는데, 처음에는 조조가 훨씬 우세했다. 즉, 조조는 천하를 거의 평정하고 재상 겸 군대의 대원수를 겸하는 최고의 실권자였다.

　한편 유비는 짚신을 삼아서 파는 신분에서 입신하여 좌장군으로 출세했지만, 아직 조조의 부중(府中)에서 보호를 받고 있는 처지였다. 그 무렵 조조의 전횡을 미워하는 사람들이 은밀히 그의 타도를 도모하여 유비는 그 중심 인물로 추대되고, 연판장에도 서명을 했다. 그러나 유비는 조조의 의심을 피하기 위해 부중의 마당에서 채소를 가꾸는 일에 정성을 쏟았다. 겉으로는 한세월(閑歲月)을 꾸미는 일종의 도회술이었다. 그런데 하루는 그 유비를 조조가 불시에 불렀다.

　"최근에 무슨 재미있는 일을 시작한 모양이더군요."

　이 말을 듣자 유비는 연판장에 서명한 것이 탄로났는가 싶어 가슴이 철렁했다. 그러나 뒤이어 조조가 채소밭 이야기만 계속했기 때문에 유비는 안도의 숨을 쉬었다.

　이윽고 두 사람이 술자리에 마주앉자 조조가 불쑥 물었다.

　"그대는 오랫동안 천하를 두루 돌아보았으니 잘 알 것이오만, 그래 당세의 영웅은 누구라고 생각하오?"

　참으로 기묘한 질문이었다. 유비가 잘 모르겠다고 대답하자, 조조가 하도 강청하는 바람에 당대의 몇 사람을 들어서 말했더니, 조조는 코웃음을 치며 말했다.

　"그런 따위의 무리들을 어찌 영웅이라 하겠소. 가슴속에는 대망을 품고 뱃속에는 지모를 감추고 있는 천하의 영웅은 바로 그대와 나뿐이오."

　유비는 자기도 모르게 안색이 변하며 손에 들었던 젓가락을 떨어뜨렸다. 자기에게 큰 뜻이 없음을 보이기 위해 채소를 가꾸는 일까지 했는데, 조조가 그것을 꿰뚫어 보다니, 놀라지 않을 수 없었던 것이다. 그 순간 마침 하늘에서 크게 천둥 번개가 울렸다. 유비는 얼른 그것을 이용하여,

"천둥소리에 그만 큰 실례를 했습니다."

하고 자기가 겁쟁이인 것처럼 위장했다. 이것은 조조의 인물 테스트에 대한 유비의 교묘한 은폐술이라고 할 수 있겠다.

알고 있어도 모르는 체하라

춘추전국시대에는 나라의 흥망성쇠가 하도 많아서 때로는 자신의 신분을 숨기거나 속이는 경우가 많았다.

어느날 왕과 한 대신이 바둑을 두고 있었다. 그때 국경 부근에서 횃불이 오르고 적이 기습해 왔다는 급보가 들어왔다. 왕은 당황하여 바둑돌을 던지고 중신들을 소집하려고 했다. 그러자 대신은 아무 일도 없다는 듯 태연한 얼굴로 왕을 제지하면서,

"염려마십시오. 그 횃불은 이웃 나라 왕이 사냥을 하고 있기 때문입니다."

라고 말하면서 바둑을 계속 뒀다. 왕은 반신반의하면서 다시 바둑을 두기 시작했으나 마음이 편치 못했다.

한참 후에 국경에서 전령이 달려와, 적이 기습한 것이 아니고 실은 이웃 나라 왕이 사냥을 하고 있는 것을 잘못 보고했다고 알려왔

다. 왕은 놀라운 표정으로,

"그대는 어떻게 그것을 알고 있었소?"

하고 물었다. 대신은 미소를 지으며 대답했다.

"저는 이웃 나라에도 정보망을 가지고 있어서, 오늘 그 나라의 왕이 사냥을 한다는 것을 이미 알고 있었습니다."

그 말을 듣고 왕은 감탄하기를 마지않았다. 그러나 그후 왕은 그 대신을 경계하여 조정에서 내치고 말았다.

이 고사에는 두 가지의 문제점이 있다. 한 가지는 그 대신이 적국의 사정에 대한 얘기를 자세히 하지 않고 우연의 일치처럼 꾸몄으면 왕의 경계심을 사지 않았을 것이라는 점이다. 다른 또 하나는 그렇게 능수능란한 대신을 잘 다룰 능력이 없는 무능한 왕이 유능한 신하를 잃어버렸다는 점이다.

똑똑한 사람은 경계를 받는다

상나라의 주왕(紂王)은 밤낮없이 술자리만 계속하다 보니, 그날그날이 며칠인지도 모르고 있었다. 시신(侍臣)들에게 물어도 아무도 모른다고 했다.

그래서 하는 수 없이 왕족 중에 지혜가 높기로 이름난 기자(箕子)에게 사람을 보내 물어 보았다. 기자가 집안 사람에게 말했다.

"왕이라는 자가 날짜를 모를 정도라면 이 나라도 끝장이다. 그러나 모든 근신들이 날짜를 잊어버렸다는데 나만이 알고 있다고 한다면 왕이 나를 경계할 터이니 일신상 해롭겠구나."

그래서 기자는 왕의 시신에게,

"신도 취해서 오늘이 며칠인지 잊어버렸습니다."

라고 대답해 돌려보냈다.

이 이야기는 물론 '한비자'식의 우화일 것이다. 주왕은 대표적인
폭군으로서, 상왕조를 망친 사람이다. 상나라가 망한 뒤 기자는 중
국을 떠나 고조선으로 가서 기자조선을 세웠거니와, 그가 현명한
연막전술을 씀으로써 위험에서 벗어날 수 있었던 것이다.

능력대로 대우하라

제갈공명과 쌍벽을 이루는 당세의 군략가 방통(龐統)이 유비를
찾아왔다. 이때 마침 공명은 지방을 순시중이라 아직 돌아오지 않
고 있었다.

"강남(江南)의 명사 방통이란 분이 와서 뵙겠다고 합니다."

"그 높은 이름을 내 들은 지 오래다."

하고 유비는 크게 기뻐했다.

그런데 방통이 들어오면서 유비에게 읍하지 않으며 절도 하지 않
았다. 유비는 그의 얼굴이 추함을 보자 마음에 그리 기쁘지 않았으
나 좋은 얼굴로 말했다.

"멀리 오시느라 수고하셨소."

"황숙(皇叔 : 유비)께서 현사를 융숭히 대접한다기에 특별히 찾아

왔습니다."

하고 방통이 거만하게 말했다.

"지금은 형초(荊楚)가 정해져서 마땅한 자리가 없고, 다만 여기서 백삼십리 되는 뇌양현에 지금 현재(懸宰) 자리가 비었으니, 잠시 그곳에 가서 있으면 기회를 보아 내 다시 중용하겠소."

'유비가 나를 대함이 몹시 박하구나.'

방통은 마음이 섭섭했으나 하는 수 없이 뇌양현으로 부임했다.

방통이 뇌양현에 부임했으나 정사(政事)를 다스리지 않고 날마다 술만 마시며 나날을 보냈다. 이 소식을 들은 유비는 몹시 노했다.

"좀된 선비가 감히 나의 법도를 산란케 하는구나."

유비는 곧 심복 맹장 장비를 불러 분부했다.

"사람을 데리고 여러 지방을 순시하여 만일 공사에 게으르고 법을 지키지 않는 자가 있거든 엄히 문책하라. 일에 소홀함이 없도록 각별히 주의해야 하니, 손건(孫乾)과 함께 가라."

장비가 분부를 듣고 손건과 함께 뇌양현에 이르렀다. 군민 관리들이 모두 성곽까지 출영하는데 현령만이 보이지 않았다.

"현령은 어디 있나?"

장비가 못마땅한 얼굴로 묻자 옆의 사람이 대답했다.

"방현령이 도임한 후로 백여 일이 지났으나 현중의 일은 다스리지 않고 날마다 술을 마시는데, 오늘도 술이 깨질 않아 아직 일어나지 못하고 있습니다."

장비가 대로하여 곧 잡아 올리게 하니 손건이 손을 저어 만류했다.

"방통은 고명한 사람이니 가벼이 대하지 말고 현에 들어가 물은 연후에 과연 이치에 마땅치 않거든 그때 죄를 다스릴지라도 늦지 않을 것이오."

장비는 현청에 들자 상좌에 자리를 정하고 현령을 들어오게 했다. 방통이 몹시 취하여 의관도 미처 제대로 갖추지 못하고 좌우의 부축을 받으며 나왔다.

장비는 소리를 가다듬어 꾸짖었다.

"우리 주공께서 네게 현령의 자리를 맡겼는데 네 어찌 현의 일을 진폐하는가!"

"내가 현의 일을 진폐한 것이 무엇이오?"

"네 도임한 지 백여 일이 지나도록 밤낮없이 술만 마셨으니 무슨 정사를 보았단 말이냐?"

듣고 나자 방통이 태연히 말했다.

"이까짓 백리 소현(百里小縣)의 사소한 일들을 가지고…. 장군은 잠시 앉아 저의 발락(發落)을 기다리시오."

하고 방통은 공리(公吏)를 불러 영을 내렸다. 여기서 발락이란 특정 사안에 대하여 판결을 내리는 것을 말한다.

"백여 일 동안 쌓였다는 공무를 가지고 와서 나에게 아뢰어라."

공리들은 안권(案券)을 들고 와서 소사(訴詞)를 바치고 한편으로 피고인들을 뜰 아래 꿇어앉혔다.

방통이 일면으로 송사를 듣고 일면으로 판단을 내리며 즉석에서 결정을 짓는데, 사사에 곡직이 조금도 어긋남이 없고 또한 지극히 분명하여 백성들이 다 엎드려 절하며 복종한다. 반나절이 채 못되어 백여 일 밀린 일을 모두 마치자 방통은 땅바닥에 붓을 던지며 말했다.

"내가 천하의 일들을 손바닥의 글 보듯 하는 터에 이런 소현을 어찌 개의하리오."

장비가 몹시 놀라 자리에서 일어나 사죄했다.

"선생의 큰 재주를 알지 못해서 제가 그만 실경(失敬)을 했습니다. 용서하십시오."

장비가 형주로 돌아와 유비에게 방통의 일을 자세히 보고했다.

"내 대현(大賢)을 푸대접했으니 이는 나의 큰 잘못이군."

유비가 자못 감탄하는데 마침 공명이 돌아왔다 한다. 유비가 마중하여 예가 끝나자, 공명이 먼저 물었다.

"방통 선생은 요사이 안녕하십니까?"

"요새 뇌양현을 다스리게 했더니 술만 마시고 정사를 전혀 돌보지 않는다 하오."

공명이 웃으며 말했다.

"방통 선생은 백리를 맡길 재질이 아니며, 그의 배운 바 아는 것은 저보다 십 배나 더합니다."

"…."

"대현에게 소임(小任)을 맡기면 간혹 술을 일삼고 정사를 등한히 하는 수가 있습니다."

"만일 장비의 말을 듣지 못했더라면 대현을 잃을 뻔했소이다."

드디어 유비는 방통으로 부군사(副軍師) 중랑장을 삼고 공명과 함께 방략(方略)을 돕게 했다.

유능한 사람이 정당한 대우를 받지 못하면 오히려 빗나가서 일부러 멍청이 짓을 하거나 반항하는 것은 요즘도 우리 주변에서 흔히 볼 수 있는 일이다.

논쟁에서 불리할 때는 핵심에서 비켜가라

제나라의 선왕(宣王)이 맹자(孟子)의 추궁을 받고 궁지에 몰려 쩔쩔 맨 일화가 있다.

어느날 맹자가 선왕에게 물었다.

"먼 여행을 떠난 친구의 부재중에 그 처자를 맡았는데, 책임을 지지 않고 굶주리게 버려 두는 그러한 자가 있다면 어떻게 하시겠습니까?"

이 말에 선왕은 서슴지 않고 대답했다.

"추방해야지."

"그럼 대신이 책임을 다하지 못하고 부하의 통솔도 제대로 못하면 어떻게 하시겠습니까?"

"그런 자는 관직을 삭탈해야지."

"그럼 나라가 잘 다스려지지 않고 있으면 어떻게 하시겠습니까?"

그 순간 선왕은 대답을 하지 않고 좌우를 돌아보며 딴소리만 계속했다. 그는 마치 급한 다른 용무가 갑자기 생각난 듯이 좌우의 측근들을 돌아보면서 엉뚱한 말로 위기를 넘긴 것이다.

대답에 궁하면 시치미를 떼고 멍청한 척한다. 이 경우는 다소 애교가 있고 유머러스한 해학성도 있다.

또한 이와는 달리, '가만 있자, 다른 사람에게 한번 물어봐야겠는 걸'하고 핑계를 대면서 위기를 모면할 수도 있다. 이런 경우에 논리적으로 따져 들어간다면, 그 논쟁은 십중팔구 지게 마련이다.

머리털로 목을 대신한 순발력

때는 바야흐로 맥추(麥秋).

조조는 군사를 이끌고 남양성(南陽城)을 치러 갔다. 들에 보리는 누렇게 익어 머리를 숙였는데, 5리를 가도 10리를 가도 밭에 나와 보리를 베는 사람이 없었다. 군사가 온다고 듣자 백성들이 모두 몸을 피하여 멀리 숨고 감히 나오지 못하기 때문이었다.

이를 알아채린 조조는 즉시 사람을 시켜서 각 촌의 부로(父老)들과 각처 관리들에게 다음과 같이 유고(諭告)를 전하게 했다.

'내 천자의 조직을 받들고 군사를 내어 역신을 쳐서 백성들의 해를 덜려고 하는 바이라. 지금 보리가 익었을 때 군사를 일으킨 것은 부득이한 일이니, 대소 장교들은 보리밭을 지날 때 각별히 조심하되, 만약 함부로 짓밟는 자가 있으면 누구를 막론하고 모두 목을 벨 것이다.'

백성들은 유고를 전하여 듣자 모두 기뻐했다. 다들 조조의 덕을 칭송하며 대군이 지나는 곳마다 길에 나와서 향을 피우고 무수히 절을 했다.

군사들은 조조의 영이 엄한 것을 잘 알고 있는 터라, 보리밭을 지날 때마다 모두 말에서 내려, 손으로 보리 이삭을 잡고 차례차례 나아가며 한 사람도 감히 보리를 밟는 자가 없었다.

이때 조조가 말을 타고 역시 조심조심 보리밭을 지나는데 갑자기 밭 가운데서 난데없는 비둘기 한 마리가 푸드득 날아오르자, 그가 탄 말이 깜짝 놀라서 껑충 뛰어 보리밭 속으로 뛰어들었다. 보리가 여지없이 짓밟히고 말았다.

이날 해질 무렵에 한 곳에 이르러 영채를 세우고 나자, 조조는 곧 중군장으로 행군 주부(行軍主簿)를 불러들였다.

"불러 계십니까?"

주부가 들어오자 조조는 곧 말했다.

"음, 내가 오늘 보리를 밟았으니 곧 그 죄를 다스리도록 하오."

뜻밖의 말을 듣고 주부는 몹시 송구했다. 그는 두 손을 맞비비며 말했다.

"황공합니다. 승상의 죄를 누가 감히 다스리겠습니까?"

그러나 조조는 자못 엄숙한 어조로,

"내가 법을 정해 놓고서 내 스스로 범한다면 다른 사람들을 어떻게 복종시킨단 말이오."

말을 마치자 즉시 차고 있던 칼을 빼어 스스로 목을 찌르려 했다. 좌우가 급히 달려들어 칼을 빼앗고 만류할 때 곽가(郭嘉)가 입을 열어 말했다.

"춘추에 '법불가어존(法不加於尊)'이라 했습니다. 승상께서 대군을 통령하고 계신 터에, 스스로 목숨을 끊어서야 되겠습니까?"

조조는 한참 동안 침음하다가, "이미 춘추에 그렇듯 존인(尊人)은 법으로 다스리지 못한다는 뜻이 있다고 한다면 내가 죽기는 면했소."하고, 칼을 들어 자신의 머리카락을 싹둑 잘라 땅에 내던지며 말했다.

"이 머리털로 목을 대신하겠소."

곧 자른 머리를 삼군(三軍)에게 보이게 하며,

"승상께서 보리를 밟으시매 본래는 참수할 것으로되, 이제 머리털을 베어 대신하노라."

조조의 위기 모면술도 이만하면 범인의 수준을 넘는 것이다.

계획적으로 바보인 척하라

위나라의 서문표(西門豹)가 업의 현령으로 부임하자, 먼저 지방 사람들을 모아놓고 어려운 일이 없는가 하고 물어 보았다. 그러자 이 지방에서는 해마다 하신(河神)에게 처녀를 제물로 바쳐야 하는데, 그에 따르는 폐단이 이루 말할 수 없다고 호소했다.

"해마다 때가 오면 무녀(巫女)가 집집을 돌아다니면서 예쁜 처녀를 찾아냅니다. 그리고는 비단으로 지은 새옷을 입혀서 강가에 붉은 포장을 치고 사당을 만들어 거기다 가두어 놓고는 처녀에게 고기와 밥을 줍니다. 이렇게 십수일이 지나서 처녀를 바칠 때가 되면 가마에 태워서 강물에다 흘려보냅니다. 이 비용으로 해마다 수만 금이 할당되어 돈을 내놓지만, 실제 사용되는 것은 이삼천 금이며 나머지는 이 지방의 사당 원로와 무녀가 각각 절반씩 나누어 착복을 한답니다. 비용도 비용이지만 처녀가 있는 집은 모두 이웃 마을로 도망을 가기 때문에 마을이 황폐해지고 있습니다."

"어째서 그런 어리석은 짓을 하는가?"

"하신에게 처녀를 바치지 않으면 마을에 홍수가 난다고 해서 그럽니다."

"이제 알았으니, 이번에 그날이 닥치거든 내게 알려주도록 하게."

이윽고 그날이 왔다. 강가에 준비가 갖추어지자 수많은 제자들을 거느린 무녀가 사당 원로와 함께 자못 엄숙한 표정을 짓고 강가에 늘어섰다. 그곳에는 마을 사람들도 모두 나와 있었다. 마침내 처녀가 사당에서 걸어 나오자 서문표가 썩 나서며 말했다.

"이 처녀는 가히 미인이라고 할 수 없군. 이래서야 하신에게 무례가 되지 않겠나."

말을 마치자 서문표는 무녀를 돌아보며 다시 말을 이었다.

"미안하지만 그대가 하신에게 심부름을 좀 다녀와 주겠나. 좀 더 예쁜 미인을 찾아줄 테니 조금만 더 기다려 달라고 전해주고 오게."

하고는 부하들에게 명하여 다짜고짜 무녀를 강물 속에 던져 버렸다.

"이상하군. 무녀가 도무지 돌아오지 않으니 이번에는 그 제자들을 보내 봐야겠군."

무녀의 처녀 제자들이 차례로 던져졌으나 아무도 돌아오지 않았다.

"이거 안 되겠군. 무녀나 그 제자들이나 모두 여자니깐 하신 앞에서 말을 제대로 못하는가 보군. 이번에는 원로 사당(祠堂) 어른에게 부탁을 해야겠군."

이어서 사당 원로가 던져지고 계속 또 다른 사당 패거리 한 사람이 던져졌다. 서문표는 강을 향하여 넙죽 큰절을 하고서는 한참 동안 바라보고 섰다가, "아무도 돌아오지 않는군. 어떻게 되었을까? 정말 이상하군." 하고 다른 사당 패거리들을 쳐다보고 어떻게 하면 좋을 것인가를 은근히 물었다. 그제서야 못된 무리들의 얼굴이 창백해지며, 목숨만은 살려 달라고 애걸복걸했다. 그후부터 하신에게 처녀를 바치는 악습은 없어지게 되었다.

서문표는 뻔히 들여다보이는 일을 아예 시치미를 떼고 멍청한 시늉을 하며 하고 있었지만, 실은 매우 철저하고 계획적임을 알 수 있다.

자신의 위치는 스스로 찾아라

제나라의 유명한 재상 맹상군(孟賞君)은 인재 양성으로도 유명했다.

그의 저택에는 항상 3천여 명의 식객들이 들끓고 있었는데, 풍환이라는 자도 맹상군이 어진 이를 잘 대우한다는 소문을 듣고 식객으로 들어갔을 때의 일이다.

맹상군의 저택에는 식객들을 위하여 3등급의 숙사가 준비되어 있었다. 풍환은 보잘것없는 풍채에다 아직 인정을 받지 못했기 때문에 최하급의 숙소에 배치되었다.

그가 가진 것이라곤 한 자루의 칼밖에 없었다. 그는 그 칼을 손으로 두들기면서 곡조를 붙여 노래를 불렀다.

"장검(長劍)이여, 돌아가야겠구나. 내게는 고기도 주지 않는구나."

관리인으로부터 이 보고를 받은 맹상군은 미소를 지으며 그를 중급의 숙사로 옮겨 주었다. 그러자 고기반찬이 나왔다. 그러나 풍환은 여전히 칼을 두들기며 노래를 불렀다.

"장검이여, 돌아가야겠구나. 외출하는데 수레도 없지 않은가?"

참으로 능청스러운 자였다. 그는 다시 최상급의 숙사로 옮겨지고, 전용의 수레까지 주어지게 되었다. 그런데도 그는 다시 칼을 두들기며 노래를 했다.

"장검이여, 돌아가야겠구나. 이래서는 아내와 같이 살 수가 없겠구나."

맹상군도 이번에는 어이가 없어 그대로 내버려 두었다. 풍환은 그 이상은 더 말하지 않고 그대로 1년 이상을 지냈다.

그후 풍환의 활약이 시작되지만, 인재를 대우한다고 알려진 맹상군이 기껏 풍채만으로 차별 대우를 하는 데 대해 풍환은 멍청한 시늉으로 허점을 찔러 자신의 위치를 찾은 것이다.

도회술은 동양인 특유의 술수이다. 인도나 아라비아인들은 그것이 너무 지나쳐서 철저히 은둔주의로 나가거나 신비주의로 치닫기 때문에 인간 관계의 묘미가 없다.

입이 무거워야 오래 살아남는다

한(漢)나라 경제(景帝) 때의 일이다.

시종장에 주문(周文)이라는 자가 있었다. 시의(侍醫)로서 선대의 문제(文帝)를 모시고 있었으나 태자의 몸시중을 들게 되어, 태자가 즉위하자 그 시종장이 된 것이다.

이 주문은 입이 무겁고 신중한 인물이었다. 항상 누덕누덕 누빈 옷을 입고, 꾀죄죄한 예복에다 더러운 모습을 하고 있었다. 그래서 왕은 안심하고 그를 침실에까지 출입을 시켰으며, 여자와 방사(房事)를 할 때에도 방 밖에서 대기를 시켰을 정도였다.

경제가 승하한 후에도 그는 시종장의 지위에 머물러 있었으나, 후궁에서 일어난 일은 한 번도 입 밖에 내지 않았다. 때때로 주문은 경제로부터 신하들의 인물에 관해 하문을 받았으나 그럴 때마다,

"폐하께서 판단하십시오."

하고 말하며, 신하의 운명을 좌우하는 말은 일절 하지 않았다.

그가 수도인 장안(長安)에서 양릉(陽陵)으로 거처를 옮겼을 때도 왕은 기회가 있을 때마다 여러 가지 하사품을 내렸으나 그는 그때마다 사양했다.

다음 무제(武帝)가 즉위했을 때도 그는 선제의 총신으로서 대우를 받았다. 그가 말년에 병으로 사직할 때는 2천 석의 땅을 하사 받고 조용히 고향에 은거했다.

이 주문이 시중을 든 시기는 극도의 혼란기였다. 왕비가 죽고 후궁 율희(栗姫)가 아들을 낳아 왕비가 되려다 폐출 당하고 태자도 폐

위되어 다음 후궁의 아들, 즉 무제가 등극하는 궁중의 소용돌이 속에서 그의 철저한 도회술이 그로 하여금 유종의 미를 거두게 해 준 것이었다. 권력의 주변에서 부정만 일삼는 자들과는 하늘과 땅만큼의 차이가 있다.

현실에 적응하라

기원전 170년경, 한나라의 무제가 재위할 때였다.

궁중의 서기로 있는 동방삭(東方朔)은 이미 도회(韜晦) 인생의 전형적인 표본으로 널리 알려져 있었다. 동방삭은 시초에 그의 상소문이 무제의 관심을 끌어 시종으로 발탁된 자였다. 무제는 그의 언행이 마음에 들어 자주 식사도 함께 했는데, 그는 먹다 남은 고기를 몽땅 그대로 품에 넣어 가지고 궁에서 나갔다. 옷이 진득진득해졌지만 그는 조금도 개의치 않았다.

그는 간혹 비단을 하사받기도 했으나 그것을 아무렇게나 어깨에 메고 물러나오기도 했다. 돈이 생기면 젊은 여자를 취하여 1년쯤 살다가 버리고 또 다른 여자를 구했다. 하사된 돈이나 물건은 모두 그 일에 탕진했다. 동료들은 그를 변태로 여겼으나 무제는 '동방삭에게 일을 시키면 너희들은 흉내도 내지 못할 것이야'하고 칭찬했다. 그는 술에 취하면 아무데서나 잠들고 노래도 곧잘 불렀는데, 다음과 같은 노래를 즐겨 불렀다.

풍진 세상 사는 데 힘들 게 뭐 있나
어디에 있든지 마음먹기 나름이지
세상을 사노라, 궁중의 시종일세
구태여 깊은 산, 암자를 찾아 무엇하리

한 번은 후배들이 그에게 물었다.

"소진이나 장의는 그 이름을 후세에 길이 남겼습니다. 선생처럼 학문도 지식도 높은 분이 기이한 생활을 하면서 출세를 하려고 하지 않으니, 그것은 대체 무슨 까닭입니까?"

동방삭은 이때 후배들에게 제법 진지한 답변을 한 것으로 '사기'에 기록되어 있다.

"제군들이야 그 이치를 알 까닭이 없지. 소진이나 장의는 약육강식의 전국시대이기 때문에 출세한 사람들이야. 그러나 지금 한 왕조의 세상은 질서가 잡히고 안정되어 있네. 소진이나 장의도 지금 세상에 태어났다면 별 수 없는 사람이 되었을지도 모르는 일이네. 옛부터 '천하에 재해가 없으면 성인이라도 그 재간을 쓸 수 없고, 상하가 화동(上下和同)하면 현인이라도 공을 세울 여지가 없다'고 하지 않던가. 시대가 변하면 모든 게 변하는 것이라네. 지금 재야(在野)에는 빛을 못 본 뛰어난 인물들이 많다네. 평화로운 시대에 어진 인물이 초야에 묻히는 것은 별로 이상한 일도 아닐세."

현 체제 속에 살면서, 그러면서도 그 체제에 만족할 수 없어서 갈등을 느끼고 거기에 반발하는 사람들을 흔히 본다. 그런 때일수록 아주 차원 높은 도회 인생의 철학이 필요한 것이다. 동방삭은 도회술의 경지를 넘어 세상사를 초월한 선인의 경지에 이르렀다고도 볼 수 있다. 그래서 '삼천갑자(三千甲子) 동방삭'이라고 불릴 만큼 그가 장수를 누렸는지도 모른다. 60갑자가 3천 번이면 계산상으로는 18만 년이 된다. 물론 과장된 표현이다.

술이 유죄

촉한(蜀漢)의 유비가 아직 때를 만나지 못하고 형주 자사 유표에게 몸을 의탁하고 있을 때였다.

어느날 유표와 둘이서 후당에서 술을 마시다가 유비가 자리에서 일어나 측간에 갔다. 무심코 보니 넓적다리에 두둑하게 살이 올라 있었다. 자신도 모르게 유비의 눈에 눈물이 뚝뚝 흘러내렸다.

유비가 다시 자리로 돌아오자 유표는 그의 얼굴을 물끄러미 바라보며 물었다.

"얼굴에 눈물 흔적이 있는데 웬일이오?"

유비는 길게 탄식하고 대답했다.

"전에는 하루도 몸이 말안장을 떠나지 않아 넓적다리에 살이 없더니, 이제는 오랫동안 말을 타지 않아서 살이 두둑하게 올랐습니다. 세월은 덧없이 흘러가건만 아직도 공업(功業)을 세우지 못했으니 그게 서럽습니다."

유표는 위로하며 말했다.

"내가 들어 보니 천하의 조조마저도 그대를 당세의 영웅이라고

했다는데, 그대 같은 영걸이 어찌 공업을 세우지 못할까 근심한단 말이오?"

역시 술이 취한 탓이었다. 유표의 말을 듣자 유비는 무심코 입을 놀려 마음속에 있는 말을 해버렸다.

"사실 저에게 기본만 있다면 천하의 녹록한 무리들이야 뭐 별것이겠습니까."

그 말에 유표가 입을 다물고 아무 대꾸가 없는 것을 보자 유비는,

'아차, 그만 내가 객적은 말을 했구나….'

속으로 뉘우치고 총총히 관사로 물러났다.

유비의 말에 유표는 심사가 좋지 못했다. 그를 보내고 내택으로 들어가자 유표의 아내 채부인이 말했다.

"오늘도 제가 병풍 뒤에서 유비의 말을 가만히 들으려니까 남을 아주 업신여기는 것이 장차는 우리 형주도 삼켜 버리려는 게 분명합니다. 진작 없애버리지 않으면 반드시 후환이 될 것입니다."

유표는 그 말에 아무 대답도 하지 않고 오직 머리만 흔들 뿐이었다. 그러자 채부인은 가만히 채모를 불러들여 상의했다. 채모가 나직한 음성으로 말했다.

"별 도리가 없습니다. 유비가 지금 관사에서 쉬고 있으니 그대로 죽여 없애고, 나중에 주공께 고하기로 하지요."

"그럼 어서 그래라."

채부인이 허락하자 채모는 곧 물러나와 군사를 점고했다. 이리하여 유비는 위기를 맞게 되었으나, 다행히 미리 일러주는 사람이 있어서 급히 도망쳐 간신히 목숨을 건질 수 있었다. 이와같이 함부

로 속마음을 털어놓다가는 생명마저 위태롭게 되는 수도 있는 것이다.

위장술에 속지 마라

위나라의 실권자인 대장군 조상(曹爽)에게도 한 가지 궁금한 일이 있었다. 그것은 그의 라이벌인 태부 사마중달의 허실을 알지 못하는 일이었다.

그렇다고 사람을 보내 알아볼 수도 없는 일이어서 속만 태우고 있는 참이었는데, 때마침 좋은 기회가 생겼다. 곧 위왕이 이승(李勝)을 청주 자사로 제수한 바 있어, 그를 사마중달에게로 보내 그를 정탐시키기로 했다.

이승이 사마중달의 부중에 이르러 문지기에게,

"청주 자사로 가게 되어 인사 여쭈러 왔으니, 태부께 전갈하오."

하고 온 뜻을 고하자, 사마중달은 이 말을 전해 듣고는 그의 두 아들을 돌아보고 말했다.

"내 생각으로는 필시 조상이 허실을 염탐하려고 이 자를 보낸 것에 틀림없다."

이렇게 말하는 한편 쓰고 있던 관(冠)을 벗고 머리를 산발하여 우수수 병든 양 꾸민 다음, 와상에 올라 이불을 끌어안고 양 옆으로는 두 시비를 시켜 부축케 하고 난 뒤 이승을 안으로 청해 들였다.

이승은 와상 앞에 이르자 절하고 말했다.

"태부를 뵈온 지 오래였지만, 이렇듯 병환이 위중하실 줄은 몰랐습니다. 오늘은 제가 청주 자사로 가게 되어 인사를 겸하여 찾아 뵈었습니다."

사마중달은 웃으며 대답했다.

"응, 그래? 병주는 삭방(朔方)에 가까우니 특히 방비를 굳게 하게."

이승은 그의 말이 두서가 맞지 않음을 보자 당황하여,

"청주로 가옵지 병주가 아니옵니다."

하고 고쳐 말하자 사마중달은 여전히 벙긋 웃으며 말했다.

"음, 네가 병주에서 오는 길이구나…."

이승은 속이 타서,

"병주가 아니고, 산동의 청주입니다."

"오오라, 네가 산동의 청주에서 왔구나. 그래 잘 있었나?"

이승은 더욱 기가 막혀,

"태부께서는 어이 이다지도 병환이 위중하십니까…."

이승이 탄식하여 마지않으니, 좌우에 있던 사람들이 귀띔을 해준다.

"태부께서는 가는귀까지 먹어서 저러시는 겁니다."

그제야 이승은 알아차린 듯 자필묵을 빌려다 온 뜻을 대강 적어 보였다. 물끄러미 종이짝을 들고 보던 사마중달은 고개를 끄덕이며,

"내가 오래 앓더니 귀까지 먹은 것 같아…."

하면서 또 한번 바보처럼 입만 크게 벌리고 웃는 것이었다.

"그럼 멀리 가는 길이니 부디 몸조심이나 하게."

하며 말을 미처 마치지 못하고 손가락으로 입을 가리키니 시비가 서둘러 약을 올렸다. 이승이 바라보니, 약을 마시는 사마중달의 손은 덜덜 떨리고, 넘치는 약은 옷깃을 흥건히 적신다.

이윽고 사마중달은 목메인 소리로,

"내 이미 늙고 병들어 목숨이 조석에 달렸으니 바라건대 그대는 내 두 아들을 잘 인도해 주게. 그리고 대장군(조상을 가리킴)을 뵙거든 부디 부탁이나 잘해 주고…."

겨우 말을 마치자 사마중달은 침상에 거꾸러지듯 누웠다. 숨소리가 가쁘게 일어나고 헐떡거리는 모습은 차마 눈 뜨고 보지 못할 지경이었다. 이승은 몹시 측은하게 여기며 절하고 자리를 물러나왔다. 이승은 사마중달의 부중을 나와 바로 조상을 찾아가 듣고 본 바를 세세히 아뢰었다. 조상은 듣고 나자,

"그 늙은이만 죽고 나면 무슨 근심이 또 있을까!"

하며 크게 기뻐했다.

한편 이승이 물러가자 사마중달은 자리에서 벌떡 일어나며 두 아들에게 말했다.

"이승이 돌아가서 소식을 전하고 보면, 조상은 나에 대한 경계심을 풀 것이다. 우리가 이런 때를 타서 그가 사냥하려 성 밖으로 나가기를 기다려 대사를 도모한다면 무엇이 어렵겠느냐!"

과연 때는 너무도 일찍 왔다. 그리고 며칠이 지나지 않아 사마중달은 반정을 일으켜 조상의 무리들을 모조리 죽이고 실권을 장악했다.

13. 적을 만들지 마라

누구와 동맹하고 누구와 적대할 것인가, 아니면 중립을 지킬 것인가, 스스로 고립주의에 빠질 것인가?

이것을 정확하게 판단하고 결정하는 것은 참으로 어려운 일이다. 그 판단과 결정 여하에 따라 그 사람의 흥망성쇠는 물론 생사까지도 좌우되기 때문이다.

말을 삼가고 뽐내지 마라

당나라 명황 시대에 한림원의 기대소 출신 기사(棋士)로 왕적신(王積薪)이란 사람이 있었다.

현종 15년 6월에 안록산(安祿山)의 반군이 수도를 함락시키자 왕적신도 서촉(西蜀)으로 피난을 떠나게 되었다. 서촉은 지금의 사천성으로 산세가 매우 험했다. 그는 기진맥진하여 밤길을 헤매다가 한 민가를 발견하고 하룻밤을 의탁하게 되었다. 흐릿한 달빛이 송림 사이로 비쳐 올 무렵 감자로 허기를 때운 왕적신이 물었다.

"이곳에는 고부 두 분만 사시는지요?"

"그렇습니다. 며느리와 같이 이렇게 산수간에 살면서 임천한흥(林泉閑興)의 즐거움을 만끽하고 있습니다."

왕적신은 정중하면서도 해박한 지혜를 감추고 있는 것 같은 노파에게 자신의 처지를 숨김없이 얘기했다. 그러자 노파가 말했다.

"저기 있는 숯으로 여기에 글자 하나만 써 보시지요."

왕적신은 처음에는 영문을 몰라 어리둥절했다. 그러나 이내 그 뜻을 알아차리고 숯을 집어 들고는 반석 위에 무슨 글자를 쓸까 하고 생각에 잠겼다. 그러다가 이윽고 알 '지(知)'자를 썼다.

이를 보고 노파가 말했다.

"지(知; 알 지)라는 것은 안다는 뜻이긴 하지만 과녁(口; 입 구)을 진리의 화살(矢; 화살 시)로 꿰뚫어야 비로소 안다(知)고 할 수 있습니다. 그러기에 우주 만물의 이치를 알면 비로소 신인합일(神人合一)의 경지에 이를 수 있지요. 그러나 화살은 세모꼴이니 그것은 마치 독사의 머리를 닮아 어설픈 소인배들이 입(口)을 함부로 놀려 사람에게 상처를 입히지요. 돌아가시거든 부디 말을 삼가십시오."

"네, 명심하겠습니다."

노파가 다시 말했다.

"글자 하나를 더 써 보시지요."

그러자 이번에는 자신이 기사(棋士)임을 생각해 내고 '바둑 기(棋)'자를 반석 위에 썼다. 노파는 이번에도 심각한 얼굴로 말했다.

"무릇 장기라는 것은 마음속의 근심을 판에 장기짝을 놓을 때마다 없어지는 것이지요, 처음에는 차포마상(車包馬象)에 병졸(兵卒)들이 늘어서 있어 마음의 판에 근심이 가득 찬 듯 보이나 시간이 지나면 하나씩 하나씩 없어지게 됩니다. 그러나 바둑은 시간이 갈수록 하나씩 하나씩 돌이 더해만 가는 형국이니 어찌 가볍게 볼 수 있겠습니까?"

왕적신은 노파의 말에 반쯤 얼이 빠져 있었다. 그것은 마치 하루
살이가 거미줄에 걸려 바둥거리는 듯한 자신의 처지를 정확히 집어
낸 탓이기도 했지만, 흘러드는 달빛에 비친 노파의 얼굴이 신선처
럼 너무도 고아했기 때문이었다. 왕적신은 노파에게 배례를 올리고
건너방으로 돌아와 자리에 누워 생각에 잠겼다. 어지러운 세상, 부
귀와 공명이 무엇이기에 이다지 뜬구름처럼 흘러다녀야 한단 말인
가! 그의 마음은 착잡하기만 했다. 애써 잠을 청해 보았지만 마음만
산란하여 이리 뒤척 저리 뒤척하고 있는데, 안방에서 도란거리는
말소리가 들려왔다.

"애야, 밤은 길고 별로 할 일도 없으니 바둑이나 한 판 두는 게 어
떻겠느냐?"

"그러지요."

왕적신은 바둑이란 말에 귀를 쫑긋 세워 안방의 동정을 들었다.
그러나 가만 생각해 보니 며느리는 주렴을 내린 서쪽 방에 있었고
노파는 동쪽 방에 있는 데다가 이 집엔 촛불 하나 없었다. 더군다나
희미한 달빛을 받고 바둑을 둔다는 것은 더욱 어려운 일이었다.

그런데도 노파와 며느리는 바둑을 두었다. 바둑판을 가져다 놓고
그 위에 알을 놓아가며 두는 게 아니라, 구담(口談)으로 두는 것이
었다. 즉 노파가 나는 어디에 놓았다 하면 며느리는 저는 어디에 놓
았습니다 하는 식이었다.

왕적신은 노파와 며느리가 구담으로 두는 바둑에 깜짝 놀라지 않
을 수 없었다. 자신으로 말하자면 한림원에서 황제의 바둑 지도를

하고 있는 몸으로 천하의 국수(國手)로 자부하고 있는 터가 아닌가! 그런데도 그는 아직 구담으로 바둑을 둔 적은 없었던 것이다.

얼마 후에 노파의 목소리가 들려왔다.

"오호라, 화국(和局)이로다!"

"네, 그렇습니다, 어머니!"

화국이란 승부가 나지 않는 빅을 말함이다. 이렇게 해서 고부간의 바둑은 끝이 났다. 왕적신은 너무도 신기하여 그 밤을 거의 뜬눈으로 지새고 나서 다음날 아침 노파에게 머리를 숙이고 바둑 두는 법을 물었다. 노파가 며느리에게 말했다.

"애야, 이 손님이 보통 수 정도는 배워 갈 것 같구나."

노파의 말에 며느리가 바둑을 내와 공격과 수비의 요점을 가르쳐 주는데, 왕적신으로서는 생전 처음 보는 기상천외한 묘수들이었다.

그 후로부터 왕적신은 근신하여 말을 삼가고 스스로 국수라 뽐내지 않으며 더욱 바둑에 정진했다. 비록 난세가 아니더라도 스스로 잘났다고 뽐내는 것이 얼마나 어리석은 일인가!

영원한 적도 영원한 동지도 없다

춘추시대의 수많은 나라가 일곱 개의 강대국으로 남아서 전국시대를 이루거니와, 진(秦)나라의 시황제가 천하를 통일하여 5, 6년이 지나자 다시 난립상을 부리다가 한(漢)나라의 유방이 다시 천하를 통일하게 된다.

대체로 이 시기는 중국 역사상에도 보기 드문 군웅 할거시대이며 또한 변화 무쌍한 난세이기도 하다. 여기서 서로가 서로의 지혜와 권모 그리고 힘과 권세로써 온갖 승패의 활무대를 전개한다. 그 중에서도 가장 규모가 크고 기기묘묘한 것이 전국시대의 최강국 진나라와 다른 6개국과의 힘의 역학관계다. '원교근공(遠交近攻)'이니 '합종연횡(合從連衡)'이니 '어부지리(漁父之利)'니 하는 말도 모두 이 시대에 생겨난 말이다.

초나라의 회왕(懷王)이 즉위할 무렵, 이웃 강국인 진나라에서는 책사 장의가 재상으로 취임한다. 또 동쪽 제나라에서 그와 비견되는 소진이 활약하게 되는 것도 이 무렵이다. 그래서 외교와 전쟁의 무대는 더욱 화려한 막을 올린다.

회왕은 그리 현명한 군주는 아니었다. 그는 초나라 말기의 유명한 충신 굴원(屈原)을 간신들의 참언으로 추방하여, 그로 하여금 위수(渭水)에서 투신 자살케 한 장본인이기도 하다.

이 초나라는 그 당시 중국에서는 가장 넓은 영토와 양자강 연안의 풍부한 자원을 가지고 있어, 황하와 양자강 사이의 이른바 중원을 호령하고 있었다. 한때 이 회왕이 맹주가 되어 제·연·조·위·한과 함께 동맹군을 조직하여 강국 진나라를 공격하기도 했다.

회왕의 재위 30년 동안 큰 전쟁만도 11회가 되는데, 그 대개는 2개국 간의 단독 싸움이 아니고 수개국이 연합을 하거나 그 반대의 싸움을 했다. 이러한 이합집산을 거듭하다 보면 어제의 적도 오늘의 동지가 되고, 오늘의 동지도 내일의 적이 되는 것이다.

이때의 초와 위의 관계를 예로 들면 서로 싸우기를 7회, 동맹하기를 4회, 심지어는 한 해 동안에 싸웠다가 동맹을 맺었다가 또다시 싸우기도 했다. 진나라와는 싸우기를 7회, 동맹하기를 6회나 했는데, 그 중에 가장 특기할 일은 회왕 16년에 초나라가 꼼짝없이 진나라에 당한 사건이었다.

그 해에 진나라의 재상 장의가 초나라의 수도를 방문했다. 그 사이에 진과 초는 5년 동안이나 서로 싸워 아직 국교도 회복되지 않은 상태였다. 그러나 유명한 책사 장의가 초나라를 찾아왔으므로 회왕은 그를 매우 환영했다.

장의가 초왕에게 말했다.

"우리 진나라는 귀국과 친교를 맺고 싶으나 한 가지 장애가 있습니다. 그 장애는 다름이 아니라 귀국이 우리와 대립하고 있는 제나라와 우호관계를 맺고 있다는 점입니다. 만일 귀국이 제나라와의 관계를 끊고 우리 진나라와 우호관계를 맺는다면, 사방 6백 리의 진나라 땅을 귀국에 할양하겠습니다."

회왕은 이 제안에 홀딱 넘어가 제나라와 단교를 하고 말았다.

그런데 그후 진나라에서는 약속한 땅을 할양할 기미를 보이지 않았다. 이것은 장의를 시켜 초나라와 제나라와의 동맹관계를 깨기 위한 사기술임이 분명해졌다. 회왕은 크게 노하여 진나라로 대군을 보냈으나 오히려 8만 군사를 잃고, 장군을 비롯해서 고위 관리 70여 명이 포로가 되고 말았다. 게다가 초나라가 이처럼 패하자 전에 동맹관계에 있던 한·위 두 나라도 초나라의 영토로 쳐들어왔다. 그후 초나라는 다시 진나라와 동맹을 맺고 위나라를 침공하려다가 중도에 진나라를 배신하고 위나라와 단독 강화를 맺어 보복을 했으니 결국 피장파장이라고 하겠다.

적과 적이 싸움에 지치게 하라

위나라와 조나라가 싸울 때였다. 위나라 대군이 조나라의 수도를 포위하자 조나라는 위기에 빠졌다.

이를 보고 기뻐한 것은 초나라였다. 양국이 사투를 계속하는 한 초나라는 안전하기 때문이었다. 그런데 조나라에서 사절을 보내와 구원을 청했다. 초나라에서는 그 대책을 위한 조정회의가 열렸다. 초나라의 용장 소해휼(昭奚恤)이 말했다.

"어느 쪽에도 편들지 말고 그대로 싸우게 하여 쌍방이 지치도록 하는 것이 좋겠습니다."

모두 그 생각이 옳다 하여 그 방침이 결정되려는 순간, 경사(景舍)라는 자가 자리에서 일어나 말했다.

"우리가 가만 내버려두면 조나라는 필경 망하고 말 것입니다. 그러나 그보다 먼저 조나라가 우리 초나라를 믿지 못하면 위나라에 항복하여 그 두 나라가 동맹을 맺고 우리나라를 공격할지도 모릅니다. 그러므로 두 나라의 싸움을 계속시키려면 조나라에 약간의 원조를 해 주어야 할 것입니다. 그러면 조나라는 그에 힘을 얻어 싸움을 계속할 것입니다. 한편 위나라는 초나라의 원조가 별것 아닌 것을 알면서 계속 힘을 내어 조나라를 치고 들어갈 것입니다. 이렇게 해서 두 나라가 모두 싸움에 지치게 하도록 해야 합니다."

결국 경사의 건의가 채택되었다. 이리하여 초나라는 어부지리를 얻어 조나라의 땅을 크게 차지하였다.

내가 힘이 있어야 우호관계도 유지된다

전국시대에 한·위·제의 3국이 동맹을 맺고 초나라를 치려 했다.

그런데 그 무렵 초나라는 진나라와 우호관계를 맺고 있어서 자칫 하면 옆구리를 찔리게 될 것을 두려워했다. 그래서 먼저 3국 측은 초나라에 사신을 보내 우호관계를 맺을 것을 청하면서 함께 진나라 를 치자고 제의했다. 초나라는 지금은 비록 진나라와 우호관계를 맺고 있지만 지난날 진나라에 영토를 빼앗긴 일이 있었기 때문에, 3 국 측의 제의는 초나라로서는 실지 회복을 위한 절호의 기회였다.

초나라는 3국 측의 제의를 믿고 진나라와 싸울 준비를 서둘렀다. 이 정보는 지체없이 진나라에 전해졌다. 그러나 그와 동시에 3국 측 은 즉각 태도를 바꾸어 초나라를 공격하기 시작했다. 초왕은 당황 하여 급히 진나라의 구원을 청했으나 진나라가 응해 줄 리 만무했 다. 그리하여 3국 측은 초나라를 공격하여 대승을 거두었다.

힘의 역학관계에서 살아남는 방법

힘의 역학관계가 소용돌이치고 있을 때 약자가 안전하게 살아가기 위한 방법에는 크게 두 가지가 있을 수 있다.

그 한 가지는 약자끼리 단결하여 강자에게 대항하는 일이다. 이경우 자주성은 지켜지겠지만, 각개격파를 당할지도 모르는 불안이 뒤따른다. 다른 한 가지는 강자의 비호하에 들어가서 안전을 보장받는 일이다. 이 경우는 안심할 수는 있으나 자주성은 위협을 받는다.

중국의 전국시대도 후반에 접어들면 진나라가 점차 강성해지고 다른 6국, 즉 제·연·조·위·한·초는 항상 진나라의 침공을 두려워하게 된다. 이 6개국의 단결로 강국 진나라에 대항하자는 것이 소진이 주창하는 합종책(合從策)이다. 이에 대해 강국 진나라와 개별적으로 동맹을 맺고 자기 안정을 도모하자는 것이 장의가 주창하는 연횡책(連衡策)이다.

소진은 6국을 순방하며 합종 동맹을 강화하여 한때 진나라를 고립시키는 데 성공한다. 그러나 후에 진나라의 분열 공작에 의하여 상호간에 균열이 생겨 소진은 끝내 죽임을 당하고 합종책도 무너지고 만다.

한편 장의는 진나라의 재상으로 있으면서 6국을 분열시켜 저마다 개별적으로 진나라와 연합시키는 연횡 공작을 폈으나, 결국에는 그 자신도 신변의 위험을 느끼고 망명하여 객사하고 만다.

이 두 방법 중 어느 쪽이 좋고 어느 쪽이 나쁘다고 잘라 말할 수는 없다. 필요와 사정, 그리고 상황과 능력에 따라 다르기 때문이다. 결국 이 합종과 연횡의 와중에 휘말려서 몸을 망친 것은 합종과 연횡 사이를 좌고우면(左顧右眄)하다가 끝내는 진나라의 술책에 넘어가 사로잡히고 마는 초나라의 회왕이다. 항상 자기 능력을 기르면서 대세에 적응하지 못했기 때문이다.

원교근공책(遠交近攻策)

전국시대에 합종책도 연횡책도 아닌 새로운 전략으로 진(秦)의 소양왕을 놀라게 한 세객(說客)이 있었다. 그의 이름은 범수(范睢)로 한때는 살아남기 위해 장록이란 이름을 쓰기도 했다.

그는 일개 미천한 세객으로 입신하여 강대국 진나라의 재상이 되었는데, 그의 활동은 소진과 장의보다 약 50년 후이며, 시황제가 천하를 통일하기 30년 전의 인물이다.

그가 진왕을 처음 만나서 진언한 전략이 바로 '원교근공책(遠交近攻策)'이다. 멀리 떨어져 있는 제나라와 동맹을 맺고, 가까운 나라인 한·위를 우선 쳐야 한다는 것이 그것이다. 실상 지금까지 이웃나라인 한·위와 동맹을 맺고, 그 힘으로 먼 곳의 제나라를 치려고 생각해 온 진왕으로서는 실로 놀랄 만한 새로운 제안이 아닐 수 없었다.

범수가 진왕에게 말했다.

"우리 진나라가 멀리 제나라까지 출병하여 싸우는 동안 이웃나라는 힘을 기르고 군사들을 훈련시킬 것입니다. 그리고 설령 우리가 그 싸움에 이긴다 하더라도 먼 곳의 영토를 유지하기는 쉽지 않습니다. 그보다는 차라리 멀리 있는 제나라와 손을 잡고 가까운 한ㆍ위를 치는 것이 실리가 적지 않습니다. 뿐만 아니라 획득한 영토는 고스란히 우리 진나라에 귀속시킬 수 있으니 이것이 이른바 원교근공책이라는 것입니다."

진왕은 연신 고개를 끄덕이면서 감탄하기를 마지않았다.

어부지리(漁父之利)를 노려라

조나라 혜왕(惠王)이 연나라를 치려고 했다. 조나라는 지금의 산동성 서남쪽 지역, 즉 황하 북쪽에 있는 대국이고, 연나라는 지금의 북경, 즉 연경을 수도로 삼고 있던 하북의 최북쪽 나라다. 따라서 이 두 나라는 항상 충돌이 잦았다.

소진의 아우 소대(蘇代)가 연나라를 돕기 위해 조나라로 가서 혜왕을 알현하고 말했다.

"제가 이번에 이곳으로 올 때 역수(易水)를 건너며 보니 조개가 입을 벌리고 있었습니다. 그곳에 따오기가 와서 조갯살을 쪼아 먹으려하자, 조개는 얼른 입을 닫고 따오기의 주둥이를 꽉 물어 버렸습니다.

따오기가 '이틀 동안 비가 오지 않으면 너는 말라 죽을 거야'라고 말하니, 조개는 '이틀 동안만 이대로 물고 있으면 넌 시체가 될 거야'하고 서로 조금도 양보하지 않았습니다. 그때 마침 그곳을 지나 가던 어부가 '이게 웬 떡이냐'하며 따오기와 조개를 한꺼번에 잡아 버렸습니다. 지금 귀국에서 연나라를 치려 하고 있습니다만, 양국 이 서로 싸우다보면 욕심 많은 진나라의 어부가 두 나라를 모두 잡 아먹을지도 모를 일입니다."

혜왕은 그 말을 듣자 크게 깨닫고 즉시 연나라 공격을 중지했다.

사태의 핵심을 간파하라

오계시대(五季時代)에 안중패(安重覇)라는 사람이 있었다. 그는 워낙 재물을 좋아하여 어디를 가나 지방민들에게 갈퀴질하는 것을 유일한 취미이자 일종의 도락으로 삼고 있었다.

그가 촉나라의 간주(簡州) 자사로 부임했을 때도 온갖 방법으로 백성을 수탈하고 들볶았다. 재산깨나 있는 사람들은 비록 몇 푼이 라 하더라도 안중패에게 뺏기지 않은 사람이 없었건만, 오직 등온 해라는 사람만은 어쩔 수가 없었다.

등은해는 10여 년 간 착실하게 기름을 짜는 장사를 해서 생계를 구하고 푼푼히 모은 돈으로 조금씩 가게를 늘려 갔는데, 안중패가 부임했을 당시에는 그 지방의 유지로 통하고 있었다.

털어서 먼지 안 나는 사람이 없다는 걸 잘 아는 안중패는 등온해 가 10여 년간 기름장사를 해 오는 동안 조금이라도 허물이 있는가 를 샅샅이 조사해 보았다.

그러나 이렇다 할 부스러기 하나 나타나지 않자, 이번에는 그의 취미가 무엇인지 조사케 했다.

명을 받은 관원이 며칠간 조사를 하고 돌아와 보고하기를, 그의 취미는 바둑이라고 했다. 안중패는 혼자 무슨 생각을 했는지 무릎을 탁 치며 말했다.

"이제야 됐다. 너는 내일 아침 일찍 등온해를 찾아가 이 서찰을 전하도록 해라."

관원은 다음날 일찍 안중패의 서찰을 등온해에게 전했다. 내용인즉 자기가 간주 자사로 부임해 왔으나 지방 유지인 등온해와 수인사 한번 못했으니 간단히 점심이나 같이 하자는 것이었다.

등온해는 서찰을 받은 즉시 관청으로 나가 허리를 굽혔다.

"자사의 부르심을 받고 이렇듯 찾아뵈었습니다."

관원이 말했다.

"그래요? 그렇다면 여기서 잠시 기다리시오. 자사님께서는 지금 중요한 손님을 접대하고 있는 중입니다."

등온해가 기다리는 동안 점심 때가 훌쩍 지나고 어느새 저녁 무렵이 되었다. 관아에 불이 켜질 때가 되어서야 등온해에게 안으로 들어오라는 분부가 떨어졌다.

등온해가 하루 종일 쫄쫄 굶고 허기진 몸으로 들어가자 안중패는,

"여기까지 오시느라 수고가 많으셨소. 그대와 같이 부지런한 사람이 내 관내에 있다는 것을 알고부터 한번 만나보고 싶어 이렇게 청한 것이오."

하고 제법 정중하게 말했다.

"황감합니다."

"아니오. 어서 이리 올라오시오."

안중패는 등온해를 빈객실로 오르게 한 후 은근히 물었다.

"내 듣자 하니 그대가 바둑에 무척 조예가 깊다고 하던데 사실이오?"

등온해가 겸연쩍게 웃으며 대답했다.

"조예가 깊다 함은 당치 않습니다. 그저 심심풀이로 낙석(落石)해 보는 정도입니다."

"그래요? 그렇다면 나와 한 판 두어 봅시다. 그대가 만일 나를 이긴다면 나는 마땅히 그대의 청을 한 가지 들어 주겠소."

안중패는 곧 바둑판과 알을 가져오게 한 다음 백돌을 쥐었다.

"자사님, 소생이 먼저 두겠습니다."

등온해가 화점에 작점을 하자 안중패는 화를 벌컥 내며 말했다.

"어허, 이런 고이헌 일이 있나!"

등온해가 갑작스런 안중패의 태도에 어리둥절하자 안중패가 언성을 높여 말했다.

"나는 이 지방을 다스리는 방백이고 그대는 내가 다스리는 관내의 백성이 아니오. 그런데 어찌 감히 나와 함께 대좌하여 바둑을 둘 수 있단 말이오. 그대는 자리에서 일어나 남쪽 창가에 서 있다가 내가 착점을 하거든 와서 두시오!"

참으로 어이없는 말이었다. 그러나 등온해는 그가 하라는 대로 창가로 가서 그가 착점하기를 기다릴 수밖에 없었다. 그런데 아무리 기다려도 착점은 하지 않고 있었다.

한참 후에야 한 점 착점을 했다 싶으면 다시 한 점을 두기 위해서는 몇 시각이 흘러갔다. 자시(子時)가 가까워서야 일단 봉수를 했는데 기껏 진행된 것은 다섯 수 정도였다.

다음날도 마찬가지였다. 거의 하루 종일 등온해는 창가에서 안중패의 착점을 기다리다가 녹초가 되어 집으로 돌아오곤 했다. 등온해의 괴로움은 이만저만이 아니었다.

마침내 등온해가 머리를 싸매고 자리에 드러눕자 시중을 들던 시녀가 말했다.

"아저씨, 안자사의 속셈은 아무래도 바둑에 있는 것이 아니라 재물에 있는 것 같습니다. 그러니 집에 있는 금덩이를 하나 가져다 그에게 줘 보시지요."

다음날 등온해가 안중패를 찾아가 금덩이를 바치니 그는 입을 벌리고 크게 웃으며 제멋대로 바둑을 무승부로 정해 버렸다. 탐관오리가 무엇을 원하고 있는지 빨리 간파하지 못하면 엉뚱한 생고생을 하게 된다는 이야기다.

왕자와 제후의 그릇 차이

순자(荀子)가 조나라의 효성왕(孝成王)과 임무군(臨武君)과 함께 병법에 대해 이야기했다.

임무군이 자기의 의견을 말했다.

"먼저 천기(天機)를 살피고 지세와 풍토를 이용해야 하며 또한 적의 동정을 세밀하게 통찰하는 것이 중요합니다. 한 가지 더 덧붙인다면 기선을 제압하는 것도 필요합니다."

그러자 순자가 이를 반박하고 나섰다.

"그런 일은 지엽말단에 불과한 것입니다. 가장 중요한 것은 민심을 얻는 일입니다. 용병(用兵)의 근본은 오로지 백성들을 따르게 하는 것입니다."

말하자면 임무군은 용병의 기술을 말하고, 순자는 용병의 정신을 강조한 것이었다. 그래서 두 사람의 의견은 팽팽하게 맞섰다.

임무군이 계속 강조했다.

"전쟁은 기술이며, 민중 공작이 아닙니다."

그러자 순자가 다시 반박했다.

"왕자와 제후의 차이는 바로 이 두가지 점을 분별하느냐 못 하느냐에 달려 있는 것입니다. 장군은 지금 중요한 것은 책략이라고 말하지만, 그것은 제후들이나 취할 바요, 천하의 왕자가 할 일은 아닙니다."

순자의 말 뜻은 상대가 어진 군주라면 책략 따위는 통하지 않는다는 것이다. 가령 걸왕과 같은 폭군이 요순시대의 성왕(聖王)에게 책략을 쓴다는 것은 그야말로 바위에 침을 놓는 격이라는 것이다. 요컨대 순자의 주장은 손자나 오자가 주장하는 용병술을 함부로 적용하는 것은 위험하다는 얘기다.

재기하려면 굽힐 줄도 알아야 한다

적대세력을 분열시키려는 술책은 실패하면 위험하다.

그것이 간파되었을 경우에는 상대방이 힘을 더욱 결속시키기 때문이다. 따라서 상대가 쉽게 무너지지 않겠다고 판단되면 재빨리 포기하는 것이 상책이다. 서투른 행동을 계속하거나 대항을 시도하다가는 상대의 결속력만 더욱 높여 줄 뿐이다. 그러나 이쪽이 머리를 굽히면 상대도 달라진다. 이런 경우의 항복은 빠르면 빠를수록 좋다.

진나라는 한·위·제의 3국이 연합하여 대군을 이끌고 질풍처럼 쳐들어와 요충지인 함곡관까지 돌파된 적이 있었다. 사태는 급박해서 적을 분열시킬 만한 시간적 여유도 없었다. 진나라는 더 싸우면 싸울수록 불리하다고 판단하고 재빨리 항복한 다음 세 곳의 성을 각 3국에 양도했다.

이리하여 진나라는 3국의 군대를 철수시킴으로써 가까스로 위기를 모면할 수 있었다. 즉, 불리할 때는 재빨리 굴복하여 재기를 꾀하는 것이 상책이다.

남의 싸움에 끼어들지 말라

초나라와 제나라 사이가 갑자기 악화되어 곧 싸움이 벌어지려는 상황이 되었다. 바로 그때 노나라가 초나라 쪽에 가담했다. 노나라는 비록 소국이기는 하지만 영향력은 컸다.

　제왕은 어떻게 해서든 노나라의 뜻을 번의시켜 중립을 지키도록 해야 했다. 그래서 제왕은 서둘러 노나라에 특사를 보냈다. 특사는 노왕을 만나자 이렇게 말을 꺼냈다.

"대왕께서는 이번 일로 후회를 하시게 될 것입니다."

"그건 무슨 연유요?"

"분명히 이길지 어떨지도 모르는 사람과 손을 잡았기 때문입니다."

"그대는 제나라와 초나라 중에서 어느 쪽이 이긴다고 생각하오?"

"그건 알 수 없습니다."

"그렇다면 왜 후회한다고 말하는 것이오?"

"제나라와 초나라의 힘의 관계를 말씀드리자면, 귀국이 가담하든 아니하든 큰 영향은 없습니다. 그러니 승부가 날 때까지 기다려서 이긴 쪽을 돕는 것이 유리할 것입니다. 왜냐하면 제나라와 초나라는 어느 쪽이 이기든 국력을 소모하여 그후의 국방력을 유지하는 데에 다른 나라의 도움이 필요할 것입니다. 그때를 기다려서 돕는 것이 안전하고 더 큰 은혜를 베푸는 길이 될 것입니다."

　노왕은 그 말을 듣고 곧 원군을 철수시켜 버렸다.

중립을 지켜라

한나라와 조나라가 대립하여 싸우게 되었다. 양국의 중간에 끼인 위나라의 향배가 주목되는 가운데 한나라에서 먼저 위나라에 도움을 청해 왔다.

한나라의 사자가 말했다.

"조나라를 치기 위해 원군을 부탁합니다."

그러자 위나라의 문후(文侯)는 이렇게 거절했다.

"우리나라는 조나라와 형제 사이입니다."

"…."

뒤이어 조나라에서도 위나라에 구원을 청했다.

"한나라를 치려는 데 원군을 보내주십시오"

문후는 역시 거절했다.

"우리나라는 한나라와 형제 사이입니다."

"…."

원군을 얻지 못하게 되자 양국은 모두 군사를 철수시켰다. 그후에 양국은 문후가 자기의 적국을 돕지 않은 것을 오히려 감사하게 생각했다.

위나라는 단지 원군을 거절했을 뿐만 아니라, 쌍방에 친근을 유지하려는 주체적인 의사를 분명히 함으로써 쌍방과 모두 교류할 수 있게 되었다.

끝까지 단념하지 마라

초나라의 성왕(成王)때 반란이 일어났다. 반란을 일으킨 사람은 다름 아닌 왕자로서, 다음 대를 계승할 상신(商臣)이었다.

사실 성왕은 애초에 상신을 다음 왕위 계승자로 삼고 있었으나, 나중에 상신의 이복동생인 자직(子職)으로 바꾸려 했다. 이것을 눈치 챈 상신이 선수를 쳐서 반란을 일으킨 것이었다. 근위병을 거느린 상신이 궁중으로 난입하여 성왕을 포위했다. 이 시대는 피비린내 나는 배신이나 패륜도 예사로 행해질 때였다.

"잠깐만 기다려라."

이미 대세가 기울어진 것을 알게 된 성왕은 길게 한숨을 쉬며 애원하듯 말했다.

"마지막으로 내가 좋아하는 웅장(熊掌)이나 한번 먹어 보고 죽고 싶구나."

웅장이라면 곰의 발바닥으로 만든 고급 요리다. 그 말을 들은 상신은 머리를 흔들었다.

"안 되겠습니다. 지금 자결하십시오."

이렇게 되니 더 이상 어찌해 볼 도리가 없었다. 드디어 성왕은 스스로 목을 매고 죽었다.

이 이야기를 그냥 읽은 사람은 성왕을 두고 '미식가(美食家)의 말로'라고 비웃을지도 모른다. 그러나 기실 알고 보면 이 한 마디야말로 그의 최후를 장식한 '권모술수'였다. 왜냐하면 이 웅장이라는 요리는 주문을 시켜도 최소한 3일은 걸리기 때문이다. 성왕은 끝까지 포기하지 않고 3일간의 시간을 벌려고 한 것이며, 그 사이에 어떤 술수를 쓰려고 했던 것이다. 그러나 상대도 그 의도를 간파하고 술책에 속지 않았기 때문에 역사는 바뀌게 된 것이다.

'성왕청식웅장이사(成王請食熊掌而死)', 즉 성왕이 곰의 발바닥을 한번 먹어 보기를 청했으나 죽고 말았다는 이 말 속에 숨어 있는 지혜의 대결, 이것이야말로 술수의 극치라고 할 수 있다.

전쟁은 이기고 봐야한다

춘추시대 송나라의 양공(襄公)이 초나라와 싸울 때, 공자(公子) 목이(目夷)가 적이 포진하기 전에 공격하여 기선을 잡자고 진언했다. 그러나 양공은 고개를 가로저으며, "군자는 당당하게 싸워야 해. 적이 아직 포진하기도 전에 이를 치는 것은 의롭지 못한 일이야."하고 목이의 진언을 받아들이지 않았다.

마침내 포진을 마친 초나라 군사가 공격을 시작하자 송나라는 크게 패하고 말았는데, 이를 '송양지인(宋襄之仁)'이라고 한다.

승부의 세계, 더구나 목숨을 건 전쟁에서 패배는 곧 죽음을 의미하는 것이다. 양공은 인(仁)을 내세운 정도(正道)를 지키려다 패전의 쓴잔을 마시게 된 것이다.

이기지 않고 비기는 술책

송나라 때 바둑의 명인 가현(賈玄)은 태종과 더불어 바둑을 두었는데, 언제나 태종이 석 점을 접어 주었다. 그런데도 늘 가현이 패하자 태종이 말했다.

"그대가 나와 바둑을 두면 항시 패하는 것은 아마도 거짓으로 승부를 조작하기 때문일 것이다. 마땅히 그대의 실력을 다해 보라."

두 사람은 다시 대국에 들어갔다. 그러나 결과는 또 한 점 승부도 없는 빅이었다. 태종은 다시 얼굴을 엄히 하여 말했다.

"이번에 다시 한 판을 두어 그대가 지면 연못의 진흙탕 속에 집어 던질 것이며, 그대가 이기면 비자(婢子)를 하사하겠다."

두 사람은 다시 대국에 들어갔다. 밀고 밀리는 접전 끝에 바둑은 어느덧 종반전에 들어서고 마침내 계가를 했는데, 이번에도 역시 빅이 났다. 태종은 짐짓 얼굴을 붉히며 말했다.

"이 판은 그대가 졌다!"

"어찌하여 제가 졌다고 하십니까?"

"그렇지 않은가. 보라! 나는 그대에게 석 점을 주었는데도 그대가 이기지 못했으니 이 판은 진 것이 분명하다."

"…."

태종은 가현을 잠시 바라보고 나서 가까이 있는 신하에게 분부했다.

"어서 가현을 지원(池苑)에 던져 넣으라!"

그러자 가현이 당황하여 말했다.

"아닙니다. 폐하!"

"아니라니?"

"황공하오나 제가 진 것이 아닙니다."

"진 것이 아니라니? 어째서 그러한가?"

가현은 왼손을 펴 보이며 말했다.

"여기에 사석(死石)이 한 알 있습니다."

태종이 보니 가현의 왼손바닥 안에 바둑 한 알이 감추어져 있었다. 태종은 호기롭게 껄껄 웃고 나서 비자를 하사했다. 가현은 바둑에 만능의 재주가 있어 판을 자유자재로 짤 수 있었다. 그리하여 이기지도 지지도 않는 빅의 묘수를 절묘하게 구사함으로써 태종의 변함없는 총애를 받을 수 있었던 것이다.

천륜을 저버린 무서운 사람

낙양(樂羊)이라는 위나라 장군이 중산(中山)을 공략하고 있었다. 이때 그의 아들이 적국인 중산에서 벼슬을 살고 있었다. 중산왕은 낙양의 아들을 볼모로 삼고 낙양에게 공격을 멈추라고 요구했다.

그러나 낙양은 일국의 장군으로서 공사(公私)를 혼동하지 않았다. 그는 더욱 치열하게 공격을 가했다. 중산왕은 대로하여 마침내 낙양의 아들을 죽여 가마솥에 넣고 삶아서 그 국물을 낙양 진영으로 보내왔다.

낙양은 그 국물을 마시면서 말했다.

"대의(大義)에 살고자 함이 곧 부모의 도리를 잃게 되었구나."

낙양으로서는 왕명에 따라 중산을 치는 것이 임무였지만, 그로 해서 그는 한 자식의 어버이로서의 의리를 저버린 결과가 되고 말았다. 일국의 장군으로서 그의 고뇌와 슬픔이 얼마나 컷겠는가. 그로서는 둘을 다 이루지는 못할 입장이니 하나라도 살리고자 했을 것이다.

그러나 세상 일은 반드시 그렇지가 못했다. 위왕은 낙양 장군의 얘기를 듣고 측근인 도사찬(堵師贊)에게,

"낙양 장군이 과인을 위하여 자식의 살을 먹었다고 한다!"

위왕은 자식을 희생시킨 낙양의 태도에 감격하며 말했다. 그러자 도사찬이 말했다.

"자기 자식의 살을 먹을 정도니 다음은 누군들 먹지 못하겠습니까?"

그 말을 듣자 위왕은 모골이 송연해졌다.

낙양이 중산을 공략하여 마침내 대승을 거두자 위왕은 그에게 후한 상을 내리기는 했으나, 낙양으로부터 병권(兵權)을 회수해 버리고 말았다.

쉽게 움직이지 마라

왕맹(王猛)은 때때로 전연(前燕)의 수도인 업이나 낙양으로 목도를 팔러 다니는 가난한 선비였다. 그러나 그의 모습은 단정하였고, 또한 박식하여 병법은 물론 당시에 유행한 도교의 묘리를 체득하여 사람을 보는 안목이 높았다.

인간관계와 권모술수

한번은 그가 업으로 갔을 때 그곳의 관부에 있는 서통이라는 자가 그의 인물됨을 알고, 사서를 다루는 하급 관료인 공조(功曹)로 천거했다. 그러나 왕맹은 도망을 쳐서 은화산에 숨어 버렸다.

이 무렵 동진(東晋)에 이름난 장수 환온(桓溫)이 전진(前秦)을 치기 위해 관중으로 쳐들어왔다. 그러자 누더기를 걸친 왕맹이 환온을 찾아갔다. 환온은 사람을 알아보는 눈이 있어 그와 대좌하여 이야기를 나누다가 문득 물었다.

"나는 천자의 명을 받들어 정예 군사 10만을 거느리고 의(義)를 좇아 역도(逆徒)를 치고 만민을 위해 잔적을 소탕하려 하는데, 진나라의 현인·호걸들이 즐겨 이에 응하지 않는 것은 무슨 까닭이오?"

왕맹이 대답했다.

"장군께서는 수천리를 불원하고 깊이 적진까지 들어왔습니다. 그런데 장안을 목전에 두고도 패수를 건너려고 하지 않고 있습니다. 이래서야 장군께서 무슨 일을 하려는지 사람들은 도무지 알 수가 없습니다. 그러니 어찌 장군에게 호응을 하겠습니까?"

왕맹의 말에 환온은 깊이 깨닫게 되었다.

그후 환온은 패수를 건너 장안을 공격했다. 그러나 여의치 못하자 왕맹에게 거마를 보내며 은근히 권했다.

"지금 강동에는 그대만한 인물이 없습니다. 그대에게 합당한 지위를 보장할 터이니 함께 동행을 하면 어떻겠소?"

이에 왕맹은 낙양 부근의 숭고산으로 가서 항상 자기의 장래를 봐주는 선인(仙人)에게 물었다. 선인이 대답했다.

"그대와 환온은 비록 득세는 할 수 있으나 두 영웅이 함께 양립하기는 어렵다. 이곳에 그대로 있어도 반드시 부귀할 수 있는 때가 올 것이니 가벼이 움직이지 말라."

왕맹은 이 말을 듣고 환온을 따라갈 것을 단념했다.

환온은 그후 강대한 군사력을 등에 업고 동진의 왕권을 찬탈하려고 했으나, 뜻을 이루지 못하고 병사하고 말았다. 그 사이에 왕맹은 전진(前秦)의 왕 부견(符堅)에게 발탁되어 그의 재주를 마음껏 발휘했다.

간신과 충신을 구별하는 방법

당나라 태종이 제위에 오르고 얼마 되지 않았을 때의 일이다. 그가 경세(經世)에 관한 공부를 하고 있는데 한 근신이 아뢰었다.

"폐하께서는 모름지기 간신을 멀리하십시오."

태종이 물었다.

"간신이라니 누구를 가리키는 말인가?"

"꼭 누구라고 지칭할 수는 없습니다만 간신을 분별할 수 있는 방법은 있습니다. 폐하께서 군신(君臣)들과 대화를 하실 때 일부러 화를 내 따질 경우, 끝까지 도리를 지키고 굴복하지 않는 자는 강직한 신하이고, 반대로 폐하의 위엄을 두려워하여 폐하의 뜻에 따르는 자는 간신일 것입니다."

그러나 태종은 그 말을 물리치고 듣지 않았다.

"윗물이 맑으면 아랫물도 맑은 법이라. 군주된 자가 자기를 속이

면서 어찌 신하들에게 정직을 구할 수 있단 말이오. 오직 성심성의
로 천하를 다스릴 뿐이오."

과연 태종다운 치도(治道)였다.

지나친 자신감은 화를 부른다

조조가 심한 두통으로 병석에 누워 있을 때였다. 화타(華陀)가 천
하의 신의(神醫)라는 말을 듣고 즉시 사람을 보내 그를 불렀다. 화
타가 조조를 진맥하고 병세를 살펴본 후 말했다.

"대왕께서 골머리가 쑤시고 아픈 것은 환풍(患風)으로 인하여 생
긴 것입니다. 병의 뿌리가 이미 뇌수에 박혔으니 풍연(風涎)을 걷어
내기가 쉽지 않습니다. 탕약만으로는 도저히 고칠 수 없습니다."

"그러면 영영 고칠 수 없다는 말인가?"

조조가 한숨을 쉬며 물었다. 좌우 제관(諸官)들도 걱정스럽게 화
타의 입만 쳐다보았다. 화타가 대답했다.

"대왕의 병을 고치시려면 단 한 가지 방법밖에 없습니다."

"그 방법이란 무엇이오?"

"대왕께서 과연 그 방법을 허락하실지 자못 의문입니다."

"속히 말해 보시오."

"먼저 마폐탕(麻肺湯)을 써야 합니다. 대왕께서 의식을 잃고 가사
(假死)상태에 드시면, 그때에 날카로운 도끼로 두골을 갈라서 뇌수
를 집어 낸 후, 풍연을 말끔히 씻어내 버려야만 병의 뿌리를 뽑을 수

있습니다."

화타의 말은 듣기만 해도 소름이 끼치도록 무서운 일이었다. 그런데도 화타가 이런 소리를 태연히 하는 것을 보자 의심 많은 조조는 크게 노했다.

"네가 나를 죽이려 하는구나!"

화타는 계속해서 대답했다.

"대왕께서도 들으셨을 줄 압니다만, 지난 날 관운장이 오른팔에 독화살을 맞아 고생했을 때, 제가 뼈를 긁어 독을 뽑았건만 관운장께서는 조금도 두려운 빛이 없었고, 유유히 바둑을 두며 담소했습니다. 그러한데 이제 대왕께서는 치료를 두려워하며 의심을 가지시니 이러고서야 어찌 병을 고칠 수 있겠습니까?"

"팔이 쑤시고 아프면 뼈를 깎아낼 수도 있지만, 두골을 갈라서 뇌수를 집어낸다니 그게 말이나 되는 소리냐! 네가 나를 어떻게 알고 하는 수작이냐? 네 지금 관운장 이야기를 하는 것을 보니, 이는 나를 꼬임수에 속여 오히려 관운장의 원수를 갚으려는 것이로구나!"

"대왕께서 병을 고치실 생각이 없으시면 그만이지 오해는 하지 마십시오."

조조는 더욱 대로하여 소리쳤다.

"저놈을 당장 옥에다 가두고 사정없이 고문하여 이실직고하게 하라!"

조조의 영이 떨어지자 좌우의 사람들이 화타를 끌고 나갔다.

억센 옥졸(獄卒)들의 뭇매질을 받고 화타는 살이 터지고 뼈가 으스러졌으나, 어찌 없는 일을 말할 수 있겠는가. 화타는 끝내 입 한 번 잘못 놀린 탓으로 옥중에서 죽고 말았다.

14. 허허실실 전법

'손자병법' 허실(虛實)편에 다음과 같은 말이 나온다.

'공격을 능숙하게 잘하는 자는 적이 그 수비할 바를 알지 못하게 하고, 수비를 능숙하게 잘하는 자는 적이 공격할 곳을 알지 못하게 한다. 미묘하도다, 눈에 보이지 않는데 이르도다. 신통하도다, 소리도 나지 않는데 이르도다. 그럼으로 하여 능히 제어할 수 있다. 아군의 진격을 막을 수 없음은 적의 허(虛)를 찌르기 때문이다. 아군의 후퇴를 적이 추격하지 못함은 아군의 행동이 신속하여 따를 수 없기 때문이다.'

적을 공격하려면 실(實)을 피하고 그 허를 찔러야 한다. '허'는 요해(要害)이며 간극이며 약점이며 또한 급소다. 허를 찌른다는 것은 적의 무방비를 치거나 또는 미리 무방비를 조장시켜 놓고 그 틈을 치는 것이다.

극치(極値)는 무형(無形)에 있다

기원전 206년, 그 해 정월에 항우는 스스로 서초 패왕(西楚霸王)이 되고, 유방은 파촉으로 보내 한왕으로 삼았다.

유방이 파촉으로 향하는 도중에 장량이 간했다.

"왕께서는 잔도(棧道)를 불태워, 동쪽으로 다시 진출할 마음이 없다는 것을 보여 항우를 안심시키십시오."

유방은 그 말을 듣고 지나온 잔도를 불태웠으며, 장량은 항우에게 '한왕은 잔도를 불태웠으니 동쪽으로 진출할 뜻이 없습니다'라고 거짓을 꾸며 고하였다. 이 말을 믿은 항우는 서쪽의 한왕에 대한 염려는 하지 않고 북쪽으로 출병하여 제나라를 쳤다.

그 해 8월, 한왕은 한신의 계책을 받아들여, 장감(章邯) 등 삼진(三晉)의 소국들을 속여 불태워 버린 잔도를 다시 수리시켰다. 그리고는 몰래 한중에서 관중으로 가는 샛길로 빠져나와 진창(陳蒼)이라는 곳에서 삼진의 군사를 기습하여 마침내 섬서성 일대를 완전히 평정했다. 이것이 이른바 '진창암도(陳蒼暗渡)'라는 고사로 알려진 이야기다.

말하자면 자기의 정체를 드러내지 않음으로써 동쪽인지 서쪽인지를 모르게 하는 동시에 교묘한 위장으로 적의 판단을 혼동케 하는 것이다.

'군사를 형성하는 극치(極値), 즉 최고의 경지는 무형(無形)에 있다. 무형이 되면 그 길이의 여하를 알 수가 없는 것이다.' - 손자 · 허실편

즉, 최상의 방위체제는 고정된 형태를 갖지 않는 것이다.

허점을 보이지 마라

위(魏)나라 혜왕(惠王)이 이웃 나라인 조나라를 공격하자, 조나라
는 제나라에 구원을 청했다.

제나라 위왕(威王)은 병법가 손빈의 권유에 따라 전기(田忌)를 장
군으로 하고 손빈을 군사(軍師)로 삼아, 곧장 위나라의 수도 대량을
급습케 했다. 말하자면 조나라를 치기 위해 군사가 싸움터에 나가
있는 허점을 노려 바로 위나라의 수도를 기습하여 대승을 거둔 것
이다.

위나라는 군사를 동원하여 조나라를 치는 것까지는 좋았으나, 중
요한 수도를 텅 비워 놓았다가 제나라의 손빈에게 급소를 찔려 참
패를 당한 것이다. 맛있는 미끼라도 함부로 덥썩 물었다가는 언제
자기의 심장을 찔릴지 모르는 것이 약육강식의 냉혹한 생리다.

적을 키우지 마라

월(越)나라에 큰 기근이 들자 범려가 월왕 구천(勾踐)에게 다음과
같이 진언했다.

"지금 오나라는 물자가 풍부하여 남아돌고 있으며 오왕은 나이가
어려 사려가 깊지 못합니다. 대왕께서 만약 몸을 굽혀 오왕에게 도
움을 청한다면 오왕은 틀림없이 식량을 융통해 줄 것입니다. 그러
나 언젠가는 월나라가 오나라를 빼앗게 될 것이니 하등 염려하실

것 없는 것입니다."

월왕이 사람을 보내 오나라에 식량을 꾸어줄 것을 청하자 오왕이 이를 들어 주려고 했다. 그러자 오자서(伍子胥)가 나서서 간했다.

"식량을 주어서는 안 됩니다. 오나라와 월나라는 영토가 서로 근접해 있으므로 양립할 수 없는 사이입니다. 오나라가 월나라를 멸망시키지 않으면 월나라가 오나라를 멸망시킬 것입니다. 지금 월나라에 양곡을 보내주는 것은 호랑이를 기르고 원수를 돕는 것과 같습니다. 그것보다는 오히려 지금 곧 군사를 몰아 월나라를 치는 것이 상책입니다."

그러나 범려가 예상했던 대로 오왕은 이 말을 듣지 않았다.

"아니, 그렇지 않소. '의병(義兵)은 복종하는 자를 치지 않고, 인자(仁者)는 굶주린 자에게 먹을 것을 준다'는 말이 있소. 월나라가 지금껏 복종하고 굽혀 왔는데 이를 공격하는 것은 의병이라 할 수 없고, 기근에 시달리고 있음을 보고 먹을 것을 주지 않는 것은 인자라고 할 수 없소. 불의와 불인(不仁)에 의거하여 어찌 천하를 다툴 수 있단 말이오?"

오왕은 끝내 식량을 월나라로 보내주었다.

그후 3년이 지나자 이번에는 오나라가 극심한 기근을 당하여, 사람을 시켜 월나라에 식량을 부탁했다. 그러자 월왕은 식량을 주지 않을 뿐만 아니라, 군사를 이끌고 쳐들어가서 오왕 부차(夫差)를 사로잡고 말았다.

자신의 힘을 스스로 증강할 수 없으면 적의 힘을 약화시키는 것도 한 방법이다. 소극적으로는 적의 천재(天災)를 이용하기도 하고, 적극적으로는 인재(人災)를 일으키기도 한다. 천재이건 인재이건 적의 불행을 틈타 공격을 가하는 것이 권모가의 술수라고 하겠다.

위장술에 속지 마라

위(衛)나라의 사공(嗣公)은 심복에게 명하여 여행자로 변장시킨 다음 관문을 통과하게 했다. 그 관문의 관원이 여행증명서를 보자고 하자 슬며시 돈을 쥐어 주니 곧 통과를 시켜 주었다.

사공은 그 관원을 불러 질책했다.

"모월 모일 한 여행자가 관문을 지나갔다. 그때 너는 돈을 받고 놓아주지 않았느냐?"

관원은 용서를 빌고 그후부터 사공을 명군으로 받들어 모셨다.

이와 비슷한 이야기로 복피(卜皮)라는 현령이 있었는데, 그의 부하 중 부정한 행위를 하여 첩을 두고 있는 자가 있었다. 복피는 다른 부하에게 명하여 그 첩과 내통케 한 다음, 그 첩을 통하여 부정한 관원의 내정을 탐지해 내고는 그를 관직에서 내쫓아 버렸다.

계략에 걸려들지 마라

어느날 한(漢) 고조 유방에게,

"초나라의 한신이 모반을 꾀하고 있습니다."

라고 고하는 자가 있었다. 이것은 기실 한신을 두려워한 여후(呂后)가 꾸며낸 조작극이었다. 그럼에도 평소에 한신을 의심하고 있던 유방은 짐짓 모른 척하고 여러 장수들을 모아 놓고 대책을 강구했다.

"즉시 군사를 일으켜 잡아들여야 합니다."

라고 말하는 강경파가 대세를 이루었다. 유방은 묵묵히 앉아 있다가 나중에 책사 진평(陳平)을 불러 의견을 물었다. 그러자 진평이 되물었다.

"여러 장군들의 의견은 어떠했습니까?"

유방이 자세하게 그 상황을 설명하자 이윽고 진평이 말했다.

"누군가 밀고하여 '한신이 모반했다'고 합니다만, 그 모반의 사실을 아는 자가 있습니까?"

"아직 없소."

"한신이 그 밀고를 알고 있습니까?"

"아마도 아직 모를 것이오."

유방이 난처해 하며 어물어물 대답했다.

"폐하의 군사와 초왕 한신의 군사와 비교하여 어느 쪽이 더 우세합니까?"

"초나라 군사보다 우리 군이 우세하다고 할 수 있소."

"폐하의 장군 가운데 용병에 있어 한신을 능가할 만한 인물이 있습니까?"

"한신을 따를 장군은 없소."

"그럼 군사는 초나라보다 강하지 못하고, 한신만큼 유능한 장군도

없습니다. 그런데 군사를 일으켜 이를 친다는 것은 무모하기 짝이 없는 짓입니다."

"그럼 어떻게 하는 것이 좋겠소?"

"옛날부터 천자가 여러 제후국을 순행하며 제후들과 회맹(會盟)하는 의식이 있었습니다. 지금 남쪽에 운몽(雲夢)이라는 풍광 좋은 곳이 있습니다. 폐하께서는 풍광을 즐기려 운몽에 간다는 구실 아래 제후들과 진(陳)에서 회맹하는 자리를 만드십시오. 진은 초나라의 서쪽 국경에 있습니다. 한신은 폐하의 순행이 단순히 풍광을 즐기는 것이라고 듣게 되면, 안심하고 마중을 나와서 배알하게 될 것입니다. 폐하께서는 그 틈을 타서 그를 사로잡도록 하십시오."

유방은 즉시 사자를 제후들에게 보내, "진에서 회맹한 후에 운몽으로 출유(出遊)하리로다."라고 알리고는 그날로 출발했다.

유방이 아직 진에 도착하기 전에 과연 초왕 한신이 도중에 마중을 나왔다. 유방은 미리 무사를 숨겨 두었다가 한신을 그 자리에서 포박해 버렸다. 그리고는 초나라 땅을 모두 접수해 버리고 말았다.

한신은 한나라 건국의 일등공신이다. 그러나 유방은 한신이 혹 자기를 배반할지 몰라 그것이 항상 두려웠다. 그래서 반란을 음모했다고 꾸며 그를 사로잡은 것이었다. 그후 유방의 의심이 풀려 한신은 잠시 위기를 면했으나, 나중에 다시 여후의 계략에 걸려 끝내 목숨을 잃고 말았다.

손자는 이렇게 말하고 있다.

"상대를 움직이게 하기 위해서는 상대를 움직이도록 해야 한다. 상대가 원하는 것을 주면 상대는 반드시 취하려고 할 것이다."

상대의 급소를 찾아라

진나라가 조나라의 수도 한단을 기습 포위했다. 이에 조나라 혜문왕의 아우 평원군(平原君) 조승(趙勝)이 초나라에 원군을 청하러 가기로 했다.

평원군은 초나라로 출발하기에 앞서 20명의 수행원을 뽑아야 했다. 그런데 19명을 결정해 놓고 최후의 한 사람에 마땅한 사람이 없어서 고심하고 있는데, 모수(毛遂)라는 자가 자기를 수행시켜 달라고 청했다. 평원군이 물었다.

"자네는 우리와 몇 해나 함께 있었소?"

"3년이 되는가 봅니다."

그 말을 듣고 평원군이 말했다.

"어진 사람이 세상에 있는 것은 마치 송곳이 부대 속에 있는 것과 같아서 날카로운 끝이 당장에 밖으로 드러나게 마련이오. 그런데 자네는 우리와 3년이나 함께 있으면서도 어느 누구의 입에도 오른 적이 없고, 나도 자네의 이름을 지금까지 들은 적이 없었소. 따라서 자네는 유능하다고 할 수 없으니 그만 여기 남아 계시오."

그러자 모수가 대답했다.

"그래서 저를 오늘 바로 그 부대 속에 넣어 달라고 청하는 것입니다. 부대 속에 넣어 보지도 않고서는 송곳 끝이 나오는지 안 나오는지 알 수 없을 것입니다. 진작부터 부대 속에 넣어 주셨더라면 벌써 송곳 끝이 튀어나와 부대를 찢었을 것입니다."

평원군은 그 말에 고개를 끄덕이며 모수를 데리고 초나라로 출발

했다.

초나라에 도착한 평원군은 진나라에 대항해서 조나라와 초나라가 동맹을 맺도록 설득했으나 초왕은 끝내 듣지 않았다. 해가 뜰 무렵부터 담판을 시작해서 한낮이 되어도 이야기는 끝이 나지 않았다. 이를 본 모수는 분연히 칼을 빼들고 상좌로 뛰어 올라갔다. 초왕(楚王)이 이를 보고 크게 꾸짖었다.

"이 무례한 놈! 나는 여기서 너의 주군과 이야기를 나누고 있지 않은가. 썩 물러가라!"

그러나 모수는 그 말을 들은 척도 않고 칼을 든 채 앞으로 나아갔다.

"대왕께서 나를 꾸짖는 것은 초나라의 군사가 많기 때문입니다. 그러나 지금 대왕과 나와의 거리는 불과 십 보, 여기에 초나라 군사는 아무도 없습니다. 그러므로 대왕의 목숨은 바로 나의 이 손아귀에 있는 것입니다. 나의 주군 앞에서 나를 꾸짖다니 그것은 대체 무슨 무례입니까? 무릇 힘이 있는 자가 천하의 안정을 위해 힘쓰는 것이 도리입니다. 초나라의 힘으로 말한다면 천하에 대적할 수 있는 자가 없을 것입니다. 그럼에도 진나라의 백기(白起)는 초나라와 싸움을 벌여, 서전(緖戰)에서는 초나라의 수도를 점령하고, 두 번째 싸움에서는 초왕의 조상묘를 불질렀으며, 세 번째 싸움에서는 초왕의 부군(父君)을 욕보이기까지 했습니다. 이는 초나라로서는 씻을 수 없는 치욕이며, 우리 조나라도 유감으로 생각하는 일입니다. 그럼에도 지금 대왕께서는 그 수치를 모르고 있으며, 또한 합종 동맹책이 초나라를 위한 것이지, 조나라를 위한 것이 아님을 모르고 있습니다. 어찌하여 이 일을 망설이고 있는 것입니까?"

초왕은 마침내 모수의 기세에 눌려 어쩔 수 없이 합종 동맹에 서약을 했다. 평원군은 조나라로 돌아와서 탄식하며 말했다.

"이제부터 나는 사람을 안다고 말하지 않겠다. 내가 만난 사람은 수천 명에 이르고 깊이 사귄 사람도 많았다. 그래서 나는 지금까지 사람을 제법 볼 줄 안다고 자부하고 있었는데, 그럼에도 나는 모수를 몰라보았다. 내가 어찌 사람을 볼 줄 안다고 할 수 있겠는가!"

목적을 달성하려면 급소를 눌러야 한다. 주장(主將)을 누르면 부하는 절대 굴복하게 마련이다.

적대 집단을 누르기 위해서는 그 두목을, 군중을 누르려면 그 전위(前衛)를 눌러야 한다. 그리고 사물을 파악하려면 그 요점을, 장소를 제압하려면 그 요소를, 사람을 제압하려면 그 급소를 찾아서 공략해야 한다.

당나라의 유명한 시인 두보는 다음과 같은 시를 남겼다.

挽弓當挽强(만궁당만강) 활을 당기려거든 강한 활을
用箭當用長(용전당용장) 화살을 쓰려거든 긴 것을
射人先射馬(사인선사마) 사람을 쏘려거든 말을 먼저 쏘고
擒敵先擒王(금적선금왕) 도적을 치려거든 우두머리를 쳐라
殺人亦有限(살인역유한) 사람을 친다 해도 한도가 있고
入局自有疆(입국자유강) 나라를 세우면 국경이 있다
苟能制侵陵(구능제침능) 경계를 능히 지키는 자라면
豈在多殺傷(개재다살상) 함부로 죽이는 일은 없을 것이다

안심하면 기습당한다

한왕(漢王) 유방이 책사(策士) 여식기를 파견하여 제왕(齊王)을 설득하여 항복을 받아오도록 했다. 여식기가 제나라로 가서 제왕에게 말했다.

"대왕께서는 천하가 어느 쪽으로 기울어지는지 아십니까? 한왕은 천하의 군사를 수습하여 제후의 성을 함락시키면 공이 있는 자에게 그 땅을 주고, 재보를 얻으면 사졸들에게 나누어 주어, 천하의 영웅호걸과 현인 재사는 모두 그의 구사(驅使)에 만족하고, 제후들의 병사들은 사방에서 구름처럼 모여들고 있습니다.

이에 비해 항왕(項王)은 남의 공로를 시기하고 남의 허물은 잊어버리지 않아, 그 때문에 장병들은 싸움에 이겨도 은상(恩賞)을 받을 수가 없고, 성을 빼앗아도 봉지(封地)를 받을 수 없으며, 항씨 일족이 아니고는 중요한 국사에 참여할 기회를 얻지 못합니다. 그래서 천하의 사람은 모두 그를 버리고 떠나고 있습니다.

이를 보더라도 천하는 한왕에게 귀의할 것은 명약관화한 일입니다. 대왕께서는 조속히 한왕에게 귀속한다면, 제나라는 존속할 수가 있고 대왕께서는 부귀영화를 누릴 수 있을 것입니다. 지금 한왕을 따르지 않으면 멸망의 위기는 바로 목전에 닥칠 것입니다."

이리하여 제왕 전광(田廣)은 한왕에게 항복하기로 결심하고 매일 주연에 도취되어 지냈다.

한신은 여식기가 교묘한 변설로써 제나라의 70여 성을 굴복케 한 것을 듣자, 여식기의 공로를 시샘하여 제나라를 기습했다. 그러자 제왕은 여식기에게 속은 것으로 잘못 알고 여식기를 가마솥에 넣어 삶아 죽인 후 동쪽의 고밀(高密)로 도망을 쳤다.

'육도(六韜)'에서 태공망 여상(呂尙)은 이렇게 말했다.

"군사를 이기는 방법은 몰래 적의 기미를 살피고, 재빨리 그 이점을 노리며, 신속히 그 불의(不意)를 치는 것이다."

또 손자는 그의 '병법'에서 이렇게 말하고 있다.

"그 방비 없음을 노리고, 그 불의를 친다."

적이 방비를 게을리하고 있거나 안심하고 있을 때 기습적으로 그 허(虛)를 친다는 것이다. 불의의 습격이 항상 강한 것은 자기 편이 치밀한 계획과 명확한 공격 목표를 가지고 있는 것에 비해서, 적은 무방비·무계획이기 때문이다.

함정에 빠뜨려라

정나라 장공(莊公)은 그의 동생인 단(段)이 경성에서 군사를 모으면서 군위(君位)를 노리고 있다는 것을 알고 있었다. 그런데도 그는 아무런 조치를 취하지 않았다.

이를 답답하게 여긴 공자 여(呂)가 간했다.

"이제 태숙(太叔: 단)이 경성에 의지하여 밤낮없이 군사를 조련하고 있다 하니, 과연 그 뜻이 무엇이겠습니까? 이는 바로 군위를 찬탈하려는 것입니다. 그러니 미리 손을 써야 할 것입니다."

장공이 천천히 대답했다.

"과인은 이미 계책을 세워 두고 있다. 단이 비록 옳지 못한 생각을 하고 있으나 아직 결정적인 증거가 없다. 신하로서 군사를 조련하는 것은 나라를 지키려는 충의지심이 아니겠느냐? 지금 만일 내가 단을 죽이려 한다면 세상 사람들은 과인을 형제간에 우애 없는 잔인한 폭군이라고 할 것이다. 과인이 지금껏 모른 척하고 있는 것은 그가 마침내 드러내놓고 반역하기를 기다리는 것이다. 그때에 그의 죄를 묻는다면 신하와 백성들도 나를 도울 것이다."

그후 장공은 나라 일을 대신들에게 맡기고, 주(周) 왕실에 가서 왕의 정사를 돕겠다고 하여 주나라로 떠났다.

이 소식을 들은 단은 즉시 군사를 일으켜 도성(都城)으로 쳐들어갔으나, 이보다 먼저 경성이 함락되고, 앞뒤로 왕군(王軍)을 맞은 단은 마침내 칼을 뽑아 자결하고 말았다.

거짓 항복에 속지 마라

위나라의 사마의와 대진하고 있는 촉나라의 제갈공명은 장수들과 함께 진병할 일을 의논하고 있는데, 홀연히 위나라 장수 한 사람이 투항을 하러 왔다고 한다.

공명은 그 장수를 불러들여 물었다.

"네 이름이 무엇인가?"

"위나라 편장군(偏將軍)으로 있는 정문(鄭文)입니다."

"그래, 무슨 까닭으로 투항을 하려는 것인가?"

"소장이 근자에 진랑(秦朗)과 함께 인마를 조용(調用)하고 있는데 사마의가 편벽되게 굴더니, 마침내는 진랑을 전장군으로 삼으면서 소장을 너무 무시하므로 원통하고 분하여 항복을 드리는 것입니다. 아무쪼록 승상께서는 돌아갈 길 없는 몸을 거두어 주십시오."

정문은 거듭 애걸을 했다. 이때 병사가 들어와서 보고했다.

"진랑이 군사를 거느리고 와서 정문을 내놓으라고 야단입니다."

공명이 정문에게 물었다.

"진랑의 무예가 그대와 비해 어떠한가?"

정문은 자신있게 대답했다.

"그간 놈쯤이야 단칼에 베어 버리겠습니다."

"정녕 네가 진랑을 죽여 버린다면 내 너를 의심하지 않으마."

그 말을 듣자 정문은 씩씩하게 말타고 영채를 나가 진랑과 마주섰다. 이때 공명은 몸소 나가서 그들의 싸우는 모습을 바라보았다.

진랑이 창을 꼬나잡고 큰소리로 꾸짖었다.

"이놈 반적(反賊)아, 나라를 배반하고 가면서 내 말까지 훔쳐 가다니, 이놈 내 말을 내놔라!"

말이 끝나기도 전에 진랑이 달려나오니, 정문이 말에 채찍쳐 칼춤을 추며 이를 맞아 싸우는데, 정문의 칼날이 한번 번쩍 빛나며 단 1합에 진랑의 목이 땅으로 떨어지고 말았다. 진랑이 죽자 따라왔던 위군들은 겁을 먹고 정신없이 달아났다.

정문이 의기양양하게 진랑의 목을 들고 영채로 들어오니, 공명은 장중(帳中)으로 돌아와 자리잡고 앉아 있다가 정문을 불러들였다. 정문이 들어오자 제갈공명은 좌우의 무사들에게 명령을 내렸다.

"저놈을 끄집어내 당장 목을 베어라."

정문은 깜짝 놀라며 말했다.

"소장은 아무 죄도 없습니다."

"죄가 없다고? 이놈아, 내가 전에 진랑을 본 적이 있는데, 그래 네가 벤 것이 진짜 진랑이란 말이냐. 여기를 어디로 알고 함부로 거짓말을 하느냐?"

정문은 더 숨기지 못하고 사죄했다.

"사실 이놈은 바로 진랑의 아우 되는 진명(秦明)입니다."

공명이 껄껄 웃으며 말했다.

"사마의가 그렇게 하라더냐? 정녕 네가 나를 속일 수 있다고 생각했느냐? 당장 바른말을 아니하면 내 지체않고 너의 목을 베리라."

마침내 정문은 거짓 항복을 했다고 바른대로 자백하며 눈물을 흘리면서 목숨을 애걸했다.

"그래, 목숨이 아깝거든 지금 편지를 써서 사마의가 우리 영채를 공격해 오도록 하라. 그러면 내 너의 목숨을 구해 주마."

이윽고 정문은 사마의에게 보내는 편지를 써서 공명 앞에 놓았다. 공명은 그의 편지를 얻고 나자, 장수들을 시켜 그를 옥에다 가두게 했다.

그러자 곁에 있던 한 장수가 물었다.

"승상께서는 어떻게 그가 거짓 항복한 줄 아셨습니까?"

공명이 미소를 띠며 대답했다.

"사마의로 말하면 가벼이 사람을 쓰지 않을 터인데, 정문의 말대로 진랑을 전장군으로 삼았다면 필연코 무예가 뛰어날 것이다. 그런데 그와 싸워서 그래 단 1합에 죽었으니, 어찌 진랑이라 하겠는가? 그러므로 내 그자가 거짓으로 항복한 줄 안 것이지."

듣고 있던 사람들이 모두 감탄했다.

공명은 구변 좋은 한 군사를 찾아내 사람을 물리치고 조용히 계교를 가르쳐 주며, 정문의 편지를 가지고 사마의의 영채로 보냈다. 사마의는 군사가 가지고 온 편지를 읽고 나자 물었다.

"너는 어디 사람이냐?"

"저는 원래 중원 사람으로 촉중(蜀中)으로 유락되어 왔는데, 거기서 뜻밖에도 같은 고향 사람인 정문을 만났습니다. 이번에 정문이 공을 세워 공명이 그로 선봉을 삼았습니다. 정문은 특히 저에게 은밀히 부탁하여 편지를 올리게 하며, 내일 밤을 기약해서 불을 올려 신호를 삼겠으니, 도독께서는 친히 대군을 거느리고 오셔서 영채를 공략하시면, 정문이 안에서 내응을 하겠다고 합니다."

사마의는 계속해서 이것저것 물어 보고 편지를 자세히 거듭 살폈으나, 미심한 점이 없는지라 즉시 군사에게 술과 음식을 내린 다음,

"수고 많이 했네. 내 오늘 이경(二更)에 공략하리니 전승을 거두는 때에는 너를 중히 쓰겠다."

하며 군사를 돌려보냈다.

사마의는 곧 대군을 거느리고 촉채를 공략하게 했다. 마침내 진짜 진랑이 앞장서서 일만 대군을 휘몰아 촉군의 영채로 곧바로 짓쳐 들어갔다. 그러나 영채 안은 텅 비고 사람의 그림자조차 볼 수 없었다.

진랑은 계교에 빠진 줄 깨닫자,

"물러나라! 물러나라!"

큰소리로 군사를 물리는데, 사방에서 횃불이 대낮같이 환하게 일어나고 함성 또한 천지를 뒤흔들며 촉군이 쏟아져 나왔다. 이 싸움에서 사마의는 크게 패하여 수많은 군사를 잃었다. 촉군이 승리를 거두고 영채로 돌아오자 제갈공명은 도부수에 명하여 정문의 목을 베어 버렸다.

싸움은 기계(奇計)로 하라

연나라 소왕(昭王)이 5개국의 연합군을 이끌고 제나라로 쳐들어오자 제나라의 여러 성(城)들은 속속 함락되고 제왕도 혼전 중에 죽고 말았다. 그리하여 마침내 제나라는 오직 여와 즉묵(卽墨) 두 성만을 남겨놓고 있었다.

이때 전단(田單)은 제나라의 일개 지방관리였으나 즉묵성의 성민들로부터 추대되어 장군이 되었다. 그는 이간책을 써서 연군(燕軍)을 물리치기로 하고 연군 진영에 첩자들을 투입시켰다.

첩자들의 공작에 의해 결국 연군에서는 명장 악의(樂毅)를 소환하고 졸장 기겁(騎劫)을 장군으로 교체했다. 전단은 계속 첩자들을 시켜 연군이 잔학 행위를 하도록 유도함으로써 연군에 대한 제나라 백성들의 원한과 적개심을 불러일으켰다.

모든 분위기가 충분히 고조되었을 때였다. 전단은 성을 넘겨준다고 적을 속이고, 그 틈에 각처에서 모은 일천 마리의 소에 모두 붉은 옷을 입혔다. 그리고는 다섯 가지 색깔의 글씨를 써서, 뿔에는 칼을 묶고 기름을 칠한 갈대를 꼬리에 맨 다음 그 끝에 불을 붙여서 야음을 타고 연군을 향해 내몰았다.

그와 동시에 돌격대가 그 뒤를 따라 돌진하자 연군은 당황하여 어쩔 줄을 모르다가 대패하고 말았다. 전단은 여세를 몰아 빼앗겼던 제나라의 70여 성도 모두 되찾았다. 이른바 '화우지계(火牛之計)'이다.

모든 전쟁은 대개의 경우 정규군을 동원하여 정면으로 승부하는 것이 보통이지만, 기회를 잡고 요소를 찾아 기계(奇計)를 써서 적을 치기도 한다.

손자는 이렇게 말했다.

"싸움이라고 하는 것은 정(正)으로써 마주 대하고 기계(奇計)로써 승리를 거두는 것이다. 그러므로 능히 기계를 쓰는 자는 무궁한 천지와 같고 끝없는 강하(江河)와도 같다."

끝없는 수 싸움

적벽대전에서 대패한 조조가 한동안 말을 달려 도망가다가 추격군이 점점 멀어지자 그제야 말고삐를 늦추고 좌우를 돌아보니 상처를 입지 않은 군사가 없었다.

조조가 한탄함을 마지않으며 수하 장수들과 함께 계수 앞으로 다가갈 때 문득 앞서 가던 군사가 달려와서 고한다.

"길이 둘이온데 어느 길로 가야 합니까?"

조조가 물었다.

"어느 길이 더 가까우냐?"

군사가 대답했다.

"대로가 평탄하기는 하지만 그리로 가면 50여 리를 돌아야 하고, 소로를 취하여 화용도(華容道)로 접어들면 가깝긴 하지만 지세가 협착하고 산길이 험하여 행군하기가 어렵습니다."

조조는 곧 사람을 시켜서 산에 올라가 좀더 자세히 살펴보게 했다. 얼마 안 있어 군사가 돌아와서 보고했다.

"소로산변(小路山邊)에는 몇 군데 연기가 피어오르고 대로에는 아무런 동정도 없습니다."

조조는 곧 영을 내렸다.

"화용도 소로로 나아가도록 하라."

수하 장수들이 의아하며 물었다.

"연기가 오른다면 필시 군마가 있기 때문일 터인데, 일부러 그 길로 가시려는 것은 무슨 까닭입니까?"

조조가 웃으며 대답했다.

"병서에 허즉실지(虛則實之)하고 실즉허지(實則虛之)라는 말도 못들었소? 제갈량이 원체 꾀가 많아, 일부러 사람을 시켜 산벽소로에 연기를 내게 하여 우리 군사가 감히 그리로 못 가게 하고, 정작 군사는 대로상에다 매복을 시켜 놓고 우리를 기다리는 것이 분명하기 때문이오. 다른 사람이면 몰라도 어찌 나까지 속이겠소."

모든 장수들이 탄복하며 말했다.

"참으로 승상의 신기묘산은 다른 사람들이 감히 따를 수 없습니다."

인간관계와 권모술수

드디어 군마를 몰아 화용도 산길로 들어갔다.

그때 사람들은 모두 허기지고 말은 또 말대로 지쳤다. 불에 머리가 타고 이마가 부어오른 사람이며, 화살을 맞고 창에 찔린 자가 절뚝거리며 길을 더듬어 나가는데, 그 고생은 이루 말할 수 없었다. 그런데 갑자기 전군(前軍)이 말을 멈추고 나가지 않는다.

조조가 물었다.

"왜 그러고들 있느냐?"

군사가 달려가서 확인하고 돌아와 보고했다.

"요 앞 비탈길이 오늘 새벽 비에 그만 흙구렁으로 변해 말굽이 빠져 더 나갈 수가 없다고 합니다."

조조는 크게 노했다.

"군려(軍旅)는 으레 산을 만나면 길을 터서 나가고, 물을 만나면 다리를 놓아 건너는 법인데 그만한 흙구렁 하나로 해서 행군을 못 한다는 것이 대체 웬 말이냐!"

그는 즉시로 영을 내려 강장(强壯)한 무리들만 뽑아 모두 흙을 지고 섶을 묶으며, 풀을 자르고 갈대를 베어다가 흙구렁을 메우고 행군을 강행했다.

조조는 혹시 추격병이 또 오지나 않을까 겁이 나서 여러 장수들에게 명하여 수하 군졸 백 명을 거느리고 칼 빼어 손을 들고서, 만약 조금이라도 지만(遲慢)하는 자가 있으면 용서없이 그 자리에서 목을 베게 했다. 이렇게 인마를 재촉하여 나가게 하니 울부짖는 소리가 길에 끊이지 않았다.

그렇게 전진하기 5리도 채 못 갔을까, 조조는 문득 마상에서 채찍

을 높이 들고 소리내어 크게 웃었다. 장수들이 깜짝 놀라 물었다.

"승상께서는 왜 웃으십니까?"

조조가 대답했다.

"사람들은 모두 주유와 제갈량이 뛰어난 지략가라고 하지만, 내가 보기에는 아무래도 무능한 무리거든. 만약 이곳에 군사 몇 백 명만 매복시켜 두었더라면 우리들은 모두 사로잡히지 별 도리가 없을 게 아니겠는가."

참패를 당하고 도망가는 장수로서 참으로 대단한 여유요 자존심이 아닐 수 없다.

그러나 그 말이 미처 끝나기도 전에 미리 매복해 있던 촉나라 군사들이 몰려나와 조조는 또 한번 많은 군사를 잃었다. 그리고 보면 화용도 소로산변에 일부러 연기를 피워 놓고 조조 군사를 기다린 제갈량이 조조보다 한 수 위임에 틀림없다.

허점을 만들어서 쳐라

촉나라의 제갈량이 죽자 자신에게 군권을 물려주지 않은 데에 불만을 품은 위연(魏延)이 반기를 들고 남정(南鄭)으로 쳐들어갔다. 그때 남정을 지키던 양의(楊儀)는 말을 몰고 진 앞으로 나와 웃는 얼굴로 말했다.

"필경 네가 반기를 들고 말았구나. 제갈 승상께서 평소에 위연이 수상하다 하시더니, 그 말씀이 과연 틀림없었구나."

하고 타이르듯 말하니 위연은 발끈 성을 내어,

"사나이 대장부거든 이리 나와 싸우자. 무슨 잔말이 그리 많으냐?"

하고 버럭 소리를 지르니 양의는 더욱 웃으며 말했다.

"그래, 네놈이 진정 대장부라면 말을 탄 채라도 좋으니, '나를 죽일 자가 누구냐!' 하고 세 번만 크게 외쳐 봐라. 그러면 내 한중의 성지(城池)를 너에게 주마."

스스로 천하의 맹장임을 자처하는 위연은 이 말을 듣자 어처구니가 없다는 듯 웃으면서,

"이놈이 별소리를 다 하는구나. 그 따위 소리쯤이야 세 번이 아니라 삼만 번이라도 하겠다. 이놈아, 어디 들어 봐라!"

하고 위연이 말고삐를 잡으며 마상에서 큰소리로 외쳤다.

"나를 죽일 자가 누구냐?"

세 번 아닌 한 번을 외치는 순간 바로 위연의 뒤에서,

"너를 죽일 자가 바로 여기 있다!"

한소리 크게 외치며 한 칼로 위연을 내리치니 위연은 난데없는 칼을 맞고 그대로 말 아래로 고꾸라졌다. 양편 군사들이 모두 깜짝 놀라 바라보니 위연을 벤 장수는 다름 아닌 마대(馬岱)였다. 원래 제갈공명이 임종할 때 마대에게 밀계를 준 바 있었으니, 곧 위연이 마음놓고 소리칠 때를 타서 치라고 한 것이었다.

15. 도망의 술책

도망을 비굴하다거나 나쁘게만 생각하는 것은 옳지 않다. 살아야 하는 절체절명의 순간에 도망 이외에 또 무슨 수단이 있겠는가?

역사를 돌이켜 보면 정치나 사업에 성공한 사람은 모두 도망의 명수였다. 중국의 손문(孫文)은 해외로 곧잘 도망쳤고, 제2차 세계대전 때 프랑스의 드골은 영국으로, 인도네시아의 스카르노는 한때 일본으로 망명하여 훗날의 영광을 되찾았다. 중국의 '제서왕경측전(齊書王敬則傳)'에도 '삼십육책 주위상계(三十六策走爲上計)', 즉 36가지 계책 중에서도 도망가야 할 때는 도망을 가는 것이 최선의 방법이라고 적고 있다.

남을 속이는 간계

'계명구도(鷄鳴狗盜)'라는 고사로 유명한 전국시대 네 공자 중의 한사람인 맹상군(孟嘗君)은 천하의 선비들을 후히 대접하여 그의 문하에는 식객만 해도 수천 명이나 되었다.

그가 생명의 위협을 느끼고 진(秦)나라에서 도망칠 때의 일이었다. 맹상군이 지혜를 짜서, 소왕(昭王)의 비(妃) 신희(辛姬)에게 귀국을 주선해 줄 것을 울며 호소하자,

"주선은 해 주겠지만 그대가 왕에게 바친 선물과 꼭 같은 호백구

를 주셔야 합니다."

하고 요구했다.

맹상군이 진나라로 올 때 호백구는 이미 소왕에게 헌상했기 때문에 여분이 있을 까닭이 없었다. 호백구는 천하 제일의 갖옷이었다.

맹상군은 이 요구에 당황하지 않을 수 없었다. 그러나 그는 식객 중의 한 사람인 구도(狗盜)로 하여금 몰래 궁중으로 숨어 들어가 맹상군이 왕에게 헌상한 호백구를 훔쳐 오게 해서 그것을 그녀에게 주었다. 그런 줄을 모르는 신희는 호백구를 받고 기뻐하며, 소왕에게 맹상군을 귀국시키도록 설득했다. 이 설득이 성공하자 맹상군 일행은 우물쭈물하다가는 사실이 탄로날 것을 염려하여 즉시 그날로 진나라의 서울 함양을 탈출하여 국경인 함곡관으로 향했다.

한편 소왕은 맹상군의 귀국을 허락한 것을 뒤늦게 후회하여 그들 일행의 뒤를 추격하여 잡아 오도록 군사를 보냈다. 맹상군 일행이 허겁지겁 함곡관에 도착한 것은 아직 날이 새기 전이었다. 진나라의 법으로는 관문은 새벽 첫닭이 울 때까지는 열 수가 없게 되어 있었다. 그러자 이번에는 같은 일행의 식객 중에서 닭울음소리를 잘 흉내내는 재주를 지닌 사나이가 실력을 발휘했다.

그러자 그 소리에 부근의 다른 닭들도 일제히 따라 울기 시작했다. 이 닭울음 소리로 잠이 설 깬 관문지기들이 눈을 비비며 성문의 빗장을 열자, 그것을 기다리고 있던 맹상군 일행은 재빨리 관문을 통과하여 진나라를 도망쳐 나왔다. 일행이 관문을 통과한 직후에 왕의 부하들이 도착했으나 이미 맹상군은 그곳에 없었다. 이것이 유명한 '계명구도'의 탈출 일화다.

위기를 모면한 거짓말

제나라의 신하인 장축(張丑)이 연나라에 볼모로 가 있었다. 그후 제나라와 연나라 사이의 관계가 악화되어 왕이 그를 죽이려고 하자, 장축은 도망하여 국경을 빠져나오려다가 관문지기에게 잡히고 말았다.

장축이 관문지기에게 말했다.

"연왕이 나를 죽이려는 것은 내가 진귀한 보석을 가지고 있다고 밀고한 자가 있어서, 왕은 그 보석을 탐내어 나를 죽이려는 것이다. 그런데 나는 그 보석을 잘못하여 잃어버렸다. 그런데도 왕은 나를 믿지 않는다. 지금 여기서 만일 당신이 나를 잡아간다면 나는 왕 앞에서 당신이 나의 보석을 빼앗아 삼켜 버렸다고 말하겠다.

그러면 왕은 틀림없이 당신을 죽이고 당신의 배를 갈라 창자를 꺼내 조사할 것이다. 보석에 눈이 어두운 왕은 아무리 그렇지 않다고 말해도 소용이 없을 것이다. 나는 어차피 죽기로 되어 있지만, 당신도 억울한 죽음을 면치 못하게 될 것이다."

장축의 거짓 협박에 관문지기는 잔뜩 겁을 먹고 결국 장축을 놓아주었다. 거짓도 방편이라는 말이 있지만, 거짓말도 경우에 따라서는 참말보다 더 실효가 있을 때가 있다.

복수를 위한 도망

중국의 춘추시대, 초나라에 내분이 일어나서 태자 건(建)이 송나라로 도망을 쳤는데, 태자의 스승 오사(伍奢)가 그 대신에 잡혔다. 그때 간사한 비무기(費無忌)가 초왕에게 충동질을 했다.

"오사에게는 두 아들이 있습니다. 그들이 모두 비범하니 지금 죽이지 않으면 뒷날 초나라의 후환이 될 것입니다. 그들의 아비를 방면한다는 조건으로 두 아들을 불러 당장 잡아 죽이도록 하십시오."

초왕이 머리를 끄덕이고 오사를 불러들여 말했다.

"두 아들을 부를 수만 있다면 그대를 살려주겠다. 그렇지 못하면 살려둘 수 없다."

그러자 오사가 처연한 얼굴로 대답했다.

"형인 상(尙)은 오겠지만, 동생인 원(員)은 오지 않을 것입니다."

왕이 궁금하여 물었다.

"그건 무슨 까닭인가?"

"상은 원래가 천성이 성실하고 부모에게 효심이 지극해서 아버지가 용서를 받는다고 하면 그는 죽음을 두려워하지 않고 반드시 올 것입니다. 그러나 원은 지혜와 용기가 있어서, 반드시 죽을 것을 알면 결코 오지 않을 것입니다. 앞으로 초나라가 두려워해야할 사람은 바로 이 동생일 것입니다."

초왕이 사람을 보내 두 아들에게 말했다.

"너희들이 가면 아버지는 용서를 받을 것이다."

상이 동생에게 말했다.

"아버지가 부르시는 데도 가지 않는 것은 불효다. 또 아버지가 살해되고도 복수를 하지 않는 것은 수치스러운 일이다. 나는 복수할 능력이 없으니 스스로 사지로 가겠다. 그러나 너는 이곳을 떠나는 것이 좋겠다."

"형님, 나는 지금 비록 도망을 하지만 나중에 이 원수는 꼭 갚고야 말 것입니다."

이리하여 오상은 뻔히 죽을 줄을 알면서도 아버지에게로 가고, 오원은 오나라로 도망을 쳤는데, 이 사람이 유명한 오자서(伍子胥)이다. 오사는 이 말을 듣고 탄식하며 말했다.

"원이 도망을 갔으니 장차 초나라가 참혹한 전화(戰禍)를 입게 되겠구나."

초왕은 오사와 맏아들 오상 부자를 모두 죽였다. 그후 5년이 되는 해에 평왕(平王)이 죽고 그 아들 진(珍)이 왕위에 오르니 그가 곧 소왕(昭王)이다. 소왕 10년에 오자서는 오나라 군사를 이끌고 초나라를 습격하여 수도 영에 입성했다. 오자서는 자기 아버지와 형을 죽인 평왕의 무덤을 파헤치고 그의 시체를 꺼내 3백번이나 매질을 했다고 한다.

의리를 지키다 화를 당한 자로(子路)

위(衛)나라에 왕실의 내란이 일어났다. 영공(靈公)이 죽은 뒤, 태자 궤외의 아들이 왕위에 오르니 그가 곧 출공(出公)이다. 그런데 영공의 총희 남자(南子)의 암살에 실패하여 도망친 출공의 아버지 궤외가 자기 나라로 되돌아 와서 자신이 왕이 되려고 했다. 그리하여 부자간의 왕위를 둘러싼 권모술수가 궁정 안에 소용돌이쳤다. 마침내 궤외가 여장(女裝)을 하고 공리의 집에 잠입하여 억지로 그를 반란에 가담케 했다. 공리는 바로 공자의 제자 자로(子路)가 모시고 있는 중신이었다.

자로는 반란 소식을 듣고 급히 수도로 달려오다가 위나라의 대신이며 같은 공자의 제자인 자고(子羔)와 마주쳤다. 자고가 자로에게,

"이미 공리 대감의 출입문은 닫혀 있소. 지금 가더라도 들여보내지 않을 것이오. 출공도 이미 도망을 치고 없으니 당신도 돌아가는 것이 좋을 것이오. 공연히 화를 입는 건 부질없는 짓이오."

자로가 대답했다.

"비록 열어 주지 않더라도 대문까지 가 보고 오겠소. 나는 공리로부터 녹을 받고 있는 터에, 그 공리가 지금 위험에 빠진 이상 가만히 있다면 이는 의리 없는 짓이오."

자고는 도망을 쳤으나 자로는 결국 반란에 휘말려 살해되고 말았다. 공자는 위나라의 반란소식을 듣고 한탄했다.

"아, 자고는 탈출해 올 것이나 자로는 죽을 것이다."

그것은 자로의 성격이 호랑이가 달리는 것과 같아서 도망을 가지

않을 것임을 공자가 간파하고 있었기 때문이다. 그의 예상이 적중한 것이다.

위장술로 도망한 손빈

손빈은 '손자병법'으로 유명한 손자의 끝손자이다. 그는 방연과 함께 귀곡자(鬼谷子)에게서 동문수학을 했다.

그후 위나라의 혜왕에게 발탁된 방연은 자기의 재능이 손빈을 당할 수 없다는 것을 깨닫고, 사람을 시켜 손빈을 불렀다. 그가 오자 방연은 그에게 죄를 씌워서 두 발목을 자르고 입묵(入墨: 살에 먹을 넣는 것)을 해서 불구자로 만들어 버렸다.

그러나 손빈은 그것이 방연의 짓임을 모르고 오히려 그를 생명의 은인으로 생각하며, 그의 보호 아래 병법 연구에 몰두하고 있었다. 한참 후에야 그것을 알았고, 병법서를 다 쓰고 나면 생매장될 것도 알게 되었다.

손빈이 탈출의 기회만 노리고 있던 어느 날, 제나라의 사자가 위나라의 서울 양(梁)으로 왔을 때, 손빈은 몰래 면회를 청하고 도망갈 뜻을 말했다. 사자는 그의 뛰어난 재능을 아까워해서 손빈을 다른 사람의 시체라 속이고 자기의 마차 속에 숨겨 탈출에 성공했다.

그후 손빈은 제나라 장군 전기(田忌)의 군사(軍師)가 되어, 마릉 싸움에서 방연을 죽여 원한을 풀었다. 이것이 전국시대 최고의 병법가인 손빈의 탈출 고사다. 손빈이 방연을 속인 술책은 정말 통쾌

하지만, 그 자신의 발목을 잘리는 불행을 사전에 방지하지 못한 것은 그의 실책이다.

이 이야기는 손빈과 같은 병법가도 실수가 있을 수 있다는 것을 말해주고 있다. 음모학을 논한다고 해서 그가 반드시 '음모가'라고 할 수는 없는 것이다.

조조의 도망 변장술

조조는 중국 역사상 그 유례를 찾기 어려운 도피의 명수다. 그가 동관(潼關)에서 싸울 때였다. 서량(西涼) 군사의 기습을 받은 조조가 난군 속에서 헤매고 있었다. 그때 서량 군사로부터,

"빨간 옷을 입은 놈이 조조다!"

하는 소리를 듣자 곧 빨간 옷을 벗어 던졌다. 또,

"수염이 긴 자가 조조다!"

라고 외치는 소리를 듣고는 칼을 뽑아 자신의 수염을 깎아 버렸다.

그런데 그가 수염 깎는 것을 본 졸개가 적장 마초(馬超)에게 고해 바쳤다. 그러자 마초가,

"수염이 짧은 놈을 잡으라. 그놈이 조조다!"

라고 호령하자, 이 말을 들은 조조는 얼른 깃폭의 천을 찢어서 얼굴을 싸매고 도망을 쳤다.

이 조조의 '수염 깎는 수법'에 힌트를 얻었는지 모르지만, 대만(臺灣) 독립운동의 지도자 팽명민(彭明敏)의 대만 탈출은 국제적인 화

제가 된 적이 있다. 그는 대만대학의 정치학부장이었으며, 국부(國府)의 유엔 대표 법률 고문을 역임한 적도 있었다. 그는 '대만 독립 선언'을 기초한 혐의로 체포되었는데, 국제 여론의 압력 때문에 장개석(蔣介石) 총통의 특사로 출옥, 자택에서 연금 상태에 있었다. 그에게는 주야로 5명의 비밀경찰이 붙어서 철통같이 감시를 하고 있었다.

그런데 1970년 1월 중순, 대만의 독립운동 단체가 돌연 미·일·유럽에서 팽명민의 대만 탈출을 동시에 발표했다. 대만 당국이 그의 탈출을 안 것은 이때며, 팽명민이 이미 탈출하고 몇 주일이 지난 뒤였다. 그 동안에도 비밀 경찰은 매일 팽명민의 감시 보고서에 '이상 없음'을 쓰고 있었던 것이다.

팽명민은 탈출을 계획하고 나서부터 1년 동안 정신이상을 가장하고 수염을 길러서 얼핏 보아서는 친지들도 잘 몰라볼 정도로 변장하여 탈출했다고 한다.

도망을 모르면 전진도 없다

한나라 2년에 10만의 대군을 거느리고 진나라의 수도 함양에 제1착으로 입성한 유방(劉邦)은 제후들의 도착을 기다리고 있었다.

항우(項羽)는 40만의 대군을 이끌고 한 발 뒤늦게 홍문(鴻門)에 진주했다. 라이벌인 유방을 죽일 수 있는 절호의 기회라 생각한 모사 범증(范增)이 항우를 설득했다.

"유방이 관중(關中)으로 들어가 몸을 사리고 있는 것은 그에게 야망이 있기 때문입니다. 이번 기회에 크게 연회를 베풀어 그를 초청하면 감히 거절을 못할 것이니, 그때 틈을 보아 죽이도록 하십시오."

그리하여 다음날 아침, 유명한 홍문의 연회[鴻門宴]가 시작되었다.

범증은 때가 무르익자 유방을 죽이라고 항우에게 계속 눈짓을 했으나 항우는 응하지 않았다. 기다리다 못한 범증은 항장(項莊)에 귀띔을 해서 검무(劍舞)를 추게 하고 틈을 보아 유방을 죽이도록 했다.

장량(張良)은 이를 눈치채고 번쾌에게 가만히 눈짓을 보냈다. 번쾌가 칼을 들고 마주 나가서 항장과 같이 검무를 추는데, 항장이 유방에게 접근하면 번쾌가 이를 재빨리 막았다. 말이 검무이지 두 사람 사이에는 살기가 등등했다.

"뭣들 하는 짓이냐!"

이를 본 항우가 노하여 호통을 쳤다.

"내가 패공(沛公: 유방)과 더불어 연회를 즐기려는데, 검무는 무슨 검무며, 이렇게 살기가 등등한 것은 무슨 까닭이냐?"

항우는 당당한 무장으로서 범증의 간계(奸計)가 마음에 들지 않았는 데다가 번쾌가 주인을 위해 목숨을 걸고 나와서 검무를 추는 것을 보고 감동을 했던 것이다.

"참으로 범 같은 장수로다. 번쾌는 나의 술잔을 받으라."

항우는 번쾌를 칭찬하며 술까지 내려주었다.

그 틈을 타서 유방은 측간에 간다고 핑계를 대고는 그 길로 허둥지둥 도망치고 말았다.

장량은 유방이 취해서 돌아갔다고 말하고, 백옥 한 쌍을 항우에게 바치며 무례를 사과했다. 범증은 모래를 씹은 기분이었다. 그는 밖으로 나오며 하늘을 우러러 탄식했다.

"항왕(항우)이 무모하니 장차 천하를 차지할 자는 유방일 것이다."

과연 그후 천하는 유방에게로 돌아가고 항우는 스스로 목을 찔러 자결하고 말았다. 사나이로서의 의리와 체면도 중요하지만, 항우는 유방을 없애버릴 절호의 기회를 놓침으로써 천추의 한을 남겼던 것이다.

지난이퇴(知難而退) - 어려움을 알면 도망하는 것이 상책이다. 무리하게 버티다가 참화를 당하는 것은 무모이며 만용에 지나지 않는다. 도망가는 것을 모르면 전진도 있을 수 없는 법이다.

16. 중국 병서의 정수 36계

대략 5세기 전후까지 전해내려온 중국 병법과 관계된 고사(故事)를 묶은 것이다. 중국 병서의 정수를 모은 것이나 정통서적으로 인정받지는 못했다.

삼국지연의(三國志演義)의 미인계(美人計), 고육계(苦肉計), 손자병법의 이일대로(以逸待勞), 전국책(戰國策)의 원교근공(遠交近攻) 등이 나오는 것으로 보아 어느 한 시대에 이루어진 것도 아님을 알 수 있다. 그러나 지금 다시 그 내용들을 현대에 적용시켜보아도 세상을 살아가는 지혜로서는 전혀 손색이 없다고 할 수 있다.

[승전계(勝戰計): 제1계~제6계]

제1계 만천과해(瞞天過海): 하늘을 속이고 바다를 건너넌다는 뜻이다.

전력이 약한 자가 상대의 심리적 맹점을 교묘히 이용해 이변을 일으켜 상황을 반전시킨다는 의미다. 진시황이 사망했을 때 지역의 반란을 우려한 신하가 수습하는 시간을 벌기 위해 시신을 운반하는 수레를 생선 마차로 위장해 궁궐을 빠져나가 장례를 치른 데서 유래한 말이다.

[瞞; 속일 만, 天; 하늘 천, 過; 지날 과, 海; 바다 해]

제2계 위위구조(圍魏救趙): 위나라를 포위하여 조나라를 구하다.

위나라의 포위 속에서 조나라를 구한다는 뜻으로, 공개적으로 공격하는 것은 비밀리에 공격하느니만 못하다는 것이다.

[圍; 에워쌀 위, 魏; 나라이름 위, 救; 구원할 구, 趙; 나라이름 조]

제3계 차도살인(借刀殺人): 남의 칼을 빌려 사람을 해치다.

남의 칼을 빌려 사람을 죽인다. 남의 힘을 빌려 적을 치는 것은 자신의 힘을 쓰지 않고 적을 친다는 것이다.

[借: 빌릴 차, 刀: 칼 도, 殺: 죽일 살, 人: 사람 인]

제4계 이일대로(以逸待勞): 쉬면서 힘을 비축했다가 피로에 지친 적을 맞아 싸우다.

편안하게 쉬면서 기운을 돋워 피로한 적을 기다려 효과적으로 방어하는 것을 말한다. 편안함으로써 피로해지기를 기다린다는 뜻으로, 편안하게 휴식을 취하여 전력을 비축하고 나서 피로해진 적을 치는 전략이다.

《손자》의 〈군쟁〉편에 나오는 말로 가까운 곳에서 먼 길을 오는 적을 기다리고, 편안한 자세로 적이 피로해지기를 기다리며, 배불리 먹고 나서 적이 배고프기를 기다리니, 이것이 힘을 다스리는 방법이라고 하였다. 적군보다 먼저 싸움터에 당도하여 충분히 휴식을 취함으로써 아군의 전력을 비축한 뒤에, 먼 길을 오느라 피로해진 적이 쉴 틈을 주지 않고 공격하여 승리하는 것이다. 또는 상대의 전력이 아군보다 강할 때 수비에 치중하면서 전열을 가다듬어 상대가 지치기를 기다린 뒤에 공격하는 전략이다.

[以; 써 이, 逸; 편안할 일, 待; 기다릴 대, 勞; 피로할 로]

제5계 진화타겁(趁火打劫): 남의 집에 불난 틈을 타 도둑질하다.

적이 중대한 위기에 처해 있을 때 그 기회를 이용하여 적을 패배시킨다.

[趁; 쫓을 진, 火; 불화, 打; 칠타, 劫; 위협할 겁]

제6계 성동격서(聲東擊西): 동쪽에서 소리치고 서쪽을 공격하다.

상대편에게 그럴듯한 속임수를 써서 공격하는 것을 이르는 말. 동쪽에서 문제를 일으키는 척 하다가 서쪽을 친다는 말이다. 동쪽에서 소리를 지르고 서쪽을 친다는 뜻으로 동쪽을 쳐들어가는 듯하면서 상대를 교란시켜 실제로는 서쪽을 공격하는 것을 말한다.

중국 한(漢)나라의 유방과 초(楚)나라의 항우가 싸우던 중 위(魏)나라의 왕 표(豹)가 항우에게 항복하였다. 위나라의 왕인 표는 황허강 동쪽 포판에 진을 치고 한나라 군대가 강을 건너오지 못하게 하였다. 한신은 포판으로 쳐들어가기가 쉽지 않자 병사들에게 낮에는 큰 소리로 훈련하도록 하고 밤에는 불을 밝혀 공격할 것처럼 보이게 하였다. 그러면서 한편으로는 비밀리에 한나라 군대를 이끌고 황허강을 건너서 왕 표의 후방 본거지를 점령하여 표를 사로잡았다.

[聲; 소리 성, 東; 동녘 동, 擊; 칠 격, 西;서녘 서]

[적전계(敵戰計): 제7계 ~ 제12계]

제7계 무중생유(無中生有): 무에서 유를 창조하다.

모든 만물은 아무것도 없는 無(무)에서 생겨난다. 즉 없는 말썽거리를 억지로 만들어 내는 것으로 기만하면서 기만하지 않는 것처럼 보이게 하는 것이다. 전선에 무언가를 배치하여 적을 이중의 혼란에 빠뜨리는 것이다.

[無; 없을 무, 中; 가운데 중, 生; 날 생, 有; 있을 유]

제8계 암도진창(暗渡陳倉): 은밀히 진창으로 진군하다.

한(漢)나라 장군 한신(韓信)이 잔도(棧道)를 수리하는 척하며 몰래 우회하여 진창을 공격하여 점령한 것을 말한다. 초(楚)나라와 싸울 때 정면으로 공격할 것처럼 위장하여 적이 병력을 그쪽으로 집결시키도록 한 뒤에 방비가 허술한 후방을 공격하는 계책이다.

[暗; 어두울 암, 渡; 건널 도, 陳; 펼칠 진, 倉; 창고 창]

제9계 격안관화(隔岸觀火): 강 건너 불보듯 하다.

강 건너 불난 것을 바라본다는 뜻으로 소극적으로 넋을 놓고 강 건너 불구경하는 것이 아니라 상대의 정황을 잘 살피면서 주시하여 때를 기다리는 적극적인 기다림을 말한다. 적 내부의 투쟁이 격화되면 거기서 비롯되는 유리한 형세를 면밀히 관찰하여 행동으로 옮길 준비를 한다는 계책이다.

[隔; 사이 뜰 격, 岸; 언덕 안, 觀; 볼 관, 火; 불 화]

제10계 소리장도(笑裏藏刀): 웃음속에 칼날을 품다.

웃음 속에 칼을 감추고 있다는 뜻으로, 겉으로는 웃는 낯으로 상냥하게 대하지만 마음속으로는 상대방을 해칠 뜻을 품고 있음을 비유한다. 적으로 하여금 나를 믿게 안심시킨 후 비밀리에 일을 도모한다.

[笑; 웃을 소, 裏; 속 리, 藏; 감출 장, 刀; 칼 도]

제11계 이대도강(李代桃僵): 자두나무가 복숭아나무를 대신하여 넘어지다.

작은 손해를 보는 대신 큰 승리를 거두는 전략이다.

중국 고대와 중세의 악부시를 집대성한 〈악부시집(樂府詩集)〉에 실린 계명(鷄鳴)이라는 시에서 유래되었다. 전쟁에서 아군과 적군은 제각기 장단점이 있으며 승부의 비결은 장단점을 서로 비교하여 단점으로써 장점을 이기는 것이다. 중국 춘추시대 말기에 제(齊)나라의 대장군 전기(田忌)는 왕자들과 마차경주 내기를 하곤 하였다. 전기에게 의탁하고 있던 손빈은 마차를 끄는 말에 상중하의 등급이 있다는 것을 알고 전기에게 이렇게 조언하였다.

"장군의 하등급 말을 상대의 상등급 말과 겨루게 하고, 상등급 말을 상대의 중등급 말과 겨루게 하며, 중등급 말을 상대의 하등급 말과 겨루게 하십시오."

하등급 말이 상등급 말과 겨루면 질 것이 뻔하지만 다른 두 번의 승리를 위하여 한 번 지는 전략으로 전체를 이긴다는 이야기로 앞

에서 언급한 바 있다.

　[李; 오얏 리, 代; 대신할 대, 桃; 복숭아 도, 僵; 넘어질 강]

　제12계 순수견양(順手牽羊): 기회를 틈타 남의 양을 훔쳐 끌고 간다는 뜻이다

　적의 사소한 약점이라도 반드시 장악해야 하며, 조그만 이익이라도 반드시 얻도록 해야 한다. 적의 허점을 놓치지 않고 공격하여 작은 승리를 거두고, 이러한 작은 승리가 쌓이면 큰 승리로 연결될 수 있다는 것이다. 주로 적이 이동하면서 드러내는 허점을 공격하여 승리를 얻어내는 것을 말한다.

　[順; 순할 순, 手; 손 수, 牽; 끌 견, 羊; 양 양]

[공전계(攻戰計): 제13계 ~ 제18계]

　제13계 타초경사(打草驚蛇): 풀을 두드려 뱀을 놀라게 하다.

　적에게 어떤 의심이 생기면 반드시 가서 살펴보아야 한다. 또는 을(乙)을 징계하여 갑(甲)을 깨우침을 비유하거나, 변죽을 울려 적의 정체를 드러나게 하거나 공연히 문제를 일으켜 화를 자초함을 비유한 말이다. 중국 당(唐)나라의 수필집 《유양잡조(酉陽雜俎)》에 나오는 이야기다. 지방의 한 탐관오리 현령이 온갖 명목으로 세금을 거둬들여 사복을 채우자, 견디다 못한 백성들은 일부러 현령에게 그 부하들의 부정부패 사실을 고발했다. 고발장을 읽어본 현

령은 깜짝 놀라며 '여수타초 오이경사(汝雖打草 吾已驚蛇)'라는 글귀를 적어 놀란 가슴을 진정시켰다고 한다. 즉, '너희들이 비록 풀밭을 건드렸지만 이미 나는 놀란 뱀과 같다'라는 뜻으로, 백성들이 자기 부하들의 비리를 고발한 것은 곧 우회적으로 자신의 비리를 고발하는 것이라고 생각해 겁을 먹은 것이다. 이렇게 해서 을을 징계해서 갑을 각성하게 하려 한 백성들의 의도는 성공하였다.

[打; 칠 타, 草; 풀 초, 驚; 놀랄 경, 蛇; 뱀 사]

제14계 차시환혼(借屍還魂): 죽은 사람의 영혼이 다른 사람의 시체를 빌려 부활하다.

남의 주검을 빌려 영혼을 찾아온다는 뜻으로, 이용할 수 있는 것은 무엇이나 이용해서 뜻하는 바를 실현시키는 것을 말한다. 강한 자는 이용당하지 않는다. 그러나 약한 자는 도움이 필요하니, 이용할 수 없는 것을 빌어서 이용한다는 뜻도 된다.

[借; 빌릴 차, 屍; 주검 시, 還; 돌아올 환, 魂; 넋 혼]

제15계 조호이산(調虎離山): 호랑이를 유인하여 산을 떠나게 하다.

자연조건이 적에게 불리해지기를 기다리고 기만으로 그를 유혹한다. 적으로 하여금 유리한 곳에서 벗어나게 하여 힘을 약화시킨 다음에 공격하는 전략을 말한다. 산 속의 왕이라고 하는 호랑이를 잡으려면 호랑이가 그 위력을 발휘할 수 있는 산중을 떠나게 하여 힘을 약화시켜야 한다는 뜻으로, 튼튼한 요새에 틀어박혀 굳게 지

키기만 하는 적을 밖으로 끌어내 공략하는 데 사용하는 책략이다.

　[調; 고를 조, 虎; 호랑이 호, 離; 떠날 이, 山; 메 산]

　제16계 욕금고종(欲擒故縱): 큰 이득을 위해 작은 것은 과감하게 내어주다.

　상대방의 마음을 사로잡기 위해 때로는 먼저 양보하라는 의미다. 또는 적을 지나치게 몰아세우면 적도 필사적으로 반격하게 되니 적을 요령껏 공격하여 적의 힘을 고갈시켜 스스로 무너지게 만든다는 의미도 된다.

　[欲; 하고자 할 욕, 擒; 사로잡을 금, 故; 옛 고, 縱; 세로 종]

　제17계 포전인옥(抛塼引玉): 벽돌을 던져서 구슬을 얻다.

　지극히 유사한 것으로 적을 미혹시킨 다음 공격한다. 자신이 먼저 미숙한 의견이나 작품을 내어 다른 사람의 고견이나 훌륭한 작품이 나오도록 유도하는 것이다. 당(唐)나라 때 조하와 상건(常建)이라는 두 시인이 있었다. 상건은 자신의 시가 조하에 미치지 못한다고 생각하여 영암사(靈巖寺) 사묘(寺廟)의 벽에 시를 절반만 지어 적어 놓았다. 조하가 영암사에 들렀다가 벽에 적힌 미완성의 시를 보고 나머지 절반을 채워 넣었고, 상건은 자신의 뜻대로 조하의 시를 얻게 되었다. 벽돌은 스스로 부족하다고 생각하는 자신의 의견이나 작품을 뜻하며, 옥은 다른 사람의 훌륭한 작품이나 고명한 의견을 뜻하는 것이다. 벽돌은 미끼고 옥은 승리를 뜻한다. 곧 미끼로 적을 유인하여 아군의 작전에 휘말리게 함으로써 승리를 얻는 전술이다.

[抛; 던질 포, 塼; 벽돌 전, 引; 끌 인, 玉; 구슬 옥]

제18계 금적금왕(擒賊擒王): 적을 사로잡으려면 우두머리부터 잡는다.

적의 주력을 궤멸시키고, 그 괴수를 사로잡아 적을 와해시킨다. 용도 물을 떠나게 되면 어쩔 도리가 없게 된다. 적의 장수를 잡으면 적의 전체 병력을 무너뜨릴 수 있으므로 싸움에서는 우두머리를 먼저 잡는 것을 목표로 해야 한다는 뜻이다. 중국의 시인 두보(杜甫: 712~770)의 시에 나오는 말이다.

사람을 쏘려면 먼저 그 말을 쏘고[射人先射馬(사인선사마)]

적을 잡으려면 먼저 그 왕을 잡아라[擒賊先擒王(금적선금왕)]

당나라 숙종 때 장순(張巡)의 군대가 적을 공격하여 윤자기(尹子奇)를 죽이려 하였으나 얼굴을 몰랐다. 그래서 장순은 군사들에게 볏짚으로 만든 화살을 쏘게 하여 윤자기의 부하가 장순 군대의 화살이 모두 없어졌다고 윤자기에게 알리는 것을 보고 윤자기를 찾아낼 수 있었다. 장순은 부하 장수에게 진짜 화살을 쏘게 해서 윤자기의 왼쪽 눈을 맞히고 윤자기의 군대는 참패하였다. 장수를 잡으려면 먼저 그 말을 쏜다는 뜻의 전술을 말한다.

[擒; 사로잡을 금, 賊; 도둑 적, 擒; 사로잡을 금, 王; 임금 왕]

[혼전계(混戰計): 제19계 ~ 제24계]

제19계 부저추신(釜底抽薪): 솥 밑의 장작을 빼낸다는 뜻. 장작을 꺼내 물이 끓는 것을 그치게 하고, 풀을 먼저 베고 그 뿌리를 뽑는다는 뜻에서 나온 말이다. 적의 계략을 근본적으로 부수어 버리라는 뜻이다. 강한 적을 만났을 때는 정면으로 공격하지 말고 가장 약한 곳을 찾아내 공략하라. 이것이 부드러운 것으로 강한 것을 이기는 법이다.

[釜; 가마 부, 底; 밑 저, 이룰 지, 抽; 뽑을 추, 薪; 섶 신]

제20계 혼수모어(混水摸魚): 물을 혼탁하게 만든 다음 물고기를 잡는다.

적군이나 시장의 내부를 교란시켜 승리를 얻는 전략을 말한다. 적의 내부가 혼란한 틈을 타서, 그 약자를 당신의 편에 끌어들여라. 그러면 적은 자멸하게 될 것이다.

[混; 섞을 혼, 오랑캐 곤, 水; 물 수, 摸; 본뜰 모, 더듬을 막, 魚; 물고기 어]

제21계 금선탈각(金蟬脫殼): 매미가 허물을 벗듯 감쪽같이 몸만 빼서 도망하다.

항우(項羽)에게 성을 포위 당한 유방(劉邦)의 고사(故事)에서 나온 말. 적이 알아채지 못하도록 진지의 원형을 보존하고 군대가 여전히 주둔하고 있는 것처럼 하라. 그러면 적이 감히 공격하지 못할 것이다.

　[金; 성 김, 쇠 금, 蟬; 매미 선, 날 선, 脫; 벗을 탈, 기뻐할 태, 殼;
껍질 각]

　제22계 관문착적(關文捉賊): 문을 닫아 걸고 도적을 잡다.

　퇴로를 차단하고 잡는다. 문을 닫고 도적을 잡는다는 것으로, 약
한 적에게는 포위 섬멸의 계략을 쓴다. 원뜻은 도적이 물건을 훔치
러 들어오면 문을 잠가야 잡을 수 있다는 뜻이다. 세력이 약한 소규
모의 적에 대해서는 포위하여 섬멸시켜야 한다. 퇴각하게 놓아두면
섬멸하는 데 불리하다. 이와는 반대로 쥐를 잡을 때도 퇴로를 열어
놓고 잡으라고 하는 것은 내가 다치지 않기 위해서이다.

　[關; 빗장 관, 門; 문 문, 捉; 잡을 착, 賊; 도둑 적]

　제23계 원교근공(遠交近攻): 먼 나라와 친교를 맺고 가까운 나라
를 공격하다.

　멀리 있는 적보다는 가까이에 있는 적을 공격하는 편이 유리하
다. 멀리 있는 적과는 정치적 주장이 다를지라도 잠시 연합하라. 중
국 전국시대 위(魏)나라의 책사였던 범저(范雎)가 타국과 내통하고
있다는 혐의를 받고 진(秦)나라로 피신했을 때이다. 당시 진나라는
제(齊)를 쳐서 영토를 확장하려 했다. 이에 범저는 왕에게 한(韓),
위(魏)의 양국을 거쳐 멀리 있는 강한 제나라를 침은 좋은 계책이
아니라고 하였다. 먼 나라와 친교를 맺고 가까운 나라를 치는 원교
근공책이 상책이라고 간해 천하통일의 대업을 이루게 되었다.

[遠; 멀 원, 交; 사귈 교, 近; 가까울 근, 攻; 칠 공]

제24계 가도벌괵(假道伐虢): 길을 빌려 괵나라를 정벌하다.

춘추전국시대 진(晉)나라가 세력을 넓히기 위해 우나라와 건너편에 있는 괵나라를 치려고 하였으나 두 나라가 동맹을 맺고 대항하니 쉽지가 않았다. 이에 진나라는 우나라 왕에게 엄청난 뇌물을 주어 괵나라를 침공하도록 길을 빌려달라고 하였다. 어리석은 우왕은 뇌물에 눈이 멀어 길을 내주고 말았고, 진나라는 괵나라를 점령한 다음 우나라를 쉽게 손에 넣게 되었다.

[假; 거짓 가, 道; 길 도, 伐; 칠 벌, 虢; 물이 갈라져 흐를 괵(물이 콸콸 흐르는 소리)]

[병전계(竝戰計): 제25계~제30계]

제25계 투량환주(偸樑換柱): 대들보를 훔쳐내고 기둥으로 바꾸어 넣다.

주력 부대를 빼내게 하여 그들 스스로 붕괴하기를 기다려 그 틈을 타 적을 공격한다. 이는 마치 수레의 바퀴를 빼는 것과 같다. 겉은 그대로 두고 내용이나 본질을 바꾸어 놓음으로써 승리를 취하는 전략이다. 중국 춘추전국시대는 여러 제후국들이 이합집산을 거듭하였으므로 오늘의 동맹국이 내일의 적이 될 수도 있는 상황이었다. 서로 연합하여 싸울 때라도 주도권을 잡고 우군의 세력을 자기 편으로 흡수하도록 꾀하는 전략으로서 활용되었다. 이는 연합한 우군을 고의로 패하게 만들어 자기 세력으로 흡수하는 것으로도 풀이되며, 속고 속이는 모략으로도 응용된다.

[偸; 훔칠 투, 梁; 들보 량, 換; 바꿀 환, 柱; 기둥 주]

제26계 지상매괴(指桑罵槐): 뽕나무를 가리키며 홰나무를 욕하다.

이는 상대방에 대해서 직접적인 비난이 곤란할 경우 제3자를 비난하는 듯하게 하여 간접적으로 상대방을 비난하는 것을 뜻한다. 강자가 약자를 지배하려면 경고를 해야 할 것이다. 강한 기세로 나아가면 충성을 바칠 것이고, 단호한 태도를 취하면 순종하게 될 것이다.

[指; 가리킬 지, 桑; 뽕나무 상, 罵; 꾸짖을 매, 槐; 회화나무 괴]

제27계 가치부전(假痴不癲): 어리석은 척은 하되 미친 척은 하지 말라.

자신의 어리숙함을 가장하여 상대방을 안심시킨 후 접근하여 자신이 얻고자 하는 바를 얻는다는 뜻이다. 총명한 척하며 경거망동하지 말라.

중국 춘추전국시대 한나라의 개국공신 한신은 젊은 시절 가난한 평민에 지나지 않았다. 남에게 빌붙어서 겨우 끼니를 해결했던 한신은 늘 주변 사람들의 놀림거리가 되었다. 한신이 길을 가다가 불량배 하나를 만났다. 불량배는 한신의 허리춤에 채워져 있는 검을 보더니 "니놈 주제에 검이 가당키나 하냐?" 며 그것을 빼앗으려 했다. 한신은 불량배를 피해 도망을 쳤지만 붙잡히고 말았다. "이 겁쟁이. 용기가 있다면 그 검으로 나를 한번 베어보거라. 그럴 용기가 없다면 내 가랑이 밑으로 기어가거라."

한신의 검술 실력이라면 불량배를 단칼에 베어버릴 수도 있었지만 다시 한 번 신중하게 생각했다.

이 따위 조무래기와는 싸울 만한 가치가 없다고 생각한 것이다. 결국 한신은 불량배의 다리 사이로 기어나갔다. 주변에 몰려든 구경꾼들은 한신을 겁쟁이라고 일제히 비웃었지만 자신의 능력을 가치도 없는 싸움에 허비하고 싶지 않았던 것이다. 그런 수모는 겪었지만 한신은 자신을 열심히 단련해 훗날 유방이 항우를 이기고 한나라를 세우는 데 가장 큰 공헌을 한 명장이 되었다.

[假: 거짓 가, 痴: 어리석을 치, 不: 아닐 부, 癲: 미칠 전]

제28계 상옥추제(上屋抽梯): 지붕으로 유인한 뒤 사다리를 치우다.

지붕 위에 올라가게 한 뒤에 사다리를 치워 버린다는 말로, 적을 유인하여 사지에 빠뜨리거나 상대방을 곤란한 상황에 처하게 한다는 뜻이다. 후한(後漢) 시대 말기에 유표(劉表)의 맏아들 유기(劉琦)가 계모의 미움을 받아 제갈량에게 자신의 안전을 지킬 방법을 물었으나 남의 집 일이라고 하여 대답하지 않았다. 이에 유기는 제갈량을 청하여 높은 누각에 올라가 주연을 베푼 뒤에 몰래 사람을 시켜 누각으로 오르내리는 사다리를 치워 버리게 하였다. 제갈량에게 이제 위로 올라갈 수도 없고 아래로 내려갈 수도 없게 되었으니 방법을 가르쳐 달라고 하였다. 어쩔 수 없이 제갈량은 유기에게 몸을 피하는 것이 상책이라고 했다. 곧 제갈량은 유기를 외지로 파견해 화를 면하게 해 주었다. 여기서 유래하여 적을 유인하여 사지에 몰아넣거나 상대방을 곤경에 처하게 함으로써 주도권을 잡는 전술을 의미는 것이다.

[上; 위 상, 屋; 집 옥, 抽; 뽑을 추, 梯; 사다리 제]

제29계 수상개화(樹上開花): 나무에 꽃을 피우다.

꽃을 피울 수 없는 나무에 조화(造花)를 진짜 꽃처럼 장식하여 상대방을 속인다는 말이다. 허위로 진영을 배치함으로써 실제보다 세력이 강대하게 보이게 만든다.

기러기가 높은 하늘을 날 때 무리를 지어 날개를 활짝 펴고 대형을 이루어 나는 것처럼 하는 것이다. 아군의 힘이 약할 때 아군을 강하게 보이게 함으로써 적으로 하여금 겁을 먹게 만들어 굴복시키는 것이다. 《삼국지연의》에서 장비가 장판교(長坂橋)를 필기단마로 지키며 조조의 대군과 맞설 때 유비는 조조의 군대에 쫓겨 달아나고 있었다. 장비는 20여 명의 병사를 이끌고 장판교를 지키며, 병사들로 하여금 말꼬리에 나뭇가지를 매달고 숲 속에서 이리저리 달리게 하였다. 먼지가 일어 멀리서 보면 대군이 몰려오는 것처럼 보였다. 조조의 군대가 장판교에 이르렀을 때 장비가 다리 앞에 홀로 서서 대적하자 조조는 장비의 용맹이 두렵기도 하고 복병이 있을 것으로 생각하고 공격하지 못하고 있는데 장비의 벼락 같은 호통소리에 놀라 도망치고 말았다.

[樹; 나무 수, 上; 윗 상, 開; 열 개, 花; 꽃 화]

인간관계와 권모술수

제30계 반객위주(反客爲主): 주객이 전도되다.

손님이 주인 노릇을 한다는 뜻으로 주객(主客)이 뒤바뀌는 것이다. 자신의 수동적인 상황을 능동적으로 바꾸어서 주도권을 장악하는 전략이다. 기회를 엿보아 발을 들여놓고 상황을 파악한 다음 차츰차츰 영향력을 확대하게 되면 마침내 주도권을 장악하게 된다는 것이다.

군웅 할거시대 황하의 북쪽에서는 원소와 공손찬이 패권을 다투고 있었다. 그 사이에 있는 기주 땅의 한복은 원소와 서로 돕는 친구 사이였다. 원소의 세력은 점점 강성해졌지만 군사를 먹일 식량이 부족했는데 한복은 원소의 사정을 알고 양식을 보내서 해결해 주었다. 그러나 도와주는 양식으로는 문제를 해결할 수 없었다. 결국 원소는 양식 창고가 있는 기주를 공격하여 차지하며 친구를 배신하고 말았다.

[反; 돌이킬 반, 客; 손 객, 爲; 하 위, 主; 주인 주]

[패전계(敗戰計): 제31계～제36계]

제31계 미인계(美人計): 미녀를 바쳐 음욕으로 유혹하다.

미인을 미끼로 하여 남을 꾀는 계략을 말한다. 세력이 강한 군대는 그 장수를 공격하고 지략이 뛰어난 자는 색정을 이용한다. 장수가 약해지고 병사가 퇴폐에 흐르게 되면 전투의지가 꺾이는 법이다.

미인을 표현하는 말은 여러 가지가 있다.

절세가인(絶世佳人); 미모가 당대에 뛰어난 여자.

경국(傾國); 군주가 그를 가까이 하여 나라가 기울 정도로 아름다운 용모의 여자라는 말로 경국지색(傾國之色)을 줄인 고사성어.

해어화(解語花); 말이 통하는 꽃이라는 뜻으로 미인을 말한다.

오희(吳姬); 중국 오나라의 아름다운 여자.

양귀비(楊貴妃); 중국 당나라 때의 미인.

폐월수화(蔽月羞花); 달이 부끄러워 숨어버리고, 꽃이 수치스러울 정도로 예쁜 미인.

[美; 아름다울 미, 人; 사람 인, 計; 꾀 계]

제32계 공성계(空城計): 빈 성으로 유인해 미궁에 빠뜨리다.

빈 성으로 적을 유인해 혼란에 빠뜨리는 계책을 말한다. 실력이 없으면서도 허세를 부리는 허장성세(虛張聲勢)와 통한다. 적이 강하고 아군이 약한 상황에서 이 계책을 교묘하게 활용할 수 있다. 《삼국지(三國志)》〈제갈량전(諸葛亮傳)〉에 나오는 내용을 보면, 제갈량이 촉나라 군대를 양평관에 주둔시키고, 대장군 위연(魏延)과 왕평(王平) 등으로 하여금 위(魏)나라 군대를 공격하게 하는 장면이 나온다. 군대를 모두 다른 곳으로 보냈기 때문에 제갈량이 주둔하고 있는 성에는 병들고 약한 병사들만 일부 남아 있었다. 이때 위의 대도독 사마의(司馬懿)가 15만 대군을 이끌고 성으로 쳐들어왔다. 이 소식을 들은 제갈량은 군사들로 하여금 성 안의 길목을 지키게 하고, 성문을 활짝 열어둔 채 20여 명의 군사를 백성들로 꾸며 청소를 하도록 하였다. 그리고 자신은 성 밖에서 눈에 잘 띄는 적루(敵樓)의 난간에 기대앉아 한가롭게 거문고를 타고 있었다. 대군이 몰려와도 아무 일 없는 듯 청소를 하고 있는 백성들과 거문고를 타고 있는 제갈량을 본 사마의는 제갈량이 혹시 무슨 음모를 꾸미고 있을지도 모른다고 지레 겁을 먹고 퇴각하고 말았다. 제갈량이 거문고를 타며 사마의를 물리쳤다는 탄금주적(彈琴走敵)과 같은 뜻이다.

　[空; 빌 공, 城; 성 성, 計; 꾀 계]

제33계 반간계(反間計): 적의 첩자를 이용하다.

　적의 첩자를 포섭하여 아군의 첩자로 이용하거나, 적의 첩자인 줄 알면서도 모르는 척하며 거짓 정보를 흘려 적을 속이는 방법으로 활용된다. 적을 속이는 기만전술을 뜻하는 고사성어로 사용된다. 적의 첩자를 역이용함으로써 아무런 손실 없이 적을 물리칠 수 있는 방법이다.

　간(間)은 적으로 하여금 서로 의심하여 믿지 못하도록 하는 의미이고, 반간은 아군을 이간하려는 적의 계략을 역이용하여 적을 이간한다는 의미다.

　《삼국지》의 적벽대전에서 조조의 군대는 기마전에는 능했지만 수중전(水中戰)에는 약하였다. 채모와 장윤은 조조에게 투항한 장수들인데 수중전에 능하여 조조의 군대를 조련하였다. 주유가 이 것을 알고 매우 걱정하고 있었는데 조조의 참모로 주유와 함께 공부한 장간이 항복을 권하러 주유를 찾아왔다. 주유는 그와 함께 술을 마시고 취하여 자는 척하면서 탁자 위에 채모와 장윤이 보낸 것처럼 꾸민 편지를 놓아두었다. 장간은 이 편지를 보았고, 또 주유가 다른 장수와 나누는 밀담에서 채모와 장윤에 대하여 말하는 것도 들었다. 장간은 편지를 훔쳐 빠져나와 조조에게 고하였다. 조조는 채모와 장윤을 오나라의 첩자로 오인하여 목을 베었다. 이로써 조조의 군대는 수중전의 약점을 보완하지 못하게 되었고 결국 조조는 주유의 반간계에 넘어가 전력이 우세하였음에도 대패하였다.

　[反; 돌이킬 반, 間; 사이 간, 計; 꾀 계]

제34계 고육계(苦肉計): 자신을 희생해 적을 안심시키다.

　스스로 상해하면서까지 꾸며내는 방책으로, 어려운 상태에서 벗어나기 위한 수단으로 어쩔 수 없이 하는 계책을 말한다. 사람은 스스로에게 상처를 입히지 않는 법이므로, 이 점을 역이용하여 적으로 하여금 자신의 말을 믿게 만드는 것이다. 진실을 거짓으로 가장하고 거짓을 진실로 꾸미는 것이다.

　《삼국지》 적벽대전에서 조조의 백만 대군과 대치하고 있던 연합군 총사령관 주유(周瑜)는 정상적인 방법으로는 이길 수가 없게 되어 있었다. 그의 진영에는 채중(蔡中)·채화(蔡和) 형제가 있었다. 조조가 주유의 계략에 빠져 그들의 형 채모(蔡瑁)를 참살하고 크게 후회하고는 두 사람을 설득해 거짓으로 항복시켜 오나라로 밀파한 자들이었다. 주유도 그것을 모를 리 없었지만 역이용하기 위해 일부러 모른척 하고 있었다. 자신의 거짓 정보를 조조의 군중에 전하기 위해서였다.

주유의 심복인 황개(黃蓋)가 먼저 거짓으로 항복하는 이른바 사항계(詐降計)를 건의했다. 이것은 죽음 일보 직전의 고통 없이는 할 수 없는 고육계(苦肉計)다. 황개는 자신이 감수하겠다는 것이었다. 작전회의가 열리고 황개가, 조조를 꺾는다는 것은 계란으로 바위를 치는 것이나 다름없으니 차라리 항복하자고 말했다. 그러자 주유의 벽력 같은 질책이 떨어졌고 황개는 끌려나와 형틀에 묶였다. 백여 대를 맞은 황개는 몇 번이나 까무러쳤다.

그날 밤 만신창이가 된 황개에게 심복인 감택이 와서 걱정하며 물었다. 황개가 사실을 말하자 감택은 깜짝 놀라며 탄복하였다. 황개는 투항서(投降書)를 작성해 감택을 시켜 밀사를 통해 조조에게 전달했다. 황개가 죽을 정도의 곤장을 맞았다는 사실은 이미 채씨 형제에 의해 조조에게 알려져 있었다. 밀사를 만난 조조는 처음에는 믿지 않았으나 현장을 목격한 간첩 채씨 형제의 보고와 일치한다는 것을 듣고 황개의 투항선(投降船)을 받아들이기로 약속했다. 그리고 약속한 그날 밤 황개는 기름을 잔뜩 실은 투항선단을 이끌고 조조의 대함대를 모조리 불태워 버렸다. 이 이야기는 이미 앞에서도 나온 바 있다. 고육지계(苦肉知計)라고도 한다.

[苦; 괴로울 고, 肉; 고기 육, 之; 의 지, 策; 꾀 책]

제35계 연환계(連環計): 여러 가지 계책을 연결시키다.

고리를 잇는 계책이라는 뜻으로 여러 가지 계책을 교묘하게 연결시킨다는 의미다. 적의 병력이 강할 때는 무모하게 공격해서는 안 된다.

송(宋)나라의 장수 필재우가 금(金)나라 병사들과 싸우면서 일진 일퇴를 하며 하루종일 적군에게 쉴 틈을 주지 않았다. 저녁이 되자 말이 좋아하는 향료를 넣어 삶은 콩을 땅에 뿌려 놓고는 싸우는 척 하다가 도망쳤다. 추격하던 적군이 콩을 뿌려 놓은 곳에 이르자 하루종일 굶주린 적군의 말들은 콩을 먹느라 채찍을 휘둘러도 움직일 줄을 몰랐다. 필재우는 이 틈을 타서 역습하여 대승을 거두었는데 이 전략도 연환계의 한 예다.

[連; 이을 련, 環; 고리 환, 計; 셀 계]

제36계 주위상(走爲上): 도망치는 것도 뛰어난 전략이다.

강한 적과 싸울 때는 퇴각하여 다시 공격할 기회를 기다리는 것도 허물이 되지 않는다. 서른여섯 가지 계책 가운데 상황이 불리할 때는 도망가는 것이 상책이다. 중국 송(宋) 나라 때 사마광이 지은 《자치통감》에 나오는 말이다. 승산 없는 싸움은 피하는 것이 병법의 기본이다. 2보 전진을 위한 1보 후퇴라는 말도 있듯이 전세가 불리하면 일단 후퇴하였다가 훗날을 도모하는 것이 지혜로운 전술이다. 삼십육계주위상계(三十六計走爲上計)라고도 한다.

[三; 석 삼, 十; 열 십, 六; 여섯 륙, 計; 꾀 계, 走; 달아날 주, 爲; 할 위, 上; 위 상, 策; 계책 책]